Tom Fraser Adam Banks

O guia

completo

da

cor

2ª edição

Editora Senac São Paulo – São Paulo – 2013

ADMINISTRAÇÃO REGIONAL DO SENAC NO ESTADO DE SÃO PAULO
Presidente do Conselho Regional: Abram Szajman
Diretor do Departamento Regional: Luiz Francisco de A. Salgado
Superintendente Universitário e de Desenvolvimento: Luiz Carlos Dourado

EDITORA SENAC SÃO PAULO
Conselho Editorial
Luiz Francisco de A. Salgado
Luiz Carlos Dourado Darcio
Sayad Maia
Lucila Mara Sbrana Sciotti
Luís Américo Tousi Botelho

Gerente/Publisher: Luís Américo Tousi Botelho (luis.tbotelho@sp.senac.br)

Coordenação Editorial/Prospecção: Dolores Crisci Manzano
Administrativo: grupoedsadministrativo@sp.senac.br
Comercial: comercial@editorasenacsp.com.br

Tradução: Renata Bottini
Edição de Texto: Léia Fontes Guimarães
Revisão Técnica: Alecio Rossi Filho
Preparação de Texto: Leticia Castello Branco
Revisão de Texto: Ivone P. B. Groenitz, Jussara R. Gomes, Luiza Elena Luchini,
Maria de Fátima C. A. Madeira, Roberto Papa, Rosa Menegon
Projeto Gráfico Original e Capa: The Ilex Press Limited
Editoração Eletrônica: Jairo Souza

Título original: *The Complete Guide to Colour*
Copyright © 2004 The Ilex Press Limited
The Old Candlemakers
West Street
Lewes
East Sussex BN7 2NZ

Dados Internacionais de Catalogação na Publicação (CIP)
(Câmara Brasileira do Livro, SP, Brasil)

Fraser, Tom
   O guia completo da cor / Tom Fraser e Adam Banks ; tradução de Renata
Bottini. – São Paulo : Editora Senac São Paulo, 2007.

   Título original: The Complete Guide to Colour
   ISBN: 978-85-7359-593-2

   1. Cor – Manuais I. Banks, Adam. II. Título.

07-3621   CDD-535.6

Índice para catálogo sistemático:
   1. Cor : Física : Guias   535.6

OBRA ATUALIZADA CONFORME
O **NOVO ACORDO ORTOGRÁFICO**
DA LÍNGUA PORTUGUESA.

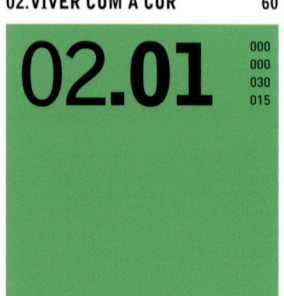

SUMÁRIO

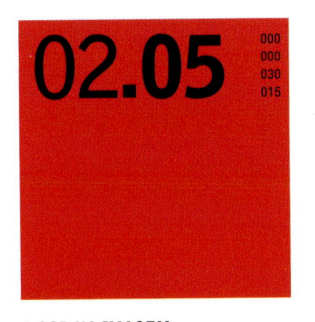

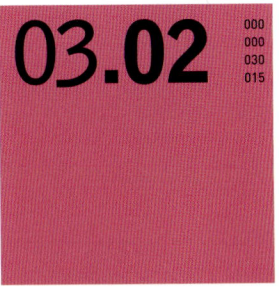

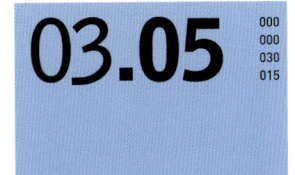

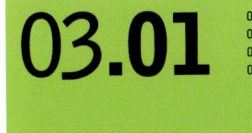

O GUIA COMPLETO DA COR

Frank Zappa disse que escrever sobre música era "como dançar sobre arquitetura". Do mesmo modo, escrever sobre cor pode parecer fútil. Este livro pretende combinar elementos-chave da teoria e prática da cor para fornecer não só um guia, mas também explorar os temas que deveriam ser considerados por qualquer pessoa que trabalhe com cores, antes de usar o pincel, o mouse ou outra ferramenta.

A ciência da cor é perturbadoramente complicada. Durante séculos assumiu-se que o espectro tinha de fazer sentido, que as cores poderiam ser categorizadas e diagramadas de maneira simples. Como veremos, isso não pode estar mais longe da verdade. Quanto mais sondamos os mecanismos da percepção da cor, mais as certezas do vermelho, verde e azul dão lugar às extravagâncias da biologia. Encontrando o caminho para dentro deste labirinto, temos de encontrar o caminho para fora.

A cor influencia tudo, modelando, acidental ou intencionalmente, nossa percepção. Pode comunicar complexas interações de associação e simbolismo ou uma simples mensagem, mais clara que as palavras. Se você vai a um estádio, certifique-se de que sua camisa não seja a única vermelha em um mar de azul. A cor é um assunto tão sensível quanto religião ou política, e está frequentemente vinculado a ambas. Há verdades universais sobre nossa interpretação das cores ou tudo é relativo? Semiótica, psicologia e misticismo contam histórias conflitantes.

Das muitas diferentes maneiras de ver a cor surgem modos de usá-la para modelar o ambiente, e seguimos explorando a aplicação da cor no lar, nos edifícios, na arte e no design. Por meio da história, nossas atitudes - pessoais ou profissionais - em relação à cor são moldadas pelos gostos e normas dominantes. Mas quando estes são parte de uma visão de mundo coerente e distintiva, e quan-

Para não arriscar um efeito imprevisível, somos muitas vezes tentados a evitar totalmente a cor. Vestimo-nos de preto para trabalhar para evitar enviar mensagens indesejadas. Pintamos nossas casas com cores neutras antes de vendê-las para não espantar compradores em potencial. Na arquitetura, também, uma tendência "cromatófoba" está aparente em nossos escritórios, escolas e *shopping centers*. Como o padrão bege do computador, os edifícios contemporâneos são, muitas vezes, impressionantemente sombrios.

Trabalhar com a cor pode ser extremamente difícil - mais do que experimentar formas. Contudo, não é tão perigoso como se imagina. É verdade que descrever alguma coisa como colorida é, na melhor das hipóteses, um elogio ambíguo. Mas muita gente abraça calorosamente novos e excitantes usos da cor. Quando a Apple lançou um computador azul, as vendas foram mais rápidas do que de qualquer outro.

A disposição de usar a cor requer a habilidade de criá-la e controlá-la. A história da arte e do design está inextricavelmente ligada à tecnologia da produção do pigmento, e nossas expectativas de cor ainda são influenciadas pelas limitações técnicas que perseguiram nossos antepassados. No início do século XXI, o aparecimento da reprografia digital provocou uma revolução na cor. Nossas crianças crescem com cor em suas vidas onde, antigamente, as coisas eram preto e branco, e suas experiências, por sua vez, influenciarão o futuro da cor no design.

Hoje o desenhista gráfico, com computadores poderosos e impressão colorida barata, tem, mais do que nunca, necessidade de princípios que controlem o uso da cor. Depois de exibir mais de 250 exemplares de cor em tudo, de edifícios a sites na internet, demonstramos de que maneira ela pode ser manipulada em softwares como o Photoshop para obter resultados profissionais com o menor número de passos possível. Com este pacote completo de inspiração e informação, você deve se equipar para aplicar a

DEFINIÇÕES

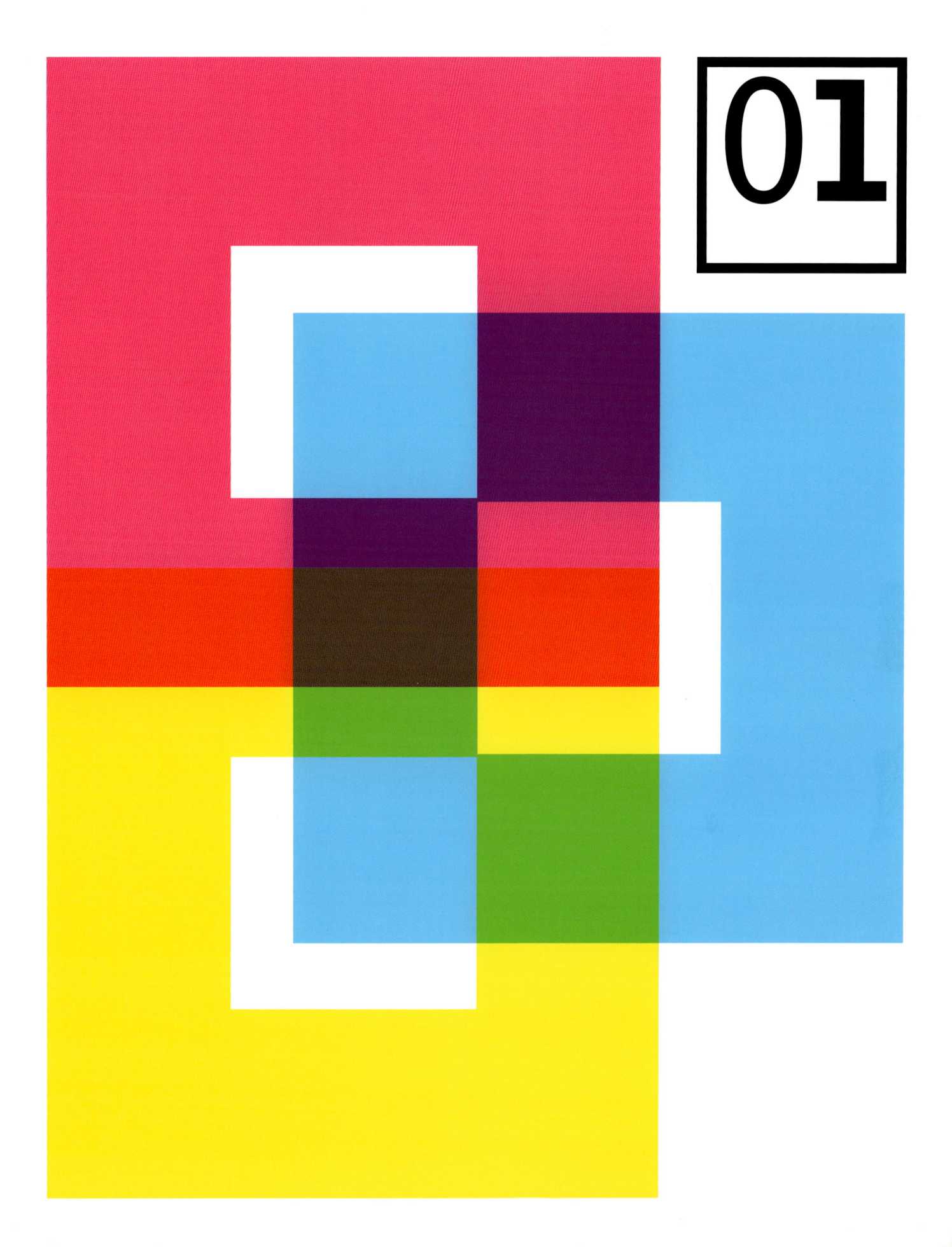

01

PARTE 01. DEFINIÇÕES

CAPÍTULO UM

O CONTEXTO DA COR

O mundo ao nosso redor está cheio de cor; entretanto, toda ela está em nossa cabeça. Experimentamos a cor por meio de apenas um sentido: a visão. Algo que esteja molhado pode ser visto, ouvido (pense numa torneira gotejando) e sentido; mas uma coisa amarela só se pode ver que é amarela. Você não pode ouvir ou cheirar o amarelo; você não o pode tocar ou provar. Isto sugere que a cor não é uma coisa fixada a um objeto ou superfície, mas um evento desencadeado somente no observador.

O ato de ver alguma coisa vem antes do processo de reagir a ela. Alguns não podem ver cores, e outros as veem de modo diferente da maioria (*ver pp. 28-29 para mais detalhes sobre deficiência e percepção da cor*), mas geralmente nossos olhos funcionam da mesma maneira, e o mesmo estímulo produz a mesma resposta no sistema visual de todos. O que acontece depois disso é outra questão. Uma vez que nossos olhos nos permitem experienciar uma cor, é todo o resto de nós que determina o significado que lhe emprestamos.

As associações de cor diferem entre culturas e indivíduos. Veja a cor azul, por exemplo. Você poderia ter três pessoas sentadas juntas na mesma sala e para cada uma delas o azul poderia significar algo profundamente diferente. Um piloto ocidental poderia associar o azul com as cores da força aérea. Para ele, as conotações poderiam evocar velocidade e poder extremos. Um *sikh* poderia usar um turbante azul para indicar que é um *nihang*, seguindo uma doutrina bem diferente do código militar do piloto. Os heróis de um guitarrista de *blues* certamente tiveram vidas bem diferentes da modelar vida dos *sikh*.

Uma cor, ou uma composição de cores, pode significar algo completamente diferente para cada pessoa que olha para ela. Por isso poderíamos dizer que a cor não é simplesmente formada no olho. Para leitura suplementar sobre este assunto, não há melhor fonte que o trabalho do filósofo francês Maurice Merleau-Ponty (1908-1961). Ele advogava uma dinâmica vendo-visto em que ver é um fenômeno duplo: um encontro com o mundo e um encontro com si mesmo.

Inspirados pela infinita paleta do mundo natural
aprendemos, durante dezenas de milhares de anos,
a criar e manipular a cor. Contudo, seus efeitos
sobre nossas psiques permanecem misteriosos.

A COR NA VIDA MODERNA A vida urbana é muitas vezes retratada como cinzenta ou monocrômica. Na maioria das cidades isso é falso. Muitas edificações têm madeira pintada, tijolos vermelhos ou amarelos, mosaicos ou painéis coloridos, de vidro ou plástico. As coisas da rua, as placas das lojas e os tapumes são coloridos para chamar a atenção, e os veículos passando entre eles brilham em um espectro de sombras. Se você topar com um pedaço de concreto sem nenhuma interferência, esteja certo de que alguém vai grafitá-lo com cores do arco-íris.

Não é coincidência que o uso mais forte da cor é encontrado com frequência onde alguém está tentando lhe vender alguma coisa. Se pensarmos em uma marca famosa, é provável que automaticamente se pense na cor ou cores que a identificam. Alguns argumentariam que a cor é o mais importante estratagema de reconhecimento de marca, e certamente é difícil pensar em uma marca que não tenha uma cor ou combinação de cores associada a ela. A Coca-Cola é vermelha, a Pepsi é azul, e - qualquer que seja sua preferência - esta é a primeira razão pela qual você nunca vai pegar a garrafa errada.

Tal uso da cor é parcialmente "vazio": um matiz é escolhido em detrimento de outro meramente para diferenciar uma marca, não para fazer quaisquer associações literais ou simbólicas. Na lei, as cores não são, em si, sujeitas a proteção de marcas registradas ou *copyright*. Uma empresa só pode atuar para impedir outras de usarem sua "própria" cor - como a Pepsi fez com o azul - se tiver ocorrido imitação deliberada. Escolher uma cor que não tem conexão intrínseca com o produto torna mais difícil, para a concorrência, rejeitar a acusação de imitação, alegando coincidência.

Os anunciantes, entretanto, muitas vezes usam a cor deliberadamente, para ir ao encontro do desejo inconsciente do consumidor. A empresa de celulares Orange apropriou uma cor tanto no nome como no matiz, para criar uma das novas marcas de maior sucesso dos anos 1990. Com seu *slogan* "O futuro é brilhante. O futuro é Orange" a empresa esperava deixar clara uma mensagem de otimismo e progresso.

Associações deliberadas de cores não estão confinadas ao comércio; nós as usamos na vida diária. Associar um conceito a uma cor o ajuda a levar por toda parte todos os significados que queremos que contenha. Falamos a respeito do mercado "negro", dos "*blues*", do poder "*gray*" [uma organização que promove o bem-estar dos cidadãos da terceira idade], do "*pink money*". Os jornalistas, que devem ser claros e concisos, têm uma predisposição muito especial para criar tais termos.

Acima: **O grafite pode ser destrutivo, mas também pode ser interpretado como resposta positiva à selva de concreto. Suas cores e padrões pelo menos tentam comunicar e atrair, ao contrário da arquitetura urbana despersonalizada em que é pintado.**

À esquerda: **As cores corporativas representam um tipo de comunicação mais insidioso. Cuidadosamente escolhidas, podem ajudar a passar uma mensagem que, de outra maneira, seria difícil de expressar - e talvez parecer menos crível - apenas com palavras.**

Acima e à esquerda:
Tradicionalmente, as cores que você veste ou mostra indicam sua lealdade. As bandeiras ainda são conhecidas nos círculos militares como "cores". Hoje, Papai Noel veste as cores da Coca-Cola e o significado não é perdido, mesmo entre aqueles que sabem muito pouco sobre o sentido do Natal. Mas Papai Noel nem sempre esteve tão alinhado com a Coca, como mostra a imagem à esquerda. Impondo um esquema de cor distintivo, a Coca-Cola se apropriou de um ícone secular, transferindo suas associações a uma marca de produto.

Escritores como Naomi Klein em seu best-seller *Sem logo: a tirania das marcas em um planeta vendido*, argumentam que a marca corporativa onipresente e a colonização das cores são, no fundo, prejudiciais à sociedade. Enquanto os efeitos psicológicos continuam a ser debatidos, os físicos são inescapáveis. Tanto a Coca-Cola como a Pepsi, juntamente com outras empresas, foram multadas em milhares de dólares por desfigurar o pitoresco Passo Rohtang, no Himalaia, pintando seus logos na pedra. No ambiente urbano, o efeito da infinita publicidade cobrindo cada superfície vertical pode ser considerado um pouco menos destrutivo.

Pode ser frustrante para os designers trabalhar em torno de associações de cor geradas pela saturação do mercado. Até os anos 1930, Papai Noel podia ser representado da maneira como o ilustrador o sentia, mas depois que a Coca-Cola o vestiu com suas cores, como parte de uma campanha para vender refrigerantes gelados no meio do inverno, vermelho e branco se tornaram os únicos matizes aceitos pela maioria para seu guarda-roupa.

COR, CULTURA E CRIATIVIDADE
No curso da história, as pessoas desenvolveram muitas diferentes tradições de representação. Estilos de construção de imagem variam segundo a cultura, tecnologia e localização, e os tipos de imagens que os designers e os ilustradores criam são controlados por suas próprias ideias, crenças e percepções.

Na história da arte ocidental, o simbolismo cristão foi uma influência primária para o uso das cores. A Igreja tem suas próprias tradições de usar cores para representar aspectos da fé. Já no século IV as cores eram relacionadas a períodos litúrgicos e, por volta de 1200, sistematizadas em uma paleta de preto, branco, vermelho, verde e roxo pelo papa Inocêncio III. Tais cores, usadas até hoje, são referidas oficialmente com nomes latinos. O branco (*albus*) é usado no Natal, na Páscoa e em dias santos. O vermelho (*ruber*), simbolizando o sangue, em datas associadas a martírio. O verde (*viridis*) representa a vida e é usado rotineiramente, e o roxo (*violaceus*) é usado durante o Advento e a Quaresma - tempos de reflexão e penitência. O preto (*niger*) é reservado para certas missas funerárias e *in memoriam* e na Sexta-Feira Santa.

Na tradição islâmica, as cores são concebidas em um nível metafísico, derivando da ideia de que a luz e a escuridão são duas eternas possibilidades que penetram o universo. O islã confere um significado particular ao número sete, que determina a construção da paleta de cores convencional islâmica. Ela se compõe de três níveis, com dois arranjos das sete cores básicas e mais um conjunto de 28.

No primeiro nível, por exemplo, as cores fluem para diante no mundo. O preto, ocultação, deriva da noção de Deus se escondendo dentro de seu próprio esplendor. O pau-sândalo pode ser visto como uma base neutra para todas as cores da

Abaixo: **Diferentes culturas atribuem às cores diferentes significados. Cada religião tem sua própria paleta, que, muitas vezes, se integra a expressões de fé e de adoração. As vestes coloridas da Igreja Católica Romana, por exemplo, têm um significado litúrgico específico. Embora este uso da cor se tenha desenvolvido durante muitos séculos, foi formalizado por decretos que alocaram, mais ou menos arbitrariamente, conotações a cada matiz.**

natureza. O grupo de quatro compreende o verde, o amarelo, o azul e o vermelho. Cada um deles é associado com um elemento: verde é água, amarelo é ar, azul é terra e vermelho é fogo.

Note como a maior parte destes pares difere das tradições que informam o simbolismo comercial de hoje: a água normalmente é azul (verifique o logo da sua empresa de água) - uma cor também associada com o ar -, enquanto a terra é ligada a laranja e verde.

No cinema e na televisão a cor pode ser profundamente simbólica, referindo e enfatizando determinados temas ou personagens e - como em publicidade - tentando provocar ou reforçar respostas emocionais. A audiência pode omitir muitas referências simbólicas à cor - daí o número de guias, disponíveis na internet e em livros, explicando como "ler" certas cenas de filmes.

À esquerda e embaixo à esquerda:
As cinco cores primárias – branco, amarelo, azul, vermelho e verde – são altamente simbólicas no budismo. As togas monásticas são tradicionalmente laranja, evitando qualquer dessas cores e indicando humildade. De modo semelhante, o marrom é usado por algumas ordens cristãs como sinal de pobreza honrada. O azul é frequentemente usado por freiras.

Abaixo: Pintura e escultura foram as formas de arte preeminentes na civilização europeia, mas o islã favorece mídias como mosaicos, têxteis e vidro. A arte figurativa existe, sim, mas nunca em um contexto religioso. A caligrafia (ver o pé e as laterais desta fotografia) é considerada a mais nobre forma de arte por sua associação com o Corão, escrito em árabe. As convenções de cores ligam matizes a conceitos metafísicos abstratos.

Alguns diretores afirmam que as audiências inconscientemente registram o significado das cores em seu trabalho (*ver p. 94*). Mesmo sem aceitar que as associações de cor são fixas, podemos argumentar que ligar repetidamente uma cor a um personagem ou a um tipo de evento numa narrativa criará conexões na mente do espectador. O vermelho é muito mais usado do que qualquer outra cor e com frequência se relaciona a temas de paixão, obsessão e desejo. O verde, cor raramente usada em marcas, é muitas vezes usado em filmes para representar a inveja, o embaraço ou o desconforto.

A COR NA NATUREZA Das zebras preto e branco às borboletas de brilho caleidoscópico, dos musgos mais banais às aves mais exóticas, a natureza está inundada de cores incríveis. Quanto mais a natureza é perturbada pela tecnologia humana, mais tomamos consciência de quão complicadas e vulneráveis são suas conexões. A cor é parte dessa complexidade.

Na natureza, o vermelho, muitas vezes combinado com amarelo ou preto, sugere veneno ou perigo. Alguns animais não venenosos astutos usam marcações falsas para convencer predadores de que são tóxicos. Enquanto isso, flores e frutos que requerem polinização competem para atrair insetos e animais exibindo suas cores.

Quando nos enfeitamos e decoramos nossas casas com cor, enviamos mensagens semelhantes: "Sou legal", "sou *sexy*", ou "sou uma boa dona de casa". Na natureza, as fêmeas geralmente preferem os machos mais coloridos. Charles Darwin (1809-1882), em sua obra sobre seleção natural, sustentava que as cores da plumagem indicam a força da linha genética - embora os cientistas ainda estejam tentando compreender como isso funciona. Uma teoria sugere que, como as cores dos animais são feitas de pigmentos raros chamados carotenoides, que também combatem doenças, um macho que exibe os seus deve ser saudável e, portanto, um bom parceiro.

Alguns animais podem precisar mudar de cor para se defender dos predadores, comunicar-se com outros, atrair parceiros potenciais, repelir rivais, dar alarme, se proteger no meio ambiente ou enganar presas que se aproximam. A camuflagem é a mais conhecida das formas de adaptação da cor e, certamente, uma técnica que os humanos tomaram emprestada.

Há muito descobrimos como controlar pelo menos algumas cores da natureza. Os paisagistas usam técnicas tão sutis quanto as de qualquer pintor. Colocar plantas bem juntas pode aumentar a saturação de suas cores. Diferentes tipos de superfícies

Acima à esquerda: **Nossa** experiência do mundo natural empresta significado a certas cores e suas combinações. Os vermelhos e amarelos de um pôr de sol podem ser usados em arte e desenho para evocar calor e tranquilidade.

Esquerda: **Acredita-se que as** cores vermelho e amarelo das folhas, durante o outono, ocorrem pela redução da produção de clorofila, mas também podem servir para repelir insetos predadores. Seja como for, essas cores influenciam nossos sentimentos nessa época do ano.

À esquerda: **Enquanto a maior parte dos animais não possui nossa visão de todas as cores, alguns insetos podem ver ultravioleta, uma parte do espectro eletromagnético que o olho humano não pode ver. Isso lhes permite perceber cores que nunca poderemos experimentar.**

Abaixo: **A cor atende a diversos propósitos no reino animal. A "coloração publicitária" atrai a atenção de parceiros potenciais ou de colaboradores, como flores e abelhas. A "coloração protetora" permite que o animal se confunda com o fundo, algumas vezes auxiliado por "semelhança protetora": o bicho-folha, por exemplo, mimetiza o ambiente tanto na cor como na forma. A "coloração protetora de advertência" atua como um sinal de "Mantenha distância!" para os predadores.**

de folhas afetam a maneira como a luz é dispersada: folhas ásperas cortam a luz com sombra; folhas lisas a refletem mais diretamente. Ao contrário de uma pintura, um jardim atravessa um processo regular de mudanças. Até mesmo a hora do dia produz grande impacto. As flores se abrem e se fecham em horas diferentes. A luz do sol fica mais quente durante o dia e atravessa períodos de dramáticas mudanças de cor no nascer e no pôr do sol, alterando completamente a aparência e a atmosfera do jardim.

Gertrude Jekyll (1843-1932), uma das maiores paisagistas britânicas, foi influenciada pelas ideias prevalentes sobre a teoria da cor. Ela estudara pintura, mas voltou-se para o desenho de jardins quando sua visão começou a falhar. (Embora a cor seja da maior importância, o jardim também empenha outros sentidos). Alguns de seus esquemas foram planejados para explorar nossa percepção da cor. De seus próprios jardins em Munstead Wood, no Surrey, ela escreveu:

"O Jardim Cinza é chamado assim porque a maior parte de suas plantas tem folhagem cinza... as flores são brancas, lilases, roxas e cor-de-rosa... Talvez o Jardim Cinza tenha sua melhor aparência se for alcançado por meio das divisas laranja. Aqui o olho fica cheio e saturado com a coloração vermelho forte e amarelo. Isto [faz] com que o olho fique avidamente desejoso da cor complementar, assim... voltando-se repentinamente para olhar para o Jardim Cinza, o efeito é surpreendentemente - até espantosamente - luminoso e refrescante."

À PROCURA DA COR Uma forma importante de compreender o conceito da linguagem da cor é compará-la com o modo pelo qual compreendemos outros idiomas. Todas as teorias da cor são, em algum sentido, teorias de linguagem, e o modo pelo qual "falamos", "ouvimos" ou "lemos" as cores nos diz bastante sobre nossa compreensão do mundo.

À esquerda: Usando palavras ou não, um sinal de trânsito precisa levar mensagens claramente em menos tempo do que levaria para se ler e assimilar uma descrição de seu significado. Nesse contexto, as cores têm conotações precisas: o azul lhe diz o que fazer, o vermelho o que não fazer, o amarelo manda prestar atenção.

À direita: Este sinal da mão significa "OK" ou "perfeito" na América do Norte e na Grã-Bretanha, mas em muitos países é um gesto vulgar. A interpretação das cores também pode variar de cultura para cultura. Por exemplo, em muitos lugares do Oriente o branco é cor de luto e tem implicações negativas, mas para os budistas daquela região representa pureza e consciência mais elevada. O azul-escuro é popular (e algumas vezes patriótico) no Ocidente, mas representa baixa casta na Índia, e na China tem conotações políticas porque é associado ao Kuomintang.

A semiótica pretende ser um modo objetivo e científico de ver a linguagem e, por meio dela, a cultura. Foi essencial à onda inicial do estruturalismo na filosofia europeia, no início do século XX, antes que suas grandes ideias desabassem no pós-estruturalismo e em seu disparatado colega de categoria, o pós-modernismo.

A figura mais importante do desenvolvimento da semiótica - ou semiologia, como a denominam os franceses - foi o linguista suíço Ferdinand de Saussure (1857-1913), cujo trabalho, resumido no *Curso de linguística geral*, originou os conceitos-chave de *signo*, *significante* e *significado*. A significação era anteriormente considerada em termos de linguagem e objetos (as coisas a que a linguagem se referia). Mas o que acontecia se a coisa não era um objeto, mas um sentimento, uma teoria ou uma cor? Saussure redefiniu a relação entre linguagem e objetos criando esse conceito do signo semiótico.

Um significante pode ser uma palavra, uma sentença, uma imagem, um som ou mesmo uma cor. O significado é o que quer que seja a que se refere o significante. Um signo é a combinação dos dois. Se peço a um amigo "encontre-me na minha casa", "minha casa" é um significante e a minha casa real é o significado. Eu poderia fazer um signo diferente comunicando o conceito de "minha casa" a meu amigo ficando em pé e apontando para ela ou desenhando-a num papel.

Saussure nos diz que os signos são arbitrários. Não importa se você chama uma batata de "cebola". Não há nada intrinsicamente batatal a respeito da palavra batata. Se todas as partes que se comunicam concordarem com o sistema de signos, elas se entenderão.

Aplicando essa ideia à cor, se decidirmos que a significação particular de uma cor (*ver p. 20*) é tão arbitrária quanto as letras que formam seu nome, começaremos a perceber que todos os valores contidos nas cores são meramente aqueles que lhes atribuímos.

O sinal vermelho do semáforo significa "pare" porque é isto que concordamos que significa. Trata-se de uma compreensão muito diferente das teorias propostas por terapeutas e psicólogos da cor (*ver p. 48*), que acreditam que as cores carregam significados universais intrínsecos.

Uma vez estabelecidos, os significados arbitrários das cores persistem. O vermelho "significa" simultaneamente tudo o que lhe

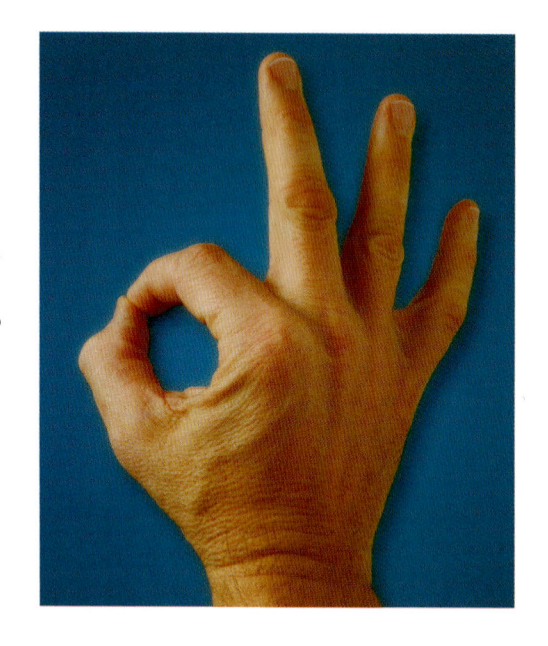

foi atribuído - por planejadores urbanos, místicos, decoradores de interior, grupos religiosos e assim por diante. Algumas vezes sabemos qual valor está sendo invocado, em virtude do contexto. Ninguém interpreta um carro vermelho como um sinal para parar. Na realidade, o vermelho do carro tende a implicar velocidade e poder. Se escrevo sobre um céu azul, você provavelmente verá uma imagem de céu em sua mente, e pode ter a expectativa de que vou descrever uma cena feliz. Mas se eu disser "ficou azul de raiva", desencadeia-se outra reação.

As pessoas frequentemente escolhem as cores em virtude de associações pessoais, enquanto ilustradores, desenhistas e arquitetos normalmente não o fazem. Independente disso, aquele edifício é cinzento, ou prateado, ou cor-de-rosa por alguma razão; a cor da roupa daquela mulher é preta por alguma razão, ou até mesmo muitas. Se você compreender quais são essas razões - e que combinações de signos estão envolvidas - seu próprio uso da cor se tornará mais sofisticado.

PSICOLOGIA DA COR Como as cores nos fazem sentir? Sabemos que elas podem afetar nossas emoções, mas a questão é se isso ocorre puramente como resultado dos significados levados pelos signos, ou se há uma ligação mais profunda entre cores e estados mentais. As cores podem nos estimular, não por provocar uma associação, mas atuando diretamente em algum aspecto de nossos corpos ou cérebros?

A maior parte dos cientistas sugeriria que mesmo respostas emocionais ou subconscientes à cor têm alguma base na associação linguística. Mas outros defendem que certos significados "naturais" da cor existem, e nos afetam independentemente de condicionamento social e cultural. O psicanalista Carl Jung (1875-1961), numa frase famosa, afirmou que "as cores são a língua nativa do subconsciente".

Enquanto os símbolos da cor podem diferir entre culturas e religiões, como vimos, muitos significados da cor são reconhecidos em todo o mundo. Conselhos superficiais sobre a psicologia da cor, encontrados até em folhetos dos fabricantes de tinta e em livros de decoração de interiores, tendem a derivar das tradições judaica, islâmica, hindu, taoísta, budista, cristã ou popular, entre muitas outras.

Que muitas cores sejam tratadas de modo similar por diferentes culturas antigas pode sugerir que tenham algum nível de significado intrínseco ou coletivo. Se assim for, esses significados poderiam ser provenientes de fenômenos naturais. O vermelho é uma cor aceita para o sol, que dá a vida, mas também pode tirá-la, e é, com certeza, a cor do sangue. Na natureza, o vermelho muitas vezes significa perigo. Assim, talvez não haja necessidade da semiótica para explicar o porquê de esta cor poder tornar as pessoas ansiosas, apaixonadas ou raivosas. Diz-se que o azul - a cor do céu e do mar, vastas extensões que dão um senso de liberdade e perspectiva - acalma as pessoas. Entretanto, também se diz que é uma cor "fria" e solitária. A experiência "mais azul" deve ser sentar-se em um pequeno barco longe, no mar, contemplando o céu. Liberdade e calma, ou fria solidão? Tudo depende.

Uma objeção à ideia de efeitos de cor fixos é que não há cores fixas. Mesmo entre pessoas sem qualquer forma de daltonismo, a percepção da cor é altamente subjetiva. O que eu digo que é amarelo, você pode dizer que é laranja. Onde é que o amarelo termina e o laranja começa? John Gage, em *Cor e significado: arte, ciência e simbolismo* (Universidade da Califórnia, 1999), nota que, já na Idade Média, idiomas como o francês antigo tinham palavras que poderiam significar tanto azul como amarelo, ou vermelho ou verde - nuanças que, tanto científica como psicologicamente, agora só podemos considerar opostos irreconciliáveis.

Nomear cores é uma forma de manipular seu impacto psicológico. Os fabricantes de tinta sabem que o título de suas amostras pode afetar as vendas no mínimo tanto quanto seus pigmentos. Fazem investimentos consideráveis para criar nomes evocativos para diferentes cores de tinta, que podem até ser registrados como marcas. Enquanto as frases de propaganda podem ser devotadas a significados universais da cor, aparentemente não fará qualquer mal ajudar nossas respostas com algumas dicas linguísticas.

Acima: **A cor de uma paisagem nos dá informações práticas, mas também desencadeia respostas emocionais. Aqui, azuis enevoados falam de vastas distâncias e de anoitecer iminente; embora a foto possa ter sido tirada em um clima quente, dá um arrepio na espinha.**

À esquerda: **O verde vívido naturalmente evoca saúde e vitalidade. Mesmo assim, se for associado a, digamos, carne humana, adquire implicações bem diferentes e associações muito menos saudáveis.**

PRATA

Luar, alquimia, poderes espirituais, qualquer coisa fluida (mercúrio) e misteriosa. Intelecto, harmonia e auto-conhecimento (espelhos). Como o dourado, esta "cor" depende da textura para diferenciar-se, digamos, do cinza.

DOURADO

Uma das cores percebidas do Sol e a cor tradicional do dinheiro. Uma cor preciosa, magnificente, que evoca sentimentos de segurança e abundância. Uma cor quente, viscosa, que faz as pessoas se sentirem relaxadas.

VERMELHO

Paixão, perigo, raiva, amor, sexo, poder - o vermelho evoca qualquer tipo de sentimento forte. Segundo o misticismo indiano e os terapeutas holísticos, o vermelho é a cor do mais baixo dos sete chacras, ou centros de energia: o que fica na base da espinha dorsal.

VERDE

Natureza, sorte, renovação, novos começos (mudas, plantas), oxigênio, dinheiro, prosperidade, cura, emprego, fertilidade, sucesso, saúde, harmonia.

AZUL

Calma, frialdade, serenidade (a Virgem Maria), introspecção, sabedoria, solidão, espaço, verdade, beleza, cálculo, frigidez.

TURQUESA

Segundo o guru britânico David Icke, turquesa é a "cor mística do universo". Em 2002, cientistas da Universidade Johns Hopkins anunciaram que a cor real do universo, calculada pela média da luz das galáxias observadas, era aproximadamente turquesa. Tristemente, mais tarde mudaram-na para bege claro. Do ponto de vista emocional, o turquesa está ligado com sentimentos de exaltação, generosidade, riquezas e expansividade. O turquesa está para o prata como o púrpura está para o dourado.

MARROM

Terra, madeira, solidez, estabilidade, calor. É dominado pelo vermelho (fogo), mas complementa o verde ou azul.

01.02

A TEORIA DA COR

Para usar a cor eficazmente, precisamos compreender o que é e como funciona. Depois de desenvolver a lei da gravitação universal, Isaac Newton (1642-1727) se interessou por teorias da luz e da cor. Naquela época, muitas pessoas acreditavam que a cor era uma mistura de luz e escuridão. Um cientista postulou que a escala de cores ia de um vermelho vivo, que propunha ser luz pura, ao azul e depois ao preto (escuridão). Newton conjeturou que isso devia estar errado, pois uma página branca escrita em preto não parecia colorida quando era vista à distância. Ao contrário, o preto e o branco se misturavam e pareciam cinza.

Durante a segunda metade do século XVII, muitos cientistas faziam experiências com prismas. A opinião geral era de que o prisma "coloria" a luz, o que explicava o arco-íris que se via quando a luz era projetada através dele, sobre uma superfície. Em 1665, Newton realizou seus próprios experimentos, refratando luz através do prisma sobre uma superfície muito mais afastada. Os resultados confirmaram que, em lugar de colorir a luz, o prisma a estava dividindo nas cores do arco-íris: vermelho, laranja, amarelo, verde, azul, índigo e violeta. Em 1666, Newton criou um gráfico circular com as sete cores distribuídas na circunferência. Como ferramenta para compreender e selecionar uma cor, a circunferência cromática permanece essencialmente a mesma até hoje.

Newton presumiu que a luz era feita de partículas, ou "corpúsculos". Enquanto isso, entretanto, o físico holandês Christiaan Huygens (1629-1695) estava desenvolvendo a ideia de que a luz existe em ondas. A teoria de Newton explicava a reflexão e refração da luz e o aparecimento da sombra, mas a teoria das ondas explicava por que as bordas da sombra não eram definidas.

Em 1864, o físico escocês James Clerk Maxwell (1831--1879) sugeriu que a luz era de natureza eletromagnética, propagando-se como uma onda, da fonte ao receptor. No final do século, depois que Heinrich Hertz (1857-1894) descobriu as ondas de rádio e Wilhelm Röntgen (1845-1923) descobriu os raios X, o pensamento científico sobre a luz foi revolucionado. A luz visível está em um espectro que também inclui ondas de rádio (comprimento de ondas mais longo) e os raios X (comprimento de ondas mais curto), com as cores do espectro aparecendo na ordem de comprimento de onda decrescente.

Albert Einstein (1879-1955) sugeriria mais tarde que a luz poderia consistir de partículas, afinal de contas, na realidade criando um quebra-cabeça para os físicos, que ainda têm de resolvê-lo.

Os artistas trabalharam por séculos para misturar cores e criar efeitos coloridos sem realmente saber o que era a cor ou como funcionava. Seu sucesso foi extraordinário, mas só uma compreensão científica do espectro permitiu avanços como a fotografia colorida.

TEORIA TRICROMÁTICA O prisma provou que a cor é um fenômeno real e ao mesmo tempo confirmou a sua subjetividade. Como disse Newton, "Os raios, expressados adequadamente, não são coloridos". A questão de como a luz criava a impressão de cor na mente ainda estava sem resposta.

No início do século XIX, o físico inglês Thomas Young (1773-1829) postulou que o olho devia conter receptores feitos de partículas que "oscilavam" com determinados comprimentos de ondas de luz. Um infinito número de partículas seria necessário para cobrir totalmente o espectro, mas isto era claramente impossível, por isso os receptores deviam, ao contrário, ser sensíveis a apenas um número limitado de cores. Todas as outras cores que "vemos" seriam, então, criadas pelas combinações daquelas. A teoria tricromática de Young inicialmente identificou as três cores como vermelho, amarelo e azul, mas ele

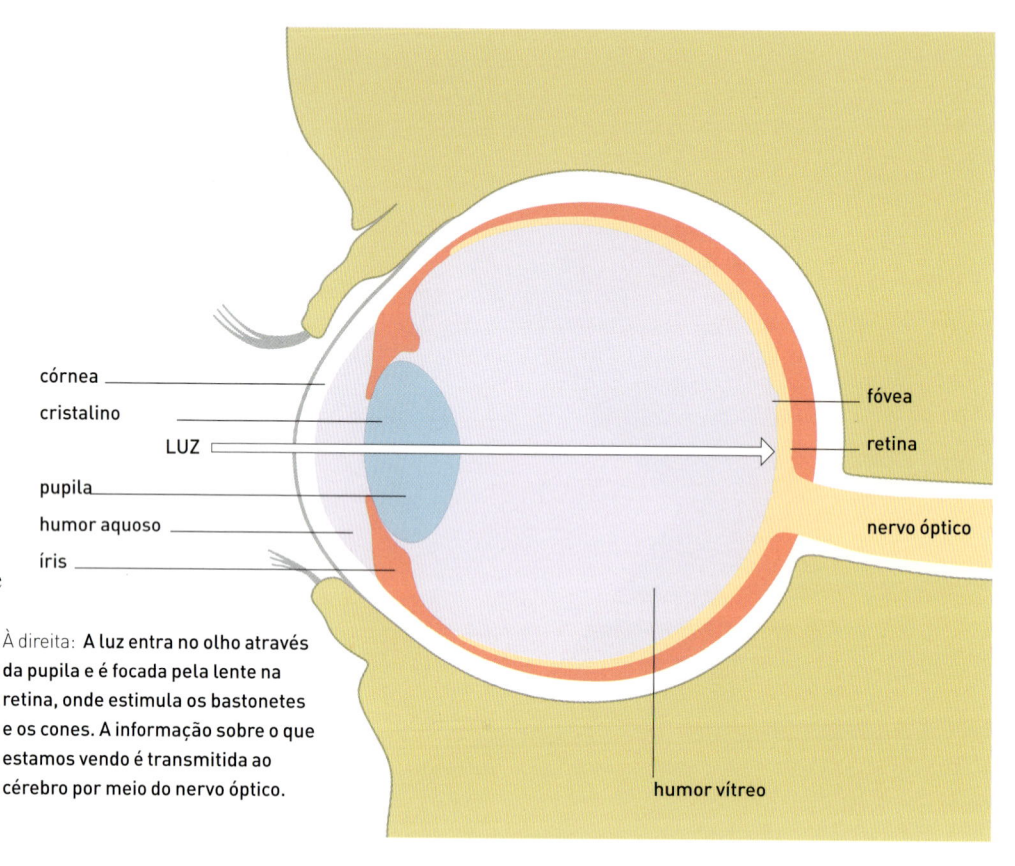

Abaixo: **Dentro da retina, um arranjo complexo de células especializadas processa as informações dos fotorreceptores (bastonetes e cones). Note o número relativamente pequeno de cones azuis: o sinal que vem deles é, de alguma forma, estimulado para exercer um papel aproximadamente igual na visão da cor, mas o mecanismo exato é desconhecido.**

À direita: **A luz entra no olho através da pupila e é focada pela lente na retina, onde estimula os bastonetes e os cones. A informação sobre o que estamos vendo é transmitida ao cérebro por meio do nervo óptico.**

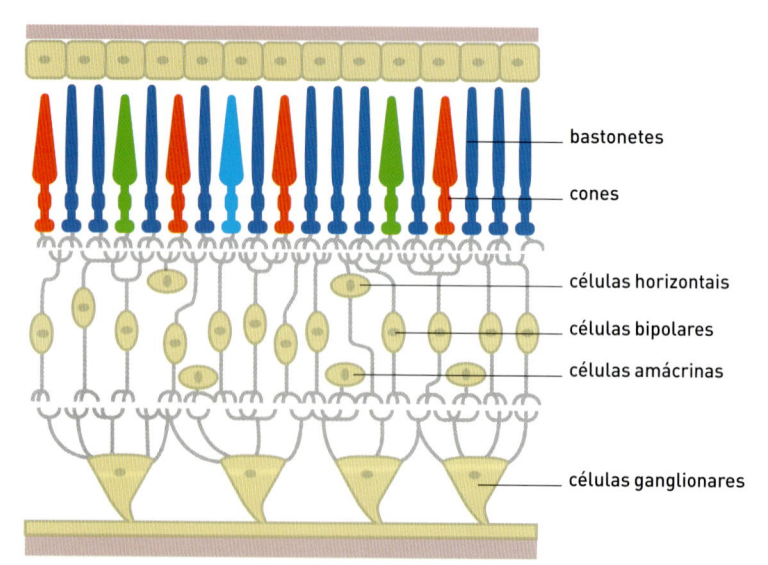

mais tarde mudou o amarelo para verde. A teoria foi além, desenvolvida pelo cientista alemão Hermann von Helmholtz (1821-1894), o pioneiro da fisiologia sensorial.

Nos anos 1960, os cientistas confirmaram a existência dos receptores que Young e Von Helmholtz tinham descrito. Esses "cones" (à esquerda) são divididos em três tipos sensíveis a comprimentos de onda específicos que correspondem a vermelho (570 nanômetros), verde (535nm) e azul (425 nm).

A combinação das três cores primárias da luz para recriar todo o espectro é chamada, hoje, mistura aditiva. Começando pela ausência de luz (escuridão), a luz de cada cor primária é adicionada para produzir progressivamente tons mais leves, variando a proporção para criar cores diferentes. Misturando igual quantidade de cada uma das cores primárias obtém-se luz "branca". Você pode ver a mistura aditiva em ação na tevê, na tela do computador ou do cinema e na iluminação teatral.

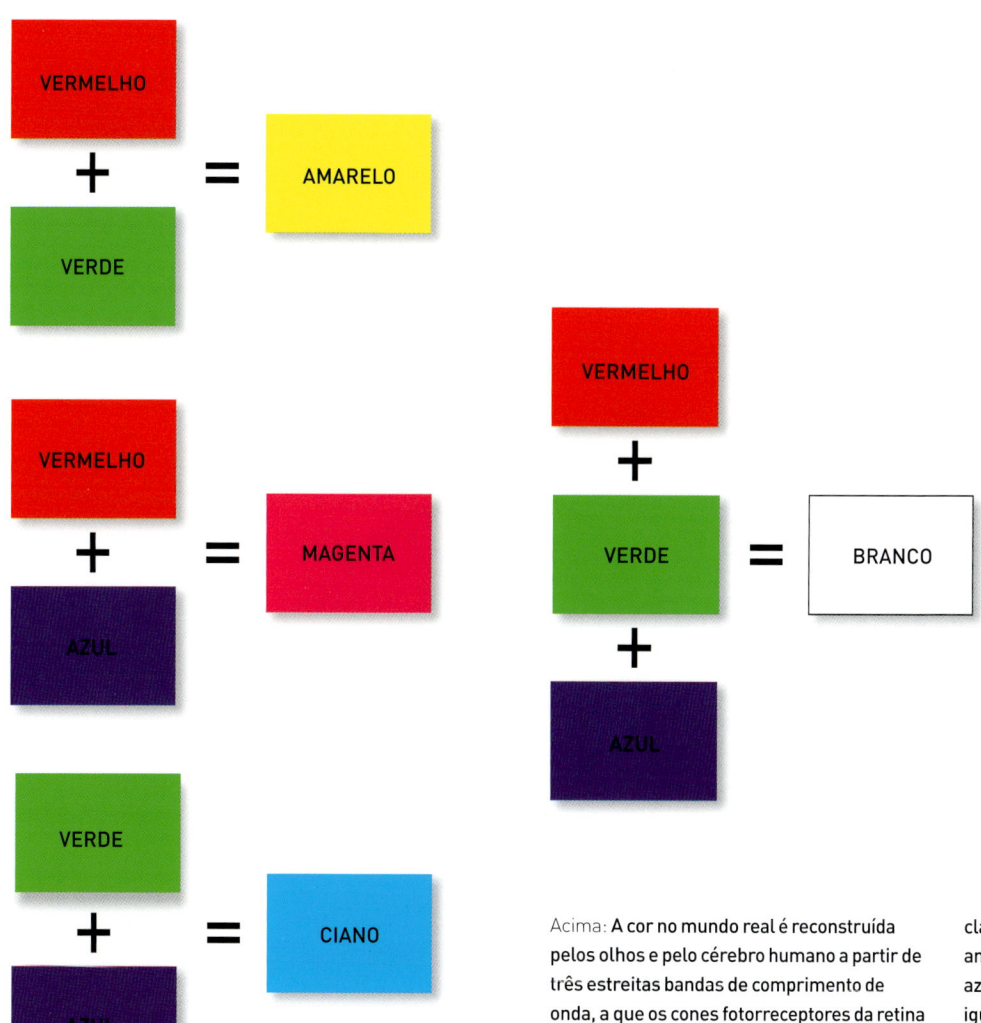

Embora a teoria tricromática de Young e Von Helmholtz explicasse muitas observações sobre a cor, algumas outras questões ficaram pendentes. Nos anos 1870, Ewald Hering (1834-1918), um contemporâneo de Von Helmholtz, estudou a impressão subjetiva da cor. Ele ressaltou que o amarelo, que, supõe-se, seja produzido por uma combinação de vermelho e verde, é, de fato, percebido como uma cor elementar, não um verde avermelhado ou um vermelho esverdeado: não temos condições físicas de visualizar tais combinações. Isso o levou a rejeitar o modelo tricromático em favor de um sistema de sensações de quatro cores: amarelo, vermelho, azul e verde, mais preto e branco, que geram cores por um "processo complementar".

Pesquisas subsequentes mostraram que tanto a teoria tricromática como a teoria do processo complementar estão corretas. Elas se ocupam com o que acontece em estágios diferentes do processo visual no olho e no cérebro. Assim, os sistemas de cor baseados nos dois modelos ainda são usados por cientistas, artistas, ilustradores e designers, cada um usado para diferentes propósitos.

Acima: **A cor no mundo real é reconstruída pelos olhos e pelo cérebro humano a partir de três estreitas bandas de comprimento de onda, a que os cones fotorreceptores da retina são sensíveis. Por exemplo, vermelho e verde claro, em proporções iguais, produzem amarelo; vermelho e azul, magenta; e verde e azul, ciano. Combinando as três cores igualmente obtém-se um cinza neutro, que, quando muito brilhante, é branco.**

À direita: **Embora ainda não tenhamos um modelo completo da forma pela qual a informação da cor é processada pelo olho e pelo cérebro, os testes mostram que um "processo complementar" está funcionando. Há três pares opostos: escuro/claro, vermelho/verde e azul/amarelo. Dentro de cada par é impossível registrar as duas sensações ao mesmo tempo, o que explica por que qualquer combinação de verde e vermelho nunca dará a impressão de "vermelho-esverdeado"; em vez disso, quando os cones verde e vermelho são estimulados, mas não o azul, o resultado é amarelo.**

SISTEMA ACROMÁTICO

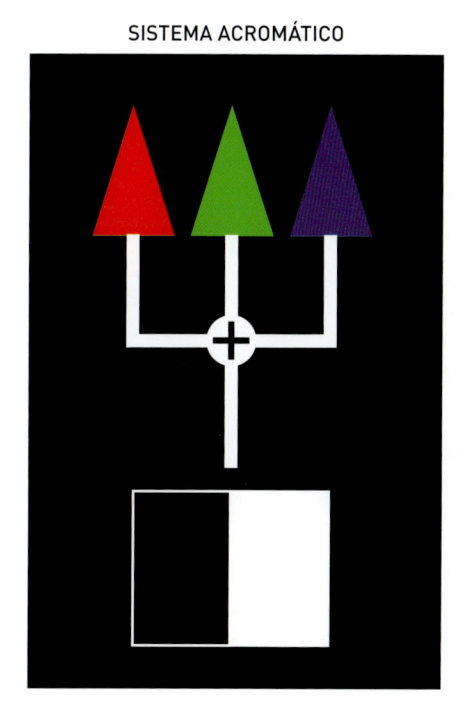

SISTEMA CROMÁTICO

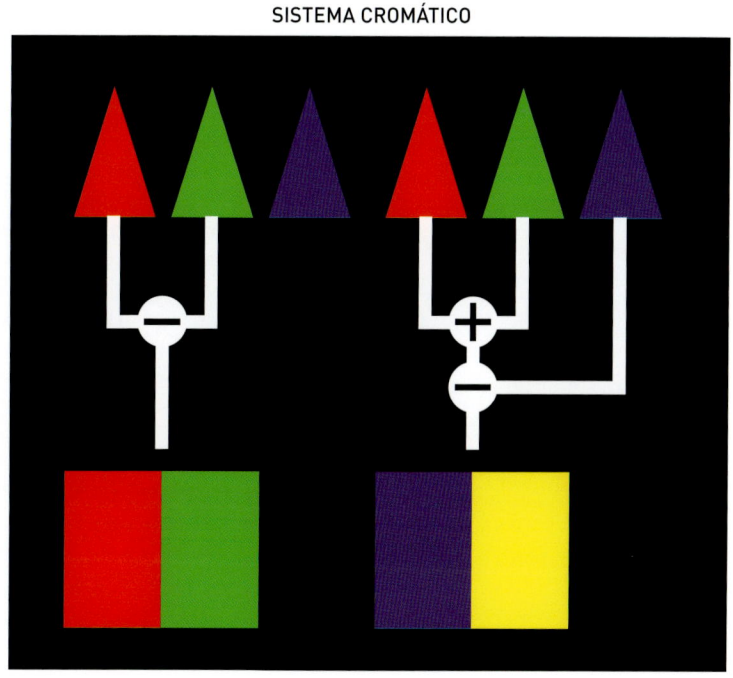

MISTURA ADITIVA E SUBTRATIVA

Qualquer criança pode lhe dizer que as três cores primárias são vermelho, amarelo e azul, e ela tem a caixa de tintas para prová-lo. Ainda assim, como vimos, as verdadeiras cores primárias da luz - aquelas que estimulam os receptores em nossos olhos - foram identificadas como vermelho, verde e azul. A razão para a diferença é que, quando vemos as cores de uma pintura, não estamos olhando para uma luz emitida naqueles comprimentos de onda, mas para uma luz refletida pela superfície.

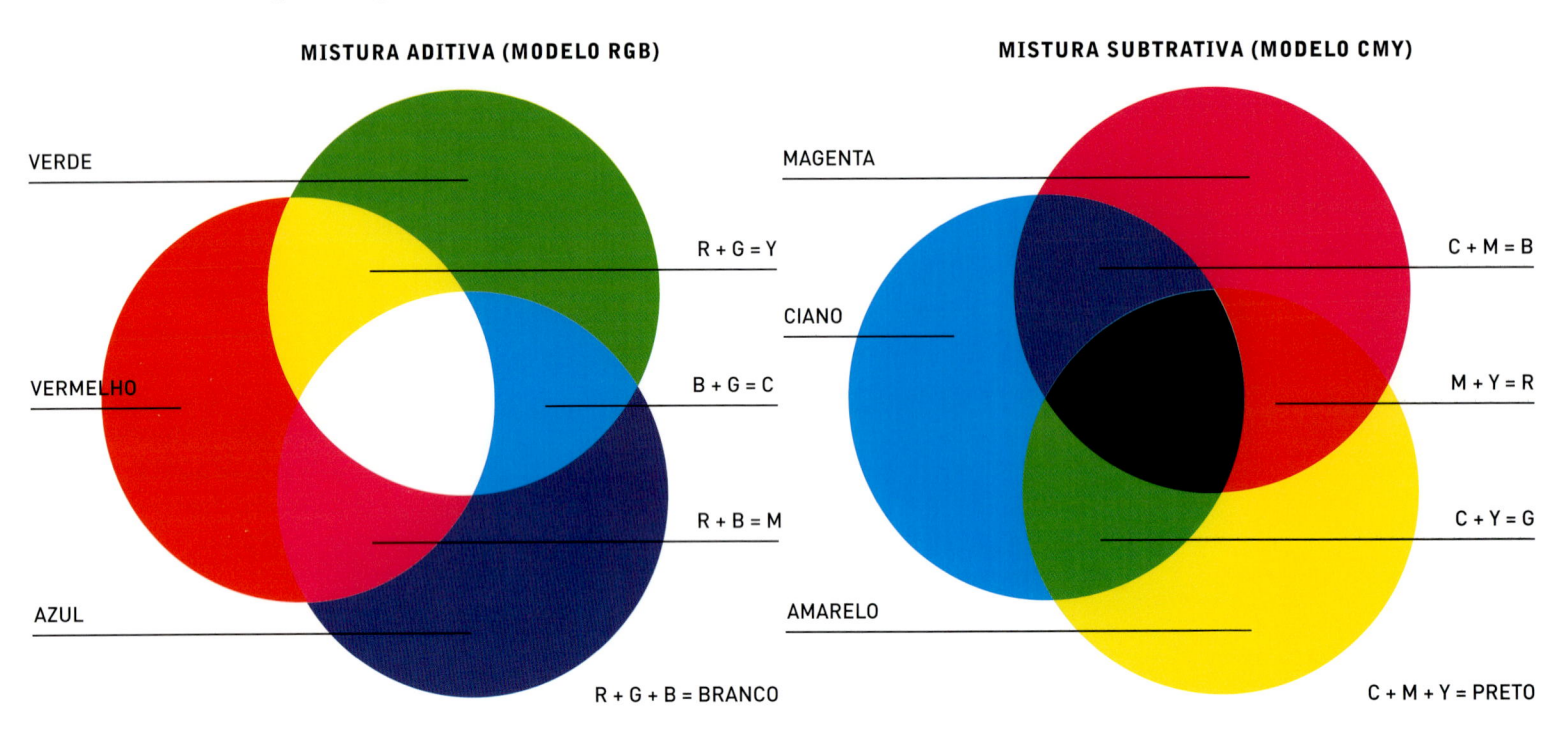

MISTURA ADITIVA (MODELO RGB)

VERDE

VERMELHO

AZUL

R + G = Y

B + G = C

R + B = M

R + G + B = BRANCO

MISTURA SUBTRATIVA (MODELO CMY)

MAGENTA

CIANO

AMARELO

C + M = B

M + Y = R

C + Y = G

C + M + Y = PRETO

As cores primárias não são as únicas que podem ser misturadas, é claro. Podemos usar prismas ou filtros coloridos para produzir qualquer comprimento de onda de luz e combiná-lo com qualquer outro para obter determinada cor. Igualmente, podemos misturar tintas de diferentes cores e ver o resultado. A razão para usar as cores primárias é que, se as proporções estiverem certas, podemos produzir qualquer cor com precisão dentro do espectro visível. Se se começar com um conjunto de cores diferentes, o resultado não é garantido.

Ao misturar tintas ou pigmentos, estamos, indiretamente, manipulando a luz. Quando a luz bate na superfície pigmentada, alguns comprimentos de onda são absorvidos e outros refletidos. Os comprimentos de onda refletidos determinam a cor que vemos. Assim, o

Acima à esquerda: **Quando se trabalha com a luz emitida, as cores podem ser misturadas a partir das três cores primárias a que nossos olhos respondem: vermelho, verde e azul. O diagrama mostra os resultados teóricos, com amarelo, magenta e ciano produzidos como cores secundárias, em que duas cores primárias são misturadas em igual quantidade, e o branco é o resultado da mistura das três cores primárias completas. Note que o que queremos dizer com "branco" é um cinza neutro, que parece mais claro quando há mais iluminação (ou quando o contraste entre a área iluminada e a área que a cerca é maior).**

Acima à direita: **Os pigmentos ciano absorvem só luz vermelha, os magenta só verde, e os amarelos só azul: assim, podemos usar essas cores para misturar luz refletida tão puramente quanto possível. A moderna impressão colorida usa essas cores primárias.**

que chamamos tinta vermelha é tinta que absorve luz verde e azul, enquanto a tinta verde absorve luz vermelha e azul. Agora, sabemos pela teoria tricromática que, misturando vermelho e verde deveríamos obter amarelo. Mas não vai funcionar desse jeito com nossos pigmentos. Cada um deles absorve mais luz do que reflete: então, misturar as duas só pode produzir uma cor mais escura. A combinação de vermelho e verde, de fato, produz um marrom cor de lama. Misturando as tintas das três cores primárias, em lugar de produzir branco, como a luz, fará surgir alguma cor próxima do preto.

A solução é a mistura subtrativa. Em lugar de pigmentos que absorvem tudo, menos determinada cor primária, usamos pigmentos que só absorvem determinada cor primária.

RGB CMY RYB

MISTURA SUBTRATIVA (MODELO RYB)

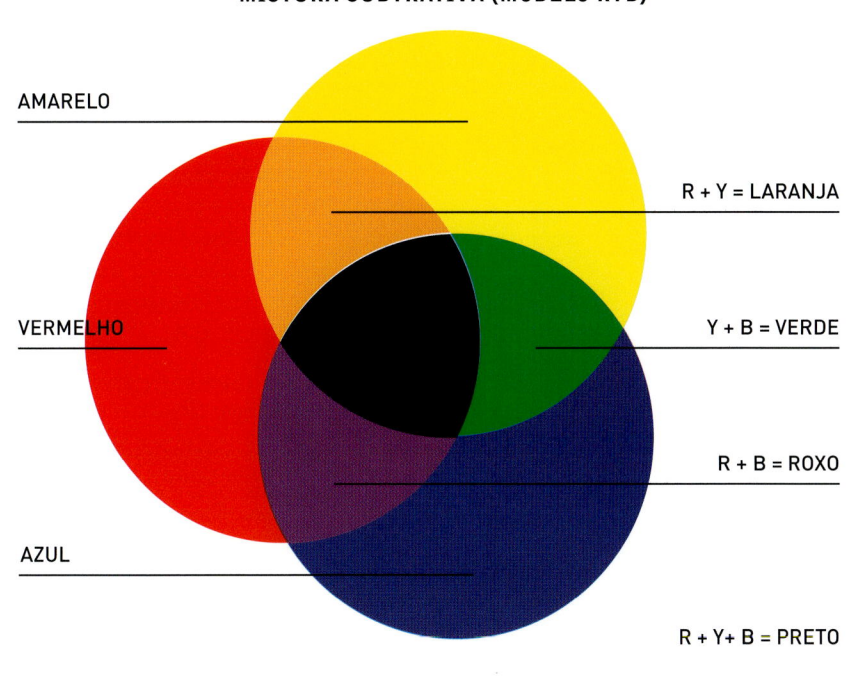

AMARELO

R + Y = LARANJA

VERMELHO

Y + B = VERDE

AZUL

R + B = ROXO

R + Y+ B = PRETO

Começando pelo branco (a cor da nossa tela), podemos então reverter o processo aditivo aplicando mais pigmento, subtraindo mais de cada cor primária, até que finalmente consigamos o preto. As cores que absorvem as primárias são seus complementos. O ciano (uma cor azul-esverdeada) absorve o vermelho; o magenta (uma cor rosada) absorve o verde; e o amarelo absorve o azul.

Na impressão mecânica colorida, o ciano, o magenta, o amarelo e o preto - CMYK - são agora usadas como cores primárias para gerar um espectro de cores razoavelmente amplo (*ver cap. 04.03*). Por que os pintores não seguiram este exemplo? Uma razão é a disponibilidade de pigmentos adequados: as tradicionais cores primárias do artista, de puros vermelhos, amarelos e azuis, estão disponíveis há muito tempo (*ver cap. 01.04*), enquanto o magenta e o ciano são mais difíceis de encontrar. Uma outra é que o vermelho e o azul parecem ser cores mais fortes e mais úteis, em si próprias, do que o magenta e o ciano.

Como mostra a roda de combinações de pigmentos de vermelho /amarelo /azul (*ver p. 40*), esse sistema, embora ainda usado pelos pintores, está limitado ao leque de cores que podem ser produzidas pela mistura das cores primárias. Faltam o magenta e o ciano. Por sorte, os pintores têm um ás na manga: o pigmento branco. Acrescer uma "cor" que reflete a quantidade máxima de todos os comprimentos de onda aumenta imensamente o leque de impressões de cores possível. Como qualquer criança sabe, misturar branco com azul produz azul claro. Com um toque de amarelo, esta cor se torna ciano.

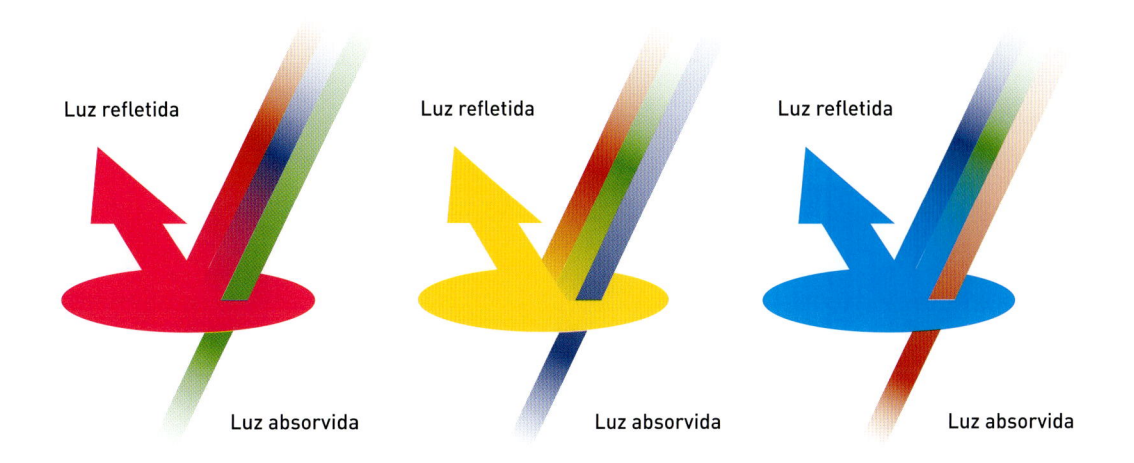

Luz refletida Luz refletida Luz refletida

Luz absorvida Luz absorvida Luz absorvida

VENDO AS CORES DE MODO DIFERENTE

A maior parte de nós vê o campo de flores vermelhas e roxas da foto com um vermelho vivo, profundo, apaixonado, que contrasta com um roxo mais frio, tranquilizante, tênue e suave, ambos agradavelmente equilibrados por um verde criado pelos milhões de diferentes tons nos caules e folhas. Para alguém com daltonismo, a cena não pareceria a mesma.

Os três cones no olho normal são chamados cone L, cone M e cone S, e eles reconhecem principalmente comprimentos de onda longos (vermelho), médios (verde) e curtos (azul), respectivamente. A maior parte das deficiências na visão da cor afetam os cones L ou M, e as anomalias mais severas, quando um tipo de cone está completamente ausente, são coletivamente chamadas dicromatismo, pois permanecem apenas dois receptores de cor.

Se o cone L é afetado, o problema é chamado protanopsia, e se o cone M está prejudicado, é chamado deutanopia (ou deuteranomalopia). A tritanopia, ou ausência do cone S, é extremamente rara, assim como a acromatopsia: a completa inabilidade de perceber a cor. Mais comum é um funcionamento reduzido dos cones L ou M, chamado

Acima: Esta fotografia representa o mundo como a maior parte de nós o vê. Os cones vermelhos, verdes e azuis são estimulados em vários graus por cada ponto na imagem, criando uma impressão de cor que atravessa o espectro visível. Para uma mariposa, que normalmente veria ultravioleta, esta imagem estaria errada.

tricromatismo anômalo. No cone L é chamado protanomalia e, no cone M, deutanomalia. Não há variante no cone S.

Cerca de 8% de todos os homens têm algum tipo de deficiência na visão das cores; das mulheres, apenas 0,5%. As deficiências comuns dos cones L e M são conhecidas como defeito vermelho-verde, porque as deficiências reduzem a habilidade de distinguir aquelas duas cores. A rara ausência do cone S, algumas vezes chamado defeito azul-amarelo, torna difícil diferenciar essas cores uma da outra.

Olhando para nossa foto, alguém com protanopsia veria os tons mais azuis nas flores roxas e não veria o vermelho. Ao contrário, as flores vermelhas se tornariam verdes como as folhas, com tons mais escuros. Alguém que tivesse deutanopia também não veria o vermelho. Para ele, as flores vermelhas pareceriam amarelo-esverdeadas - mais vivas que no caso anterior, mas ainda apenas alguns tons mais claras que as folhas - e as flores roxas pareceriam azuis, retirado o vermelho.

Como sua fisiologia é diferente, os animais não veem as cores da mesma forma que nós. Muitas vezes se afirma que os cães enxergam em preto e branco, mas isso não é rigorosamente verdadeiro. Enquanto a visão humana é tricromática, os cães e a maior parte dos mamíferos têm visão dicromática. Isso significa que não podem distinguir algumas cores, como as pessoas com daltonismo severo. Os roedores, por outro lado, são acromatópticos, completamente daltônicos. Os cães são compensados por terem uma visão noturna superior: para os predadores noturnos isso é mais importante do que uma boa visão das cores.

À esquerda, acima: **As pessoas com a deficiência de visão da cor chamada protanopsia não veem vermelho; as flores seriam, então, mais difíceis de distinguir. Superfícies vermelhas podem parecer escuras, e luzes vermelhas - como a dos semáforos - são invisíveis.**

À esquerda, embaixo: **A deutanopia também afeta a distinção entre vermelho e verde. Vermelho, laranja e verde parecem ter nuanças similares, assim como violeta, púrpura e azul.**

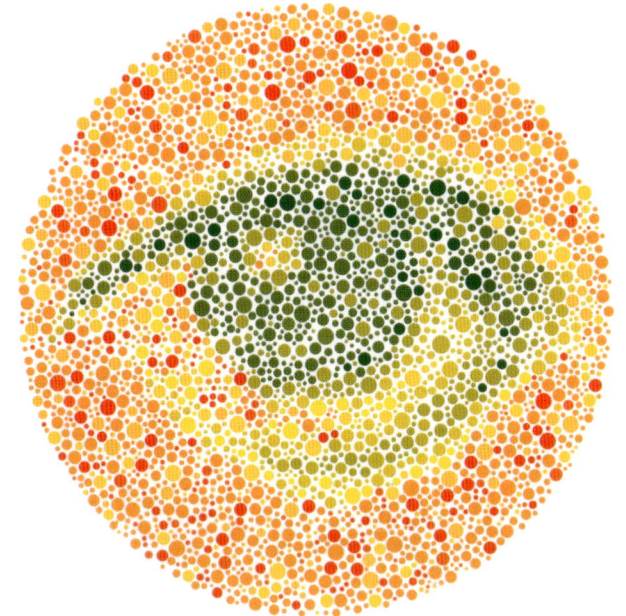

Acima: **Os testes Ishihara para daltônicos são usados normalmente para identificar defeitos vermelho--verde. Mostram-se aos pacientes muitas imagens, pedindo-lhes que identifiquem nelas formas obtidas com pontos de várias cores. Os portadores de visão de cor anômala podem não ver o desenho, ou ver um desenho diferente daquele visto pelas pessoas com visão normal.**

Abaixo: **Com pouca luz, os cones na retina são menos responsivos, e nossa visão depende principalmente dos bastonetes, que não diferenciam entre os comprimentos de onda. Como resultado, vemos um mundo quase monocromático. A falta de contraste, que também é evidente, é um fenômeno real, e não um problema neurológico.**

Os cones responsáveis pela percepção da cor no olho humano funcionam mal com pouca luz, por isso em tais condições um diferente grupo de receptores, chamados bastonetes, assumem a função. Os bastonetes não distinguem comprimentos de onda, então a visão se torna monocromática, criando o mundo visual azul--esverdeado que associamos com a noite. Muitos insetos noturnos, contudo, podem identificar cores à noite. Uma experiência recente com mariposas-elefante mostra que elas conseguem perceber flores artificiais amarelas e azuis de uma seleção que inclui tons de cinza.

As mariposas têm três receptores de cor separados: azul, verde e ultravioleta. Como os nossos, eles não funcionam bem à noite, mas a anatomia da mariposa compensa isso fornecendo, entre outras coisas, uma estrutura do tipo espelho na base do olho, que reprojeta as imagens uma segunda vez, fornecendo mais informações para processar.

ILUSÕES DE ÓPTICA

ILUSÕES DE ÓPTICA As ilusões de óptica proporcionam insights fascinantes na forma como percebemos e interpretamos a cor. Decerto a palavra ilusão é, em si mesma, problemática, pois tem implicações pejorativas. Nossos olhos estão realmente sendo enganados, ou o que vemos nestas ilusões são verdadeiramente um tipo de realidade? Quem é que vai dizer que uma ilusão de óptica é menos real do que qualquer outra coisa que vemos?

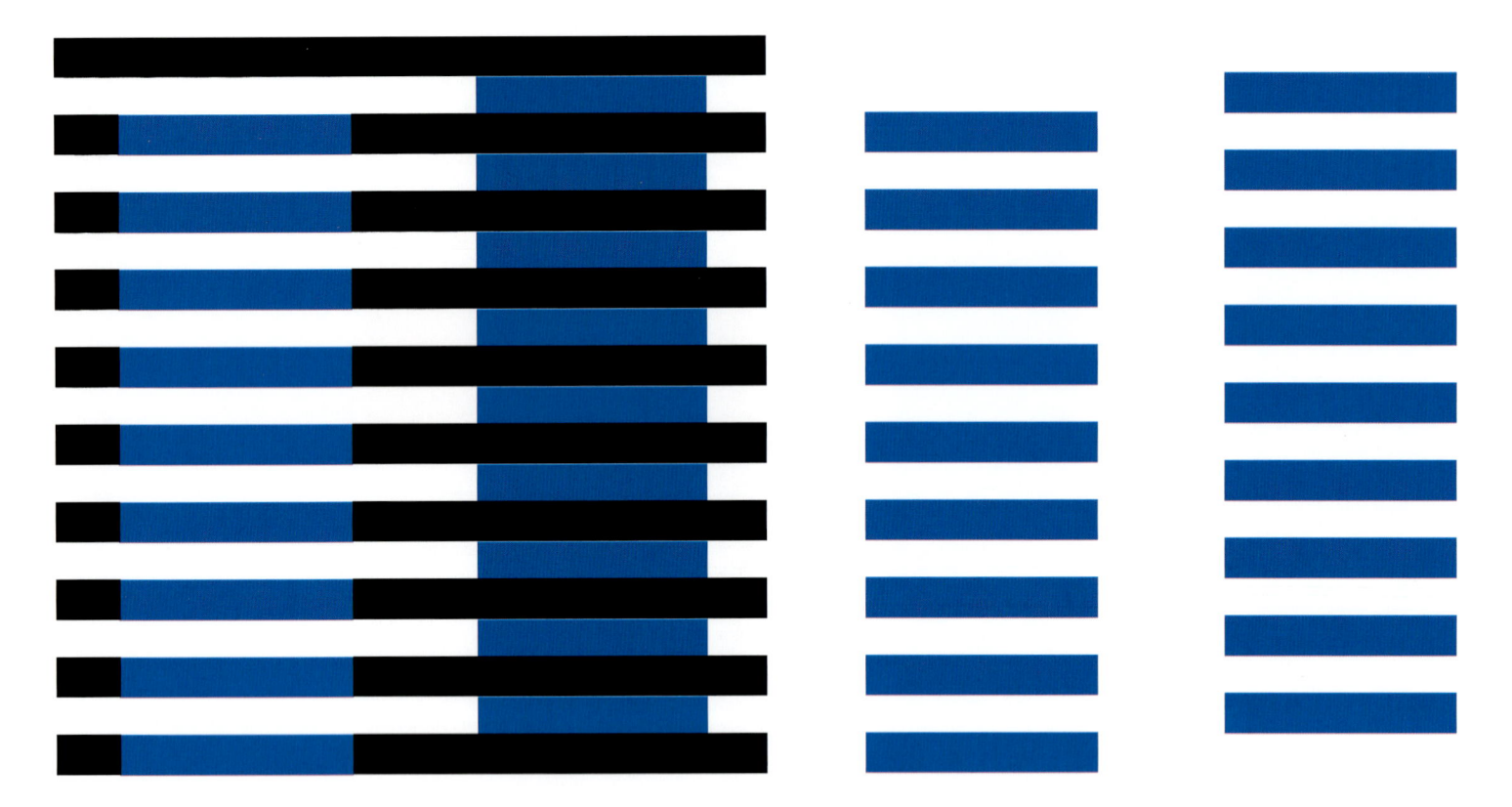

Por razões ainda não compreendidas completamente, podemos ver cor até em imagens preto e branco. O Benham's Top, brinquedo popular desde o final do século XIX, é um disco com um desenho preto e branco que, girado rapidamente, cria um espectro de cor ilusório. Outro exemplo é o Efeito McCollough, em que a exposição a duas diferentes cores primárias alternadas, respectivamente com listras pretas horizontais e verticais, faz com que vejamos cores falsas em listras preto e branco de mesma orientação. Também podemos ser induzidos a ver espaços brancos cheios de cores que estão completamente ausentes. Isso é demonstrado pela ilusão da disseminação do neon: quando partes de um desenho de linhas paralelas têm cor diferente do resto, parece que vemos uma faixa contínua de uma terceira cor.

Acima: **Embora os comprimentos de onda de luz refletidos a partir de dois pontos em uma cena possam ser os mesmos, nossos olhos e cérebro podem interpretar suas cores de modo diferente, dependendo do que os cerca: é o efeito Munker-White. Aqui (acima à esquerda), as barras azuis à esquerda são claramente mais claras do que as da direita. Quando as mesmas barras são reproduzidas sem as linhas pretas, entretanto, torna-se óbvio que elas são idênticas.**

Certos tipos de ilusão de óptica foram particularmente significativos em nossa compreensão de como a cor funciona em composições artísticas. Os efeitos de colocar diferentes cores perto uma da outra estão entre os mais antigos a serem explorados. Leonardo da Vinci (1452-1519) - que já tinha identificado branco, preto, vermelho, verde, azul e amarelo como cores primárias - notou que certas cores intensificam uma à outra. Leonardo se referia a elas como cores "contrárias"; hoje as referimos como cores complementares ou complementos. Cores complementares, quando misturadas, produzem uma cor neutra.

O químico francês Michel Chevreul (1786--1889), que foi empregado pelo famoso estúdio de tapeçarias Gobelin, investigou mais profundamente as possibilidades desse efeito. Examinou outra ilusão de óptica: a imagem residual. Se você olhar fixamente para uma superfície fortemente colorida por alguns segundos, e depois olhar para outro lado, verá um bloco de cor diferente. Essa é uma imagem residual negativa, e sua cor será o complemento daquela que você estava olhando. O efeito é chamado contraste sucessivo. Mas a imagem residual ocorre, embora menos intensamente, sempre que olhamos para as cores, e isso afeta a maneira como os campos coloridos aparecem quando justapostos.

À direita e abaixo: **O efeito** McCollough foi descrito pela primeira vez por Celeste McCollough em um artigo da *Science*, em 1965. Olhe fixamente para as listras coloridas por pelo menos dois minutos, depois para as listras preto e branco. Você verá uma névoa verde em torno das linhas horizontais e outra magenta em torno das verticais. Não se trata aqui de uma imagem residual causada por neurônios fatigados. A causa precisa é pouco clara, mas envolve neurotransmissores, o que explica por que o efeito pode durar muitas horas. Mais informações sobre o fenômeno em http://research.lumeta.com/ches/me/.

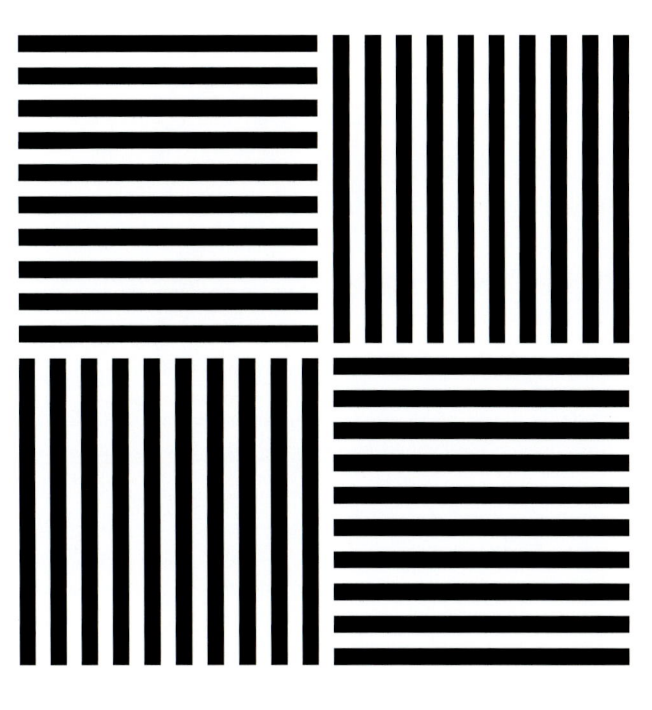

Acima e à esquerda: **Olhe** fixamente para o quadrado azul por dois minutos. Agora olhe para o pequeno quadrado cinza e note a ilusão da cor. A cor que você deveria "ver" em torno do quadrado cinza é a cor complementar do azul.

Nosso sistema visual parece "esperar" o complemento da cor que vemos, qualquer que seja ela. Se o complemento está presente, a combinação parece particularmente vibrante; se ausente, nós mesmos a produzimos. (Agora sabemos que este efeito é causado por interações inibitórias em células no córtex visual do cérebro que funciona sobre princípios similares ao processo complementar de Hering.) Esta descoberta é a base do contraste simultâneo, um princípio importante no uso da cor em arte e design.

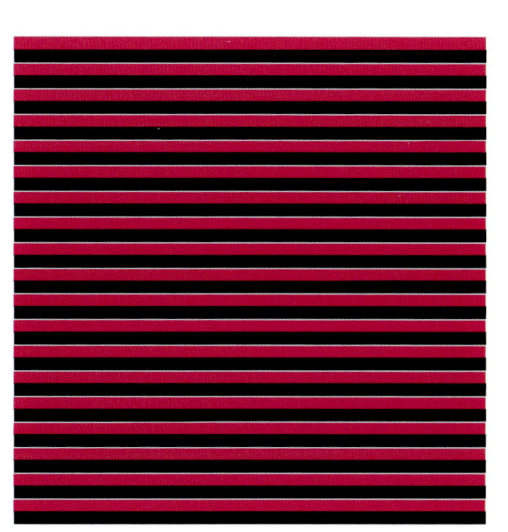

COR PARTITIVA Os contrastes simultâneos afetam nossa percepção de imagens preto e branco: um objeto cinza médio parecerá mais escuro sobre um fundo branco do que sobre um fundo preto. Seu efeito sobre combinações de preto e branco com as cores é ligeiramente mais complicado: não só um determinado vermelho, por exemplo, vai parecer mais destacado sobre um fundo preto, como também vai dar a impressão de ser mais quente.

Quando as cores são combinadas umas com as outras, desencadeiam-se muitos tipos de interações (contraste de cor simultâneo), e a impressão gerada pelas cores de uma imagem pode ser altamente imprevisível. A mesma cor usada em diferentes posições, por exemplo, pode parecer completamente diferente, por ter sido justaposta a outras cores.

Uma vez compreendidos esses efeitos, podem ser aproveitados para criar uma experiência de cor intensificada, dando a impressão de cor vibrante ou luminosa, ou podem ser deliberadamente cancelados. Como o contraste simultâneo opera apenas em uma pequena área em torno da divisão entre duas cores, o efeito pode ser reduzido ou removido completamente, separando os campos de cor com um contorno preto ou branco. Uma forma mais sutil de impedir interações indesejadas é identificar qual, de duas cores, é a mais fraca e adicionar uma pequena quantidade do complemento da outra cor a ela. Prevendo a resposta do cérebro dessa maneira, o artista consegue retomar o controle da percepção da cor e produzir uma impressão mais previsível.

Outra forma de explorar as interações de cores é a mistura partitiva. Em lugar de misturar pigmentos antes de aplicá-los à tela, o artista coloca pequenos pontos ou listras de cores cuidadosamente escolhidas para criar a impressão de uma nova cor, que é misturada no olho/cérebro, e não na tela.

Acima: **Em sedas furta-cor, os fios se combinam de tal forma que a cor percebida do tecido muda constantemente.**

Abaixo: **O efeito de contraste simultâneo é particularmente forte na junção de campos de cores complementares de brilho semelhante. Estas combinações de cores "vibrantes" tornam o texto quase ilegível (à esquerda).**

O processo é pseudoaditivo, pois tenta combinar as cores refletidas pelos pigmentos em lugar de combinar as cores absorvidas. Seguindo o químico francês Michel Chevreul (*ver p. 31*), muitos pintores pós-impressionistas adotaram variações sobre o método, principalmente Georges Seurat (1859-1891). Aplicando sua técnica pontilhista, Seurat usou pontos coloridos de vários tamanhos para construir as áreas enevoadas de cor, que enchem suas telas muitas vezes gigantescas.

Foi sua própria pesquisa em óptica e teoria da cor que levou Seurat a esse método, mas parece que ele trabalhou com concepções fundamentalmente erradas. Seurat acreditava que seus pontos de pares complementares criariam uma impressão de luminosidade. Em vez disso, elas tendem ao cinzento. Vermelho e verde, por exemplo, aparecem vibrantes quando os campos de cada um são justapostos. Mas o efeito não ocorre quando pequenos pontos são usados para misturar essas cores opticamente.

Chevreul já aplicara a cor partitiva mais bem compreendida à criação de tapeçarias. Muitas outras técnicas de produção de tecidos se apoiam sobre a mistura partitiva para criar ricos efeitos de cor, quer seus iniciadores compreendessem o processo que ali funcionava, quer não. Embora um *tweed* possa parecer marrom, sua cor ganha uma qualidade especial se for feito de fios de várias cores, visíveis individualmente apenas quando vistos de muito perto. Mais dramaticamente, os tecidos furta-cor entrelaçam cores de tal maneira que a impressão geral muda, dependendo de como a luz atinge a superfície, dando uma aparência cintilante ao material. Este efeito é chamado iridescência.

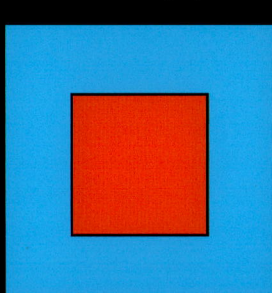
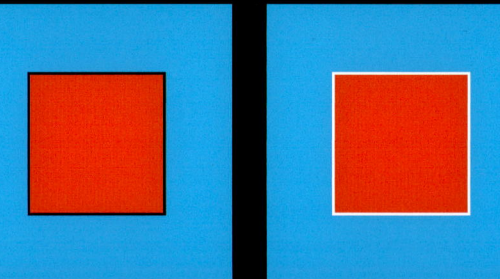

VERMELHO SOBRE PRETO

Num fundo preto, um campo de vermelho parece quente e vibrante, com bordas claramente definidas.

VERMELHO SOBRE BRANCO

A cor vermelha parece opaca contra um fundo branco. Observar os efeitos que as cores têm umas sobre as outras é o ponto inicial para compreender a relatividade da cor. A relação entre valores, saturações e o calor ou frieza das respectivas nuanças causa notáveis diferenças na percepção da cor.

VERMELHO SOBRE CIANO

Aqui a cor vermelha parece viva contra o fundo ciano, mas o quadrado vermelho parece menor do que sobre o fundo preto. Esta é uma outra peça que os olhos nos pregam. De fato, temos uma memória muito curta para cores e muitas vezes não conseguimos identificar a mesma cor, se exposta em um contexto diferente. O efeito é reduzido separando os campos de cor com uma linha preta ou branca (à direita).

VERMELHO SOBRE MARROM

À medida que quantidades crescentes de magenta e amarelo são acrescentadas à cor do fundo, o quadrado vermelho começa a parecer cada vez mais sem graça.

VERMELHO SOBRE MAGENTA

Quando o quadrado vermelho é colocado sobre um fundo 100% magenta, as duas formas se tornam cada vez menos distinguíveis ao olhar, à medida que a distância cresce.

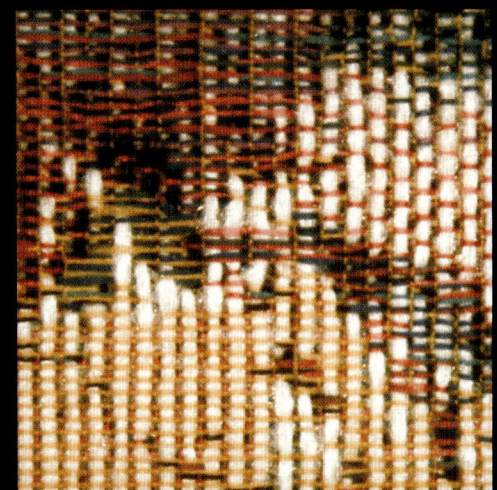

À esquerda: **A tapeçaria foi o meio em que Chevreul começou a explorar a mistura da cor partitiva. Quando adequadamente compreendidas e aplicadas, as interações entre as cores de fios próximos pode produzir uma paleta extremamente rica.**

Abaixo: **Em todas as ilustrações o preenchimento do olho é feito de 100% ciano e 100% amarelo, mas dá impressões muito diferentes, dependendo do fundo. Sobre amarelo, por exemplo, parece bastante escuro, já sobre roxo parece quase luminoso.**

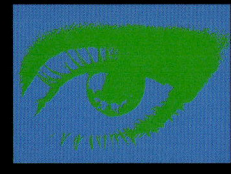
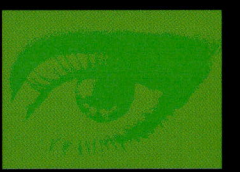

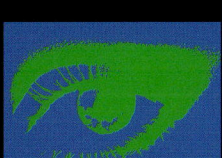

DIMENSÕES DA COR O comprimento de onda da luz envolvida é apenas uma das maneiras pelas quais diferenciamos as cores. Como vimos (*ver p. 27*), a tinta azul pode ser azul-clara ou azul-escura. Em qualquer dos casos, a cor pode ser ou viva e forte, ou opaca e acinzentada, e o que dita estas nuanças de cor são seu matiz, saturação e brilho. Essas qualidades são independentes uma da outra e, para descrever inteiramente uma cor, temos de medir as três.

A propriedade da cor associada com o comprimento de onda é conhecida como matiz: é a mais difícil de descrever. Embora todos percebam as cores mais ou menos igual (a menos que tenham algum tipo de daltonismo) e concordem que certa cor é vermelha e não verde, nem sempre concordarão sobre a cor exata que representa o vermelho puro ou o verde puro. A ideia da maior parte das pessoas sobre o vermelho é ligeiramente mais laranja do que o vermelho no modelo tricromático, por exemplo, e a percepção comum do verde é ligeiramente mais amarelada.

De modo semelhante, para criar uma cor intermediária ou secundária, como laranja (vermelho/amarelo), deveríamos misturar proporções exatamente iguais de duas cores primárias. Entretanto, são necessárias diferentes proporções para criar cores secundárias que pareçam equilibradas, em lugar de parecer tender a uma cor primária ou a outra.

Também podemos referir o brilho (em oposição à escuridão) de uma cor como valor. Um pigmento de dada nuança pode ser clareado ou escurecido adicionando-se branco ou preto, dando um matiz. Nuanças não matizadas, como representadas nos círculos cromáticos, são chamadas matizes puros. Todavia, eles não compartilham do mesmo valor, por isso pode ser preciso adicionar branco ou preto a um deles para torná-lo semelhante a outro em brilho. Por exemplo, o verde puro precisa ser escurecido para combinar vermelho puro. Ajustando o valor de um matiz da maneira oposta - por exemplo, acrescentando branco ao azul ou preto ao amarelo - cria o que artistas e ilustradores chamam discordância.

Variações no valor conferem luz, sombra e profundidade aos quadros. Se as cores de uma área tiverem valor semelhante, ela tenderá a parecer chata, mesmo que os matizes difiram. Os valores mais escuros e mais claros podem ser usados para adicionar sombras e realces, dando a ilusão de objetos tridimensionais sobre a tela bidimensional. Nas técnicas de mistura (partitiva) óptica, devem ser usadas as cores de valor semelhante, pois elas são misturadas mais prontamente pelo olho/cérebro.

parte 01.definições

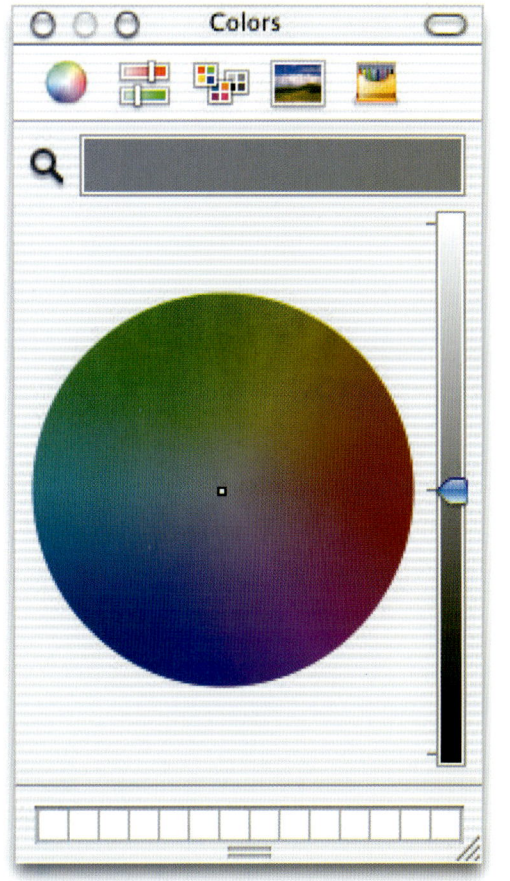

O aspecto ou dimensão final de uma cor é a saturação. (O termo alternativo, intensidade, deve ser evitado, pois também pode se referir à luminosidade.) As cores mais saturadas podem ser descritas como mais claras, mais fortes ou mais vívidas. Os matizes puros, incluindo os primários, são completamente saturados. As cores não saturadas são mais acinzentadas e, como isso sugere, podem ser misturadas como pigmentos pela adição tanto de preto como de branco a matizes puros. O resultado é que certa quantidade de luz é refletida, cuja maior parte atravessa o espectro completamente visível; os comprimentos de onda que constroem o matiz desejado dominam apenas marginalmente. Os matizes misturados com cinza são chamados tons. Na mistura aditiva, as cores não saturadas têm porcentagens quase iguais de vermelho, verde e azul, com pequenas variações que produzem a impressão enfraquecida de matiz.

Outras técnicas para produzir cores não saturadas subtrativamente envolvem dois ou três matizes. Misturando um matiz a uma proporção menor de seu complemento dá uma tonalidade. Misturando as três cores primárias em proporções desiguais dá um matiz quebrado. Por certo, maiores quantidades de diferentes pigmentos podem ser combinados *ad infinitum*, mas os resultados rapidamente se tornarão escuros e foscos à medida que mais luz for absorvida.

COR E ILUMINAÇÃO

COR E ILUMINAÇÃO Ao representar uma cena do mundo real, o artista ou ilustrador deve considerar a qualidade total da luz ambiente; o grau de iluminação de cada parte de um objeto (luz e sombra); a interação da cor da luz com a "cor local" da superfície (ou seja, suas propriedades reflexivas); e o funcionamento dos olhos.

À esquerda: **A interação entre a luz lançada e a luz refletida, mesmo em uma simples cena, pode ser bastante complexa, mas uma compreensão básica dos princípios de mistura das cores lhe permitirá resolver o problema. Por certo, na prática, os artistas muitas vezes prestarão mais atenção à observação do que a cálculos teóricos.**

Represente uma bola vermelha sobre um plano verde, iluminada por uma lâmpada amarela. Para descobrir que cores resultam da luz que bate na bola, precisamos combinar nosso conhecimento de misturas aditivas e subtrativas (*ver p. 26*). A luz amarelada é dominada pelos comprimentos de onda vermelhos e verdes e é deficiente em azul. A cor da superfície, identificada como vermelho, absorve predominantemente verde e azul claro, e reflete o vermelho. Por conseguinte, nossa bola vermelha vai refletir intensamente o vermelho forte que compõe a luz que bate nela, refletir fracamente o componente verde forte e refletir fracamente o componente azul fraco. Assim, a luz refletida conterá muito vermelho, pouco verde e pouquíssimo azul. Essa mistura aditiva resulta em um laranja-avermelhado.

No lugar mais próximo da fonte de luz, a bola terá um realce: uma pequena área de cor mais clara. Quanto mais reflexivo (brilhante) for o objeto, mais claro e menos saturado o realce será, pois os comprimentos de onda estão sendo refletidos indiscriminadamente. Do lado oposto, a bola estará na sombra, que será de tom mais escuro.

Precisamos também considerar a interação entre a bola e o plano em que repousa. Primeiro, a bola lançará uma sombra sobre o plano verde e o escurecerá. Segundo, o plano, por sua vez, será refletido na bola, acrescentando verde. A força e luminosidade desse reflexo dependerão do brilho da bola.

As sombras normalmente não são representadas como simples tons das cores da superfície sobre a qual estão. Na realidade, como notou Johann Wolfgang von Goethe (1749-1832) (*ver p. 48*), as cores das sombras são complicadas pela presença de múltiplas fontes de luz. Por exemplo, uma sombra causada por uma lâmpada amarela em um ambiente fracamente iluminado pela luz do dia parecerá azulada, pois os tons verde e vermelho com que a lâmpada contribui são subtraídos da área de sombra, enquanto o nível de azul permanece inalterado. Efeitos similares ocorrem em menor grau para formar sombras devidas à luz refletida. Os artistas normalmente aproximam estes efeitos usando duas regras

À direita: **Qual é a cor do quadrado central, na face frontal deste cubo?** Você provavelmente diria amarelo e, vendo a imagem como a representação de um objeto real, isto estaria correto. Mas tente colocar uma folha de papel sobre a página, e depois cortar um buraquinho no quadrado central de cada um dos três lados do cubo. Eles são exatamente o mesmo tom de marrom. Nossa habilidade de compensar os diferentes níveis de iluminação afeta nossa interpretação da cor. Precisamos, assim, ajustar as cores em obras de arte para criar o efeito desejado.

Abaixo: **Quando um objeto é iluminado simultaneamente por luzes de diferentes cores, as cores das sombras podem ser surpreendentes.** Os princípios são demonstrados mais claramente com as luzes vermelha, verde e azul, mas podem ser expressados mais sutilmente quando, por exemplo, os objetos de uma sala forem iluminados tanto por lâmpadas elétricas como pela luz do dia.

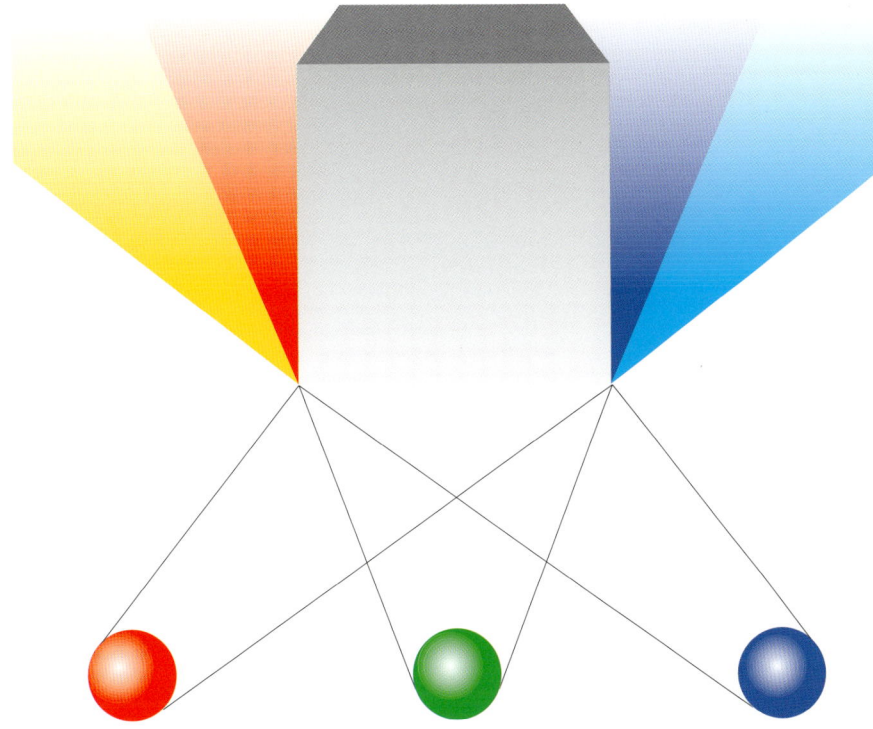

empíricas: que uma sombra inclui o complemento da cor local; e que a luz quente (amarela/vermelha) lança sombras frias (azul/verde), e vice-versa.

Quando a cor é aplicada dessa forma, algumas misturas podem parecer estranhas. Por exemplo, escurecer e diminuir a saturação do amarelo cria uma cor amarronzada. Isso não significa, porém, que haverá a impressão de marrom em sua composição, ou que ela não possa ser usada para representar um objeto amarelo. Para que o mundo faça sentido, nosso sistema visual humano precisa reconhecer objetos ou campos de cor como um todo, não fragmentos de diferentes tons: faz isso prestando menos atenção ao nível absoluto de luz recebida em cada comprimento de onda primária do que à proporção.

Assim, tendemos a ver um objeto como vermelho, por exemplo, se ele refletir mais luz vermelha do que as áreas próximas, e menos azul e verde, mesmo se a proporção real de luz vermelha que reflete seja menor do que a de azul ou verde. Isto é chamado constância da cor.

OS SISTEMAS DE COR

Compreender a física e a fisiologia da cor é uma coisa; usar cores em obras de arte é outra. Para selecionar e combinar cores, criar paletas agradáveis e predizer interações cromáticas, você precisará de uma referência visual. Vários sistemas de cor foram concebidos para fornecer isso, incluindo círculos, triângulos e diagramas mais complexos.

A tentativa de formalizar o relacionamento das cores data pelo menos do tempo de Aristóteles (384 a.C.-322 a.C.), mas foi iniciado seriamente por Leonardo da Vinci (1452-1519) e progrediu regularmente do século XVII em diante. Quando Newton curvou o espectro visível transformando-o num círculo, notou que, misturando duas cores de posições opostas no círculo, produzia uma cor neutra, ou "anônima". Isso demonstrou o princípio dos complementos, que mais tarde seria essencial a muitas técnicas cromáticas. Uma das características mais úteis de todos os círculos cromáticos é que os complementos e outras relações (*ver p. 40*) se tornam imediatamente óbvios.

Como o de Newton, a maior parte dos círculos cromáticos mostra apenas matizes puros, mas alguns acrescentam variações com brilho e/ou saturação diferente. Para mostrar os três aspectos ao mesmo tempo, é necessário um diagrama tridimensional, que torna tais sistemas difíceis de manejar. Em softwares de computador para desenho gráfico, um selecionador de cor normalmente mostra um espectro de matizes, graduados do claro ao escuro, com um controle para ajustar a saturação.

Outros sistemas cromáticos se ocupam em definir exatamente como produzir cores específicas. Em 1952, o cientista alemão Alfred Hickethier (1901-1967) propôs um cubo de mil cores formado por diferentes porcentagens de tintas de impressão. Sistemas deste tipo, incluindo o Trumatch e Focoltone, fornecem uma paleta de cores que podem ser reproduzidas em qualquer impressora, embora o resultado só combinará se as tintas e processos usados estiverem em conformidade com certos padrões. O sistema Pantone fornece uma paleta de fórmulas para pigmentos pré-misturados, tanto para impressão como para outras mídias, como têxteis e plásticos.

Desde o tempo da Grécia antiga, os teóricos procuraram uma ordem simples e lógica no espectro de cores. Entretanto, na realidade a percepção

CÍRCULOS CROMÁTICOS

CÍRCULOS CROMÁTICOS A divisão do espectro de Newton em sete matizes foi, certamente, arbitrária - não há separações no arco-íris - e parece ter sido ditada por sua obsessão com numerologia, a pseudociência mística do simbolismo dos números. O círculo cromático resultante é meio estranho: os segmentos são de tamanhos diferentes, e o vermelho, o amarelo e o azul, as tradicionais cores primárias, não estão distribuídas por igual em torno do círculo.

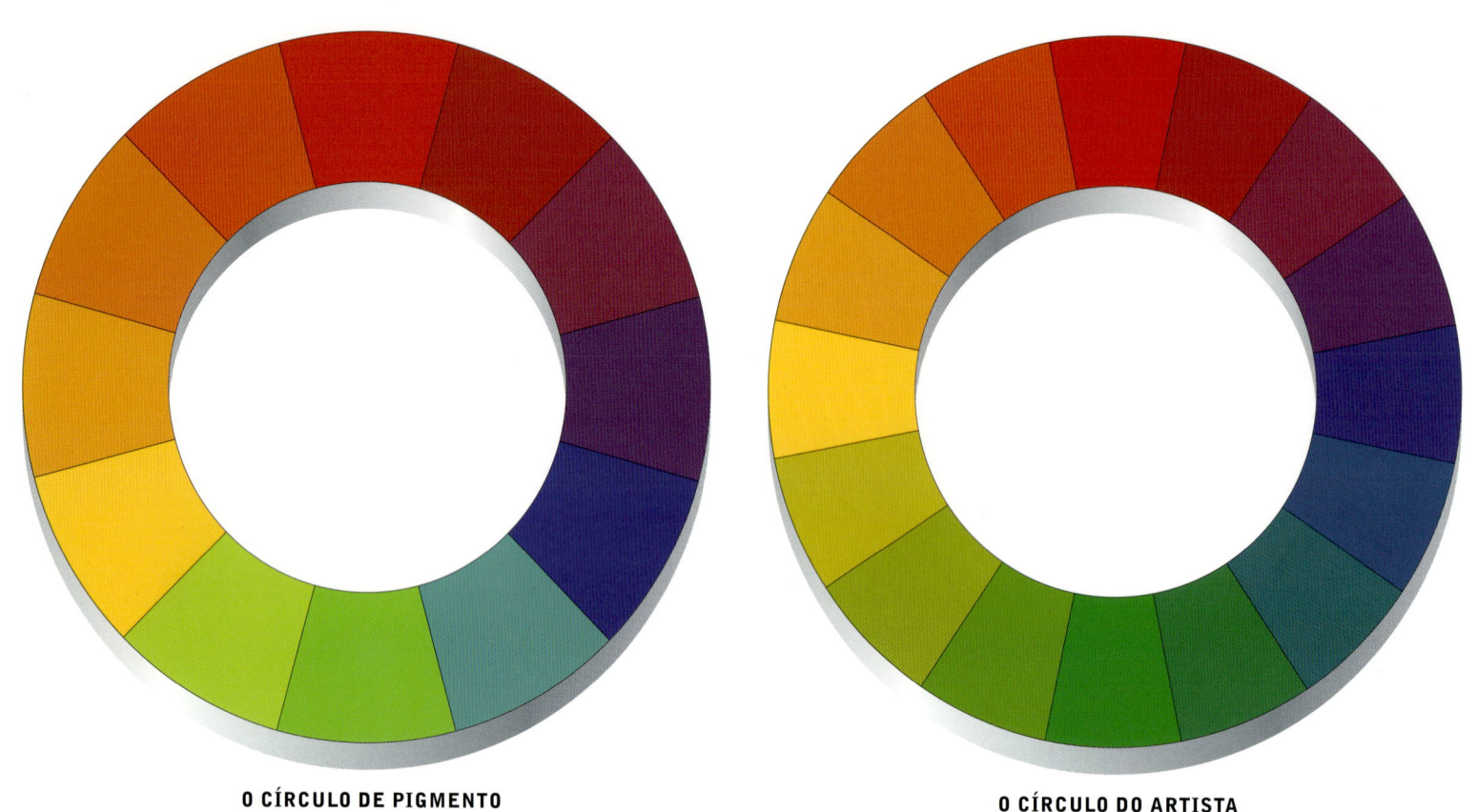

O CÍRCULO DE PIGMENTO

O CÍRCULO DO ARTISTA

Os círculos cromáticos produzidos por teóricos mais recentes foram, quase sempre, baseados numa distribuição equidistante das cores primárias - quaisquer que fossem elas. O círculo típico de pigmentos usa vermelho, amarelo e azul, o imperfeito sistema de mistura subtrativo, geralmente adotado por aqueles que trabalham com tintas, tecidos ou outros materiais reflexivos. Entremeadas com as cores primárias, no círculo, há três secundárias, cada uma delas representando uma mistura das primárias circundantes. Seis outras cores terciárias são, então, entremeadas para dar um total de doze matizes.

    O círculo de pigmentos não funciona bem para misturas partitivas. Aqui, a relação-chave é entre cores e suas imagens residuais negativas, mas estes pares não são encontrados em lados opostos um ao outro, no círculo cromático. Produz-se uma aproximação mais minuciosa de pares de contraste simultâneo pela adição do verde ao círculo, como uma quarta cor primária. O círculo visual resultante tem sido usado desde a renascença, antes que a operação da mistura partitiva fosse inteiramente

Acima à esquerda: **As cores básicas tradicionais usadas na mistura de pigmentos são vermelho, amarelo e azul. Um círculo cromático baseado nessas cores primárias mostra ao pintor quais matizes deveriam ser combinados para produzir outras cores. Note a limitação comum a todos os círculos cromáticos básicos: só os matizes puros aparecem - ou seja, só um nível de saturação e brilho - e oferecem-se só duas combinações primárias.**

Acima: **Adicionar o verde como uma quarta cor primária cria um círculo cromático alternativo, que também é largamente usado por artistas. Embora o leque total de matizes produzidos não seja significantemente diferente, os pares complementares - matizes opostos um ao outro no círculo - variam ligeiramente. Por certo, os pintores normalmente trabalham com uma paleta de muitos pigmentos, além das cores primárias.**

Abaixo: **Este simples círculo cromático mostra como as luzes vermelha, verde e azul se combinam para resultar nas cores secundárias ciano, magenta e amarelo. Os círculos cromáticos em software de computador se baseiam nele, mas mostram graduação contínua entre matizes, em lugar de interrupções discretas.**

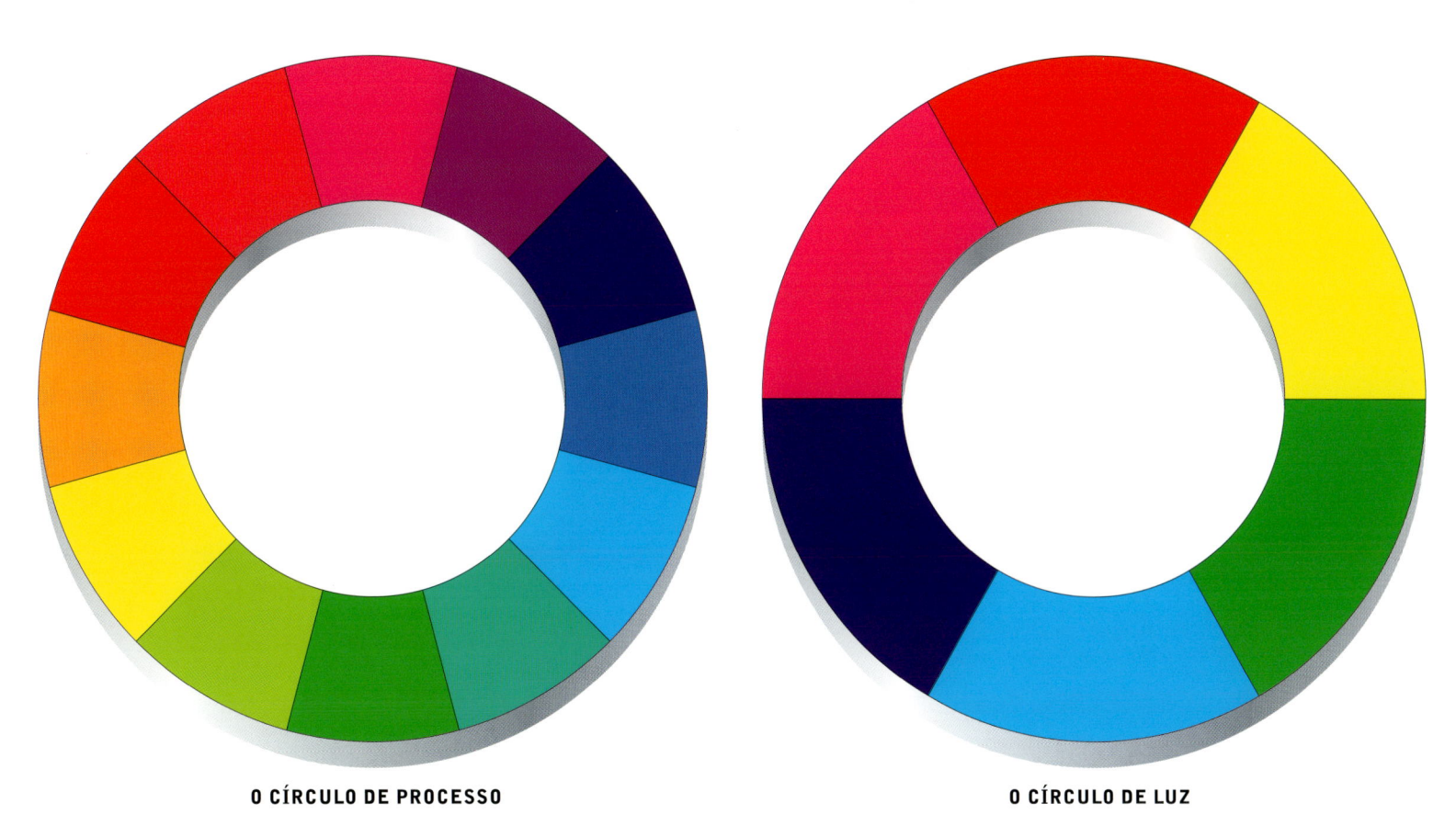

O CÍRCULO DE PROCESSO

O CÍRCULO DE LUZ

Acima: **Quando as cores são misturadas subtrativamente na impressão colorida, o usuário decide a porcentagem de cada tinta a utilizar. Quanto menor a porcentagem, mais clara a cor. Os matizes puros são produzidos usando uma ou duas tintas. Este círculo mostra 100% magenta, ciano e amarelo como primárias (no sentido do relógio, a partir do alto); 100% de cada par como secundárias, formando vermelho, azul e verde; e 100% + 50% de combinações como cores terciárias.**

compreendida. No século XX, Albert Munsell (*ver p. 46*) tentou melhorar mais ainda o casamento de complementos, adicionando uma quinta cor primária, o violeta.

Embora os círculos cromáticos indiquem quais matizes devem ser misturados para produzir matizes secundários e terciários, eles não mostram a quantidade que será necessária de cada um. Como o valor e a saturação das cores primárias varia, serão indispensáveis proporções desiguais para produzir uma cor visualmente equidistante aos seus dois componentes. Alguns pintores, frustrados pela imprecisão técnica e inutilidade prática dos círculos cromáticos-padrão, uniram seus próprios diagramas mostrando a exata localização de cores específicas de tinta dentro de um círculo cromático. Vários exemplos

desses círculos cromáticos podem ser encontrados em ferramentas de busca da Web, digitando "color wheel".

O círculo cromático de processo mostra como as tintas ciano, magenta e amarelo combinam. Ao contrário de outros círculos cromáticos subtrativos, este mostra um espectro completo de cores, incluindo vermelho, verde e azul (RGB) como secundárias relativamente puras. Semelhante a isso, ao inverso, o círculo cromático aditivo RGB, ou círculo de luz, mostra o resultado de misturar luz com ciano, magenta e amarelo aparecendo como secundárias. É usado por projetistas de luz e qualquer outra pessoa que trabalhe com mídia translúcida.

O RGB também é o modelo usual para especificação de cor no computador, com valores dados em porcentagens, ou em uma escala de 0 a 255. Como combina as cores primárias detectadas pelo olho humano e torna a mistura relativamente simples, o RGB não é uma má escolha, mas você precisa ter em mente que cores opostas, no círculo, não são complementos particularmente bons para efeitos contrastantes simultâneos.

HARMONIA DAS CORES Qualquer que seja o círculo cromático que você usa, seu objetivo principal é indicar matizes que funcionarão bem juntos. As relações mais simples no círculo são entre cores análogas, que estão lado a lado, e entre complementos, encontrados em lados opostos. Mas várias outras relações podem indicar esquemas de cor agradáveis.

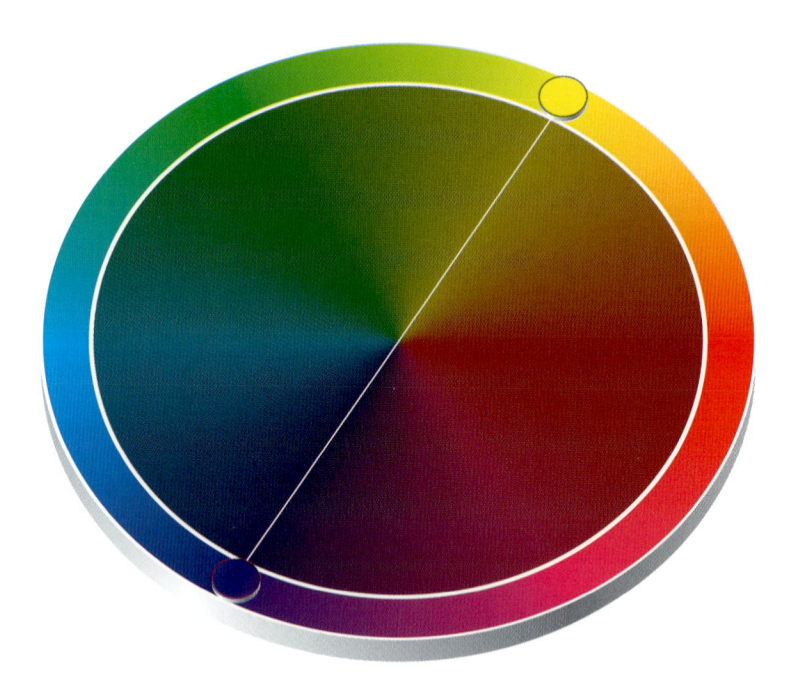

ESQUEMA COMPLEMENTAR
Duas cores em lados opostos no círculo cromático.

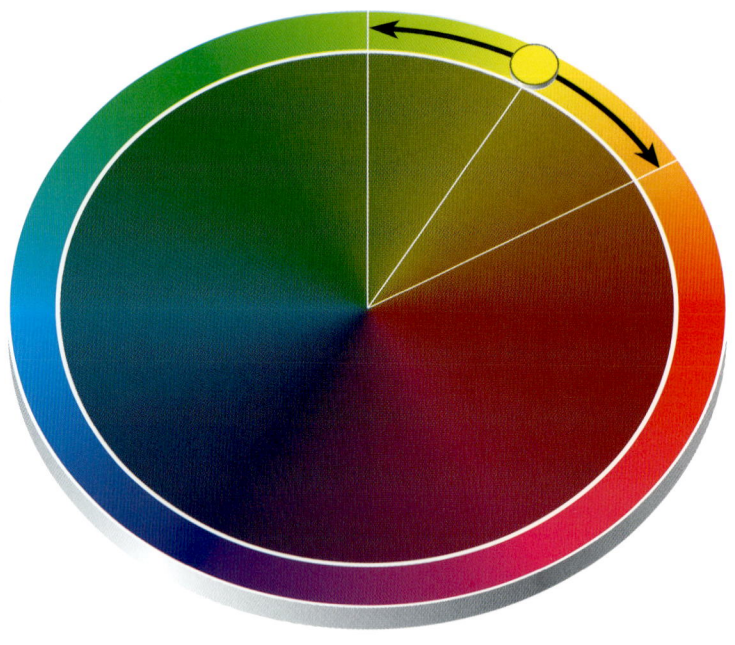

ESQUEMA ANÁLOGO
Duas ou mais cores lado a lado no círculo cromático.

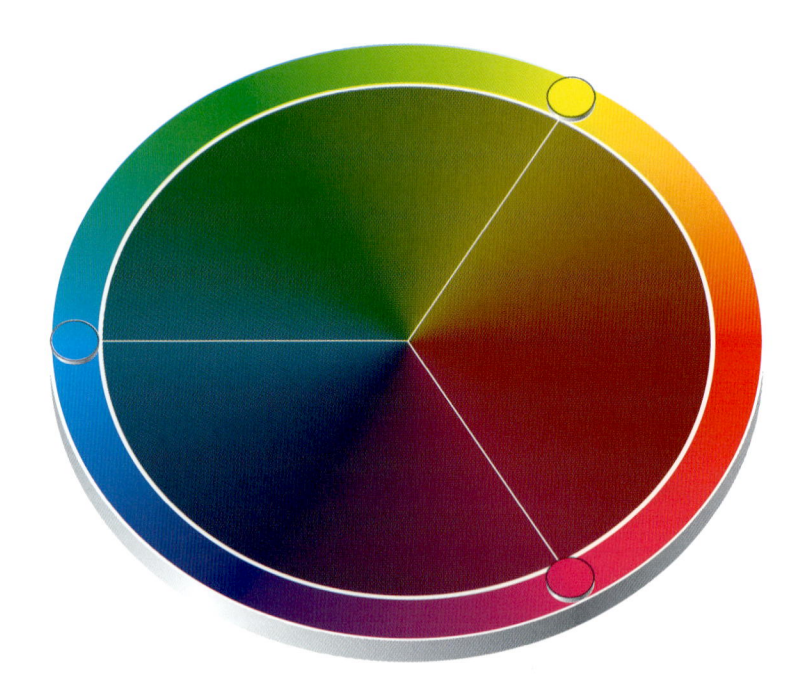

ESQUEMA TRIÁDICO
Três cores espaçadas uniformemente em torno do círculo cromático.

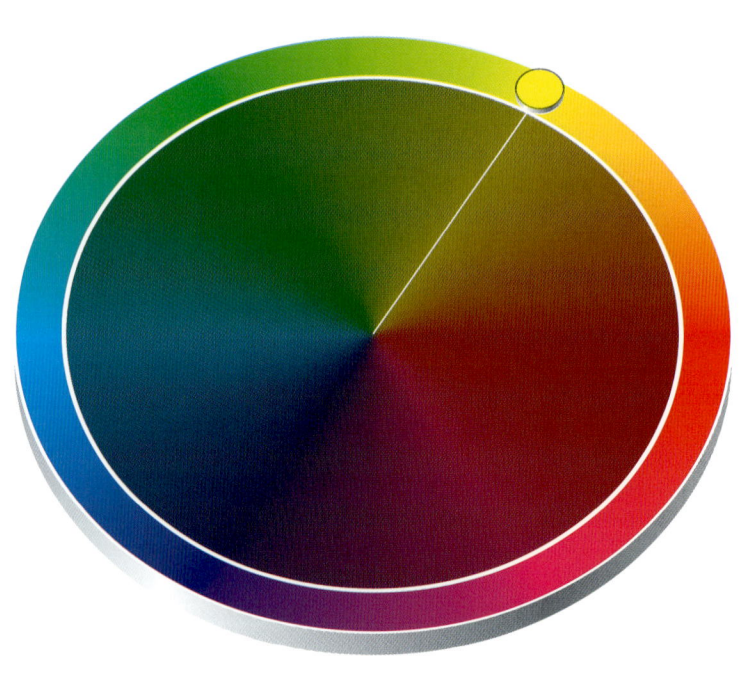

ESQUEMA MONOCROMÁTICO
Tonalidades e tintas de uma só cor, saturação variável e brilho em lugar de matiz.

Os esquemas de cor algumas vezes são chamados de harmonias. Nesse contexto, harmonia se relaciona com a expectativa de equilíbrio total ou neutralidade do olho/cérebro. Quando as cores de uma composição somadas resultam em cinza, consegue-se harmonia, e sente-se que a imagem está certa, tem aparência atraente. Claro, isso não é dizer que as cores usadas devem, elas próprias, ser neutras. O círculo cromático o ajudará a selecionar combinações de cores que equilibram uma a outra.

Um esquema triádico é baseado em três cores equidistantes em torno do círculo cromático. Elas podem ser primárias, mas esse esquema tende a ser berrante; uma tríade de cores secundárias ou terciárias é mais fácil de manusear. A separação complementar é um esquema de três cores mais sofisticado, que compreende qualquer matiz mais os dois matizes que cercam seu complemento.

Um esquema complementar duplo usa dois conjuntos de complementos. Eles podem estar em qualquer ângulo, em relação um ao outro, no círculo cromático, embora a flexibilidade do esquema signifique que nem todas as combinações formadas desse modo serão, necessariamente, agradáveis.

Para fazer esses esquemas funcionarem harmoniosamente, o brilho, a saturação e/ou extensão (área de cobertura) das cores selecionadas no círculo precisarão ser ajustados para igualar sua força visual. Goethe formulou uma escala de forças relativas (ver abaixo) com esse propósito. Quando você quer criar um efeito dramático, pode ou partir da fórmula ou exagerá-la - usando uma área bem pequena de uma cor forte em um grande campo de complemento fraco, por exemplo.

Finalmente, um esquema monocromático é baseado em um único matiz, com variações criadas inteiramente pelo ajuste do brilho ou da saturação. Aqui, as proporções de Goethe para diferentes matizes não pode ser aplicada, mas note que o preto é o mais baixo do sistema (significando que pode ser usado mais livremente) e o branco é o mais alto (significando que deveria ser usado com maior moderação). Isso sugere que tintas mais escuras deveriam dominar as composições monocromáticas, e pode indicar a razão pela qual os designers usam, frequentemente, imagens monocrômicas sobre um fundo preto, para dar a impressão de fria sofisticação.

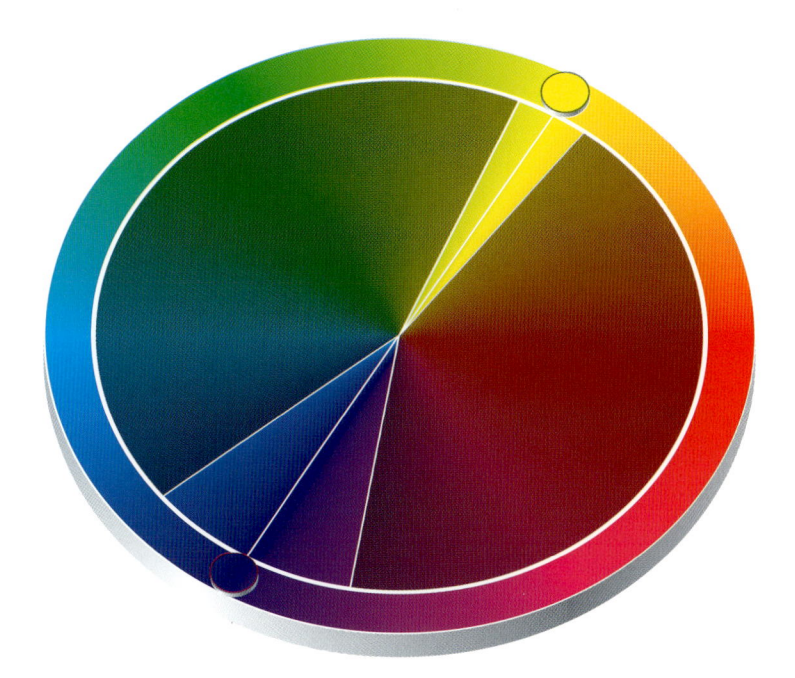

A RELAÇÃO DE SEPARAÇÃO COMPLEMENTAR
Um matiz acompanhado por dois, a igual distância de seu complemento.

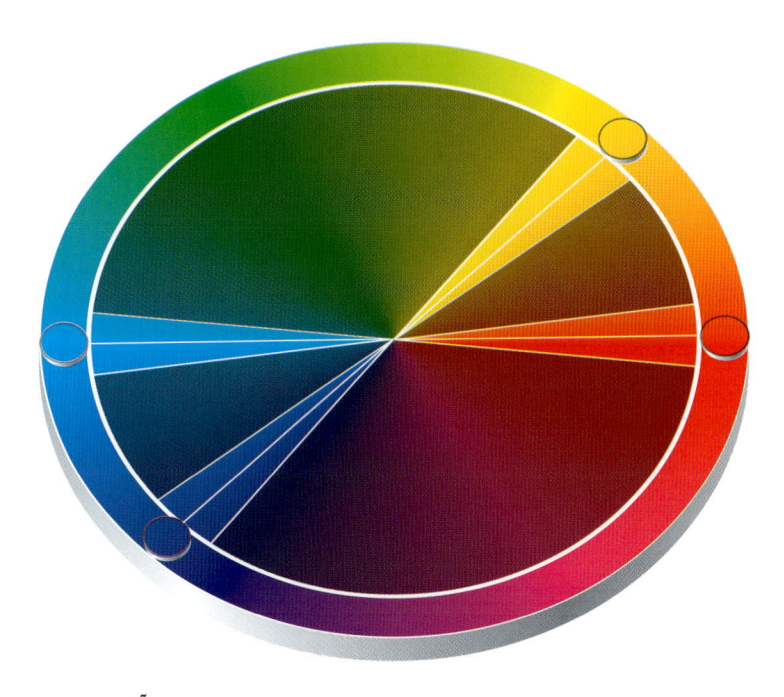

A RELAÇÃO COMPLEMENTAR DUPLA
Dois pares complementares em lados opostos do círculo cromático.

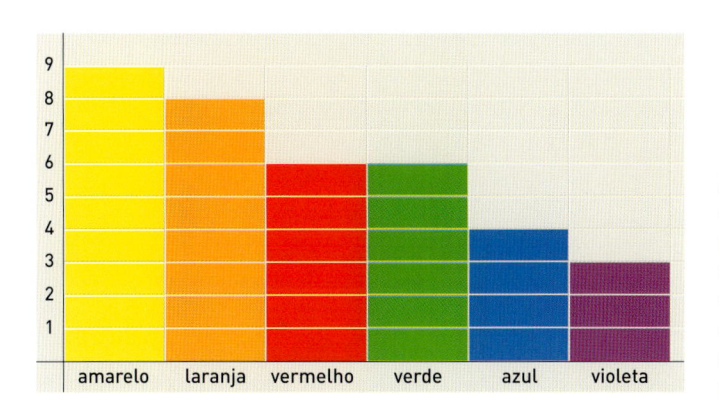

À esquerda: **O diagrama de proporção de cor de Goethe** mostra as forças visuais relativas de seis cores - o amarelo a mais forte e o roxo a mais fraca. Para equilibrar uma área de amarelo, por exemplo, você precisaria um pouco mais de duas vezes a área de azul, o que marca apenas 4, comparado a 9.

A COR NA BAUHAUS

A COR NA BAUHAUS No início do século XX a Escola Bauhaus de arquitetura e artes aplicadas em Weimar, Alemanha, era um excepcional aglomerado de artistas e teóricos. Os dois membros da escola cujos perfis abordamos aqui, Johannes Itten (1888-1967) e Josef Albers (1888-1976), publicaram palavras-chave sobre a cor. Albers mudou-se para os Estados Unidos depois que a Bauhaus foi fechada sob pressão do partido nazista, cada vez mais poderoso, trazendo com ele ideias que influenciariam artistas modernos de destaque.

A partir de 1906, a escola Bauhaus focou um novo tipo simples e funcional de arte, design e arquitetura. Entre os muitos pintores preeminentes que ali trabalhavam no início dos anos 1920 estavam Wassily Kandinsky (1866-1944), Paul Klee (1879-1940) e Johannes Itten. Aluno de Adolf Hoelzel (1853-1954), professor e pintor de Stuttgart cujas teorias influenciaram seu trabalho profundamente, Itten era inicialmente responsável pelo *Vorkurs* (curso básico), que sublinhava a importância do misticismo e da experimentação como meios de autodescoberta. Seu interesse primário era na cor, e o legado de seu trabalho ainda é a espinha dorsal de cursos de teoria da cor em escolas de arte.

À direita: **No círculo cromático de Johannes Itten, baseado nas cores primárias vermelho, amarelo e azul, os triângulos reúnem as cores que são normalmente separadas por suas posições no círculo.**

Abaixo: **As ideias de Itten sobre a cor se tornaram, e permanecem, fortes influências, como resultado de seu envolvimento com a Bauhaus. Embora ele reconhecesse que uma análise totalmente abrangente da percepção da cor lhe escapava e pode, de fato, ser impossível, seu trabalho é rigoroso e, acima de tudo, útil para artistas e designers.**

Itten não se limitou a examinar a cor cientificamente, experimentando com ondas de luz e reflexos, ou a uma perspectiva de designer, explorando as relações entre as cores e efeitos visuais. Seguindo a tradição iniciada por Goethe (*ver p. 48*) e de acordo com o trabalho de Kandinsky, ele estava convencido de que as cores poderiam ter efeitos psicológicos e espirituais sobre as pessoas, e influenciar ativamente o modo como se sentiam.

Itten ensinou seus estudantes a apreciar a harmonia das cores - não no sentido de uma cor influenciando outra, mas em termos de "equilíbrio, uma simetria de forças". Isso se conseguia apenas quando as cores eram misturadas não para produzir uma nova cor, mas para criar cinza. "O cinza médio combina as condições de equilíbrio necessárias ao nosso sentido da visão", escreveu ele em *The Art of Color* (John Wiley & Sons, 1960).

Itten acreditava que a harmonia das cores é inteiramente subjetiva e que, dado o tempo para experimentar, cada pessoa, no final, desenvolve sua própria paleta. Ele testou suas ideias nos estudantes e encontrou confirmação no fato de que eles todos trabalhavam com diferentes paletas de cor, que usavam repetidamente.

Dois círculos cromáticos criados por Itten - ambos baseados nas cores primárias vermelho, amarelo e azul - ainda

Johannes Itten
The Art of Color

Acima: *A torre vermelha* (1917-
-1918), de Johannes Itten, combina
os interesses do artista na cor e
na geometria.

À direita: A estrela cromática de
Itten expande o círculo cromático
para incluir variações em brilho.
Formas como esferas, cubos e
pirâmides foram usadas por
teóricos para variar o matiz, a
saturação e o brilho em um
diagrama.

são, hoje, muito populares. A primeira, uma estrela de doze
pontas, mostra tintas de luz no centro, progredindo para cores
mais escuras nas bordas. O segundo, uma borda externa com um
triângulo central das três cores primárias e triângulos
intermediários das secundárias complementares, mostra
combinações de matizes.

Tendo estudado com Itten, Josef Albers (1888-1976)
ensinou no *Vorkurs* Bauhaus de 1923 a 1926. Depois de
desenvolver em sua arte uma marca muito pessoal de abstração
em que usava proporções matemáticas para criar equilíbrio e
unidade, ele foi para os Estados Unidos em 1933 juntamente com
outros professores da Bauhaus. Inicialmente, ensinou na
Universidade Black Mountain, na Carolina do Norte, uma
instituição experimental, e depois em Yale. *Interaction of Color*, de
Albers (Yale University Press, 1963, ilustração acima) é
considerado um texto de importância crucial sobre a teoria da
cor. Concentrando-se na investigação do que ocorre quando as
cores interagem, seu trabalho constitui um recurso maravilhoso
para qualquer pessoa que queira criar composições de cores sutis.

Os princípios de Albers deram origem à *op art* (abreviatura
de arte óptica), um movimento que recebeu esse nome num artigo
da *Time* de 1964. Lançando mão de truques com cor e geometria,
a *op art* usava fortemente, como recurso, o campo emergente da
psicologia perceptual. Além do próprio Albers, dois dos
proponentes do movimento mais conhecidos eram Victor Vasarely
(1908-1997) e Bridget Riley (1931-) (*ver p. 112*).

A ÁRVORE DE MUNSELL

A ÁRVORE DE MUNSELL O modelo de cor mais versátil até hoje foi criado por Albert Munsell (1858-1918). Sua inspiração veio do colega americano Ogden Rood (1831-1902), que adotou vermelho, verde e azul como suas cores primárias e as arranjou de modo a que o complemento de cada matiz combinasse com sua imagem residual negativa, ajudando o artista a fazer pleno uso dos efeitos de contraste simultâneos. Ele também desenvolveu a ideia de um modelo de cor tridimensional - proposto pela primeira vez em 1810 pelo pintor alemão Philip Otto Runge (1777-1810) - com matizes puros em torno do equador, tintas mais vivas na parte de cima e tonalidades escuras na de baixo.

O avanço de Munsell foi perceber que, como alguns matizes são mais saturados que outros quando puros, as relações de cor são distorcidas quando o espectro é forçado a uma forma geométrica regular. Em lugar de uma esfera, ele terminou com uma "árvore", com os matizes distribuídos por seus ramos em ordem de saturação ou pureza. Como os comprimentos dos ramos podem ser diferentes, a saturação de cada matiz pode progredir ao longo de uma escala igual e, ainda assim, estender-se até seu próprio limite natural. Assim, o amarelo tem um ramo muito longo, enquanto o do cor-de-rosa é muito mais curto.

O plano da árvore de Munsell, que pode ser representada como um círculo, está dividido em cinco cores primárias, ou matizes principais, com mais cinco intermediárias, produzindo um total de dez divisões. (Versões comerciais do modelo são normalmente subdivididas em vinte seções.) Cada cor primária é etiquetada com uma inicial: R (vermelho), Y (amarelo), G (verde), B (azul), P (roxo). As intermediárias são etiquetadas com as iniciais das cores principais que a cercam: YR, GY, e assim por diante. Para uma especificação mais precisa, o círculo de matizes também está dividido em degraus numerados no sentido do relógio, de 5 no alto (vermelho) a 100.

Acima: **Modelo de cor tridimensional de Munsell** baseado em um círculo dividido em cinco cores primárias e cinco intermediárias. Este círculo tem uma dimensão extra, em que a saturação (croma) varia de baixa, no centro, a alta, na borda exterior.

À esquerda: **O círculo se estende verticalmente** para produzir uma "árvore" de cores, com brilho variando de cima abaixo. As cores podem ser representadas como "ramos" que se irradiam do centro, em cada nível de brilho.

Verticalmente a árvore está dividida em dez graus de valor, numerados de 0 (preto puro) embaixo, a 10 (branco puro) no alto. Os ramos estão divididos em graus iguais, começando em zero no centro, para cores neutras (cinza) e radiando a números tão altos quanto 20 ou mais. Graças à escala ilimitada, até materiais fluorescentes podem encontrar seu lugar verdadeiro.

Uma cor de Munsell é especificada pela notação HV/C, em que H é o matiz, V o valor e C o croma, ou saturação. Para tornar as especificações mais fáceis de ler, o número do matiz é acompanhado pela inicial (ou iniciais) do principal matiz precedente.

À direita e abaixo: Embora a árvore de Munsell seja difícil de reproduzir em sua plena glória, extratos bidimensionais fornecem um arranjo de cores lógico e fácil de compreender. O sistema é largamente usado para especificação e referência para artistas e designers e por fabricantes de pigmentos coloridos, materiais e acabamentos.

5R 5YR 5Y 5GY 5G 5BG 5B 5PB 5P 5RP 5R

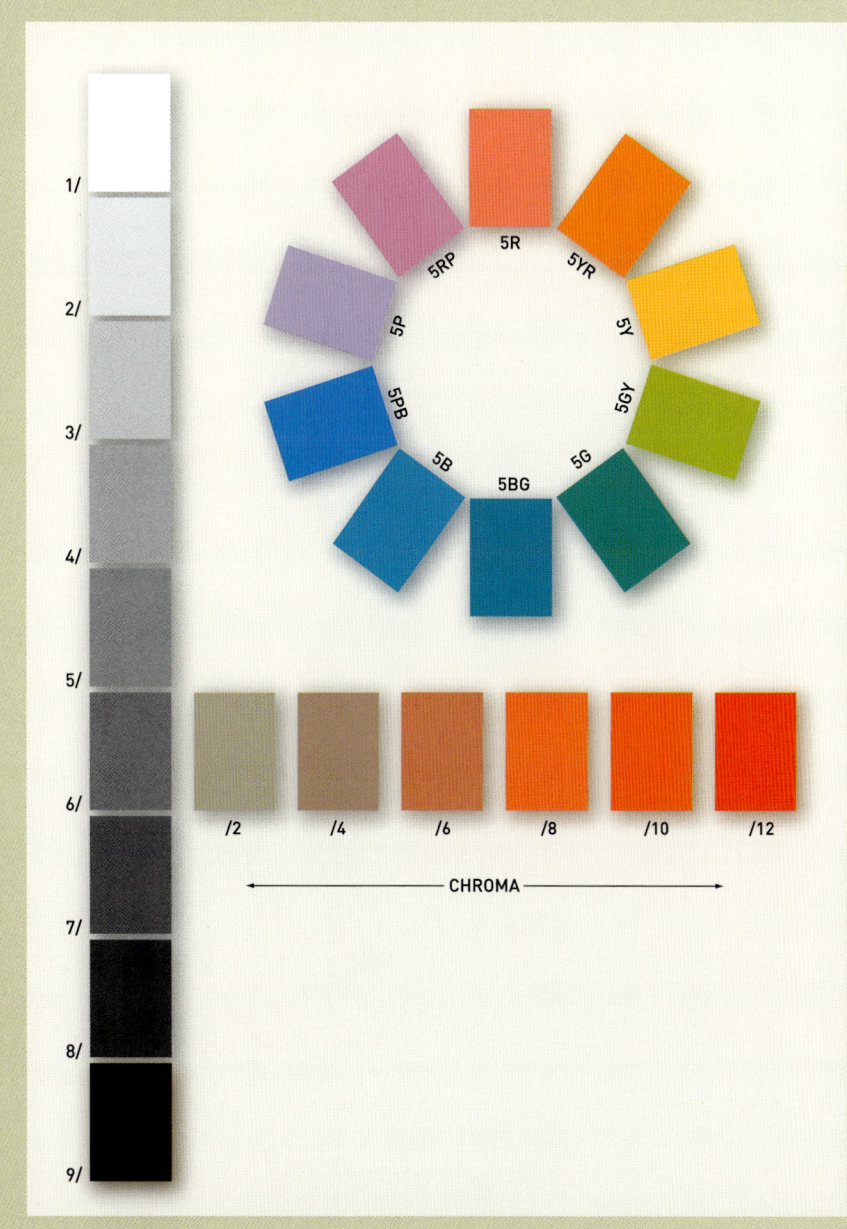

CHROMA

Assim, um vermelho vivo seria 5R 6/14. A notação muda para as cores neutras: o matiz é dado como N, e o croma é omitido; portanto, uma tinta preta poderia ser N1/.

A árvore de Munsell é extremamente útil para fabricantes, artistas, ilustradores e designers, e forma a base de muitos sistemas de especificação de cor de padrões industriais. Sua única desvantagem é que a seleção real das cores na árvore se deve tanto ao julgamento subjetivo de Munsell quanto ao seu método científico.

Entretanto, o trabalho de Munsell influenciou uma abordagem altamente científica para modelagem da cor no espaço, empreendida pela Comissão Internacional de Iluminação (cuja abreviação é CIE, para Commission Internationale de l'Éclairage). Uma série de experimentos estabeleceu a resposta de um "observador-padrão" - um Senhor Médio de percepção de cor, digamos - a estímulos de cor, e isto foi usado para planejar o espectro visível em um diagrama tridimensional (XYZ). Como a árvore de Munsell, o resultado é uma forma esquisita, meio inchada.

O modelo CIE agora sustenta a maior parte das descrições técnicas de cor, incluindo o manuseio de imagens coloridas por computadores e aparelhos digitais como máquinas fotográficas, escâneres e impressoras. Embora ainda imperfeito, prende firmemente dado valor numérico a uma cor medida com precisão. Infelizmente, o modelo é absolutamente inútil para o artista.

Abaixo: O espaço cor CIE XYZ, baseado em parte no trabalho de Munsell, é o modelo científico de percepção da cor mais largamente adotado até hoje, e a base do gerenciamento da cor em sistemas digitais modernos.

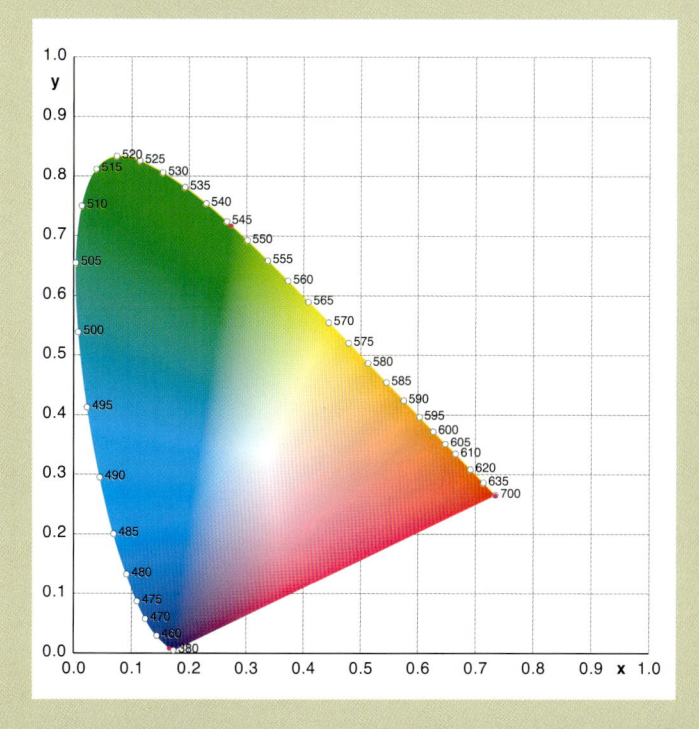

SISTEMAS PSICOLÓGICOS DA COR

Mencionamos a exploração de Itten dos aspectos psicológicos da cor, que ele colocou em prática em suas composições. Ele não era o primeiro nem o último teórico da cor a escolher essa abordagem. Goethe, mais conhecido como o poeta, teatrólogo e escritor mais famoso da Alemanha, atribuiu igual importância a seu trabalho na teoria da cor.

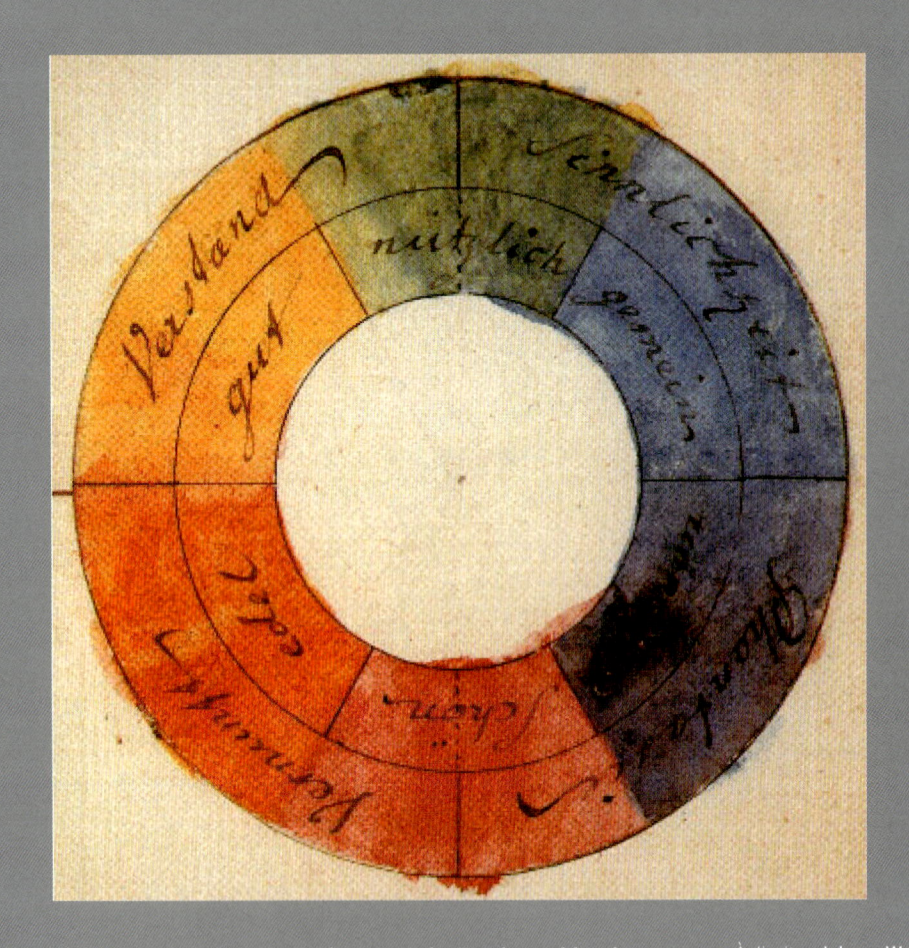

fossem combinados em proporção visual igual. Artistas e designers ainda se referem largamente a seus princípios.

Enquanto Goethe estava interessado no modo pelo qual a natureza humana nos faz responder à cor, uma outra questão em psicologia da cor - prevista por Itten - é como as preferências pessoais de cor podem se relacionar ao caráter individual. Max Lüscher (1923-), diretor do Instituto de Diagnósticos Psicomédicos em Lucerna, na Suíça, é uma das vozes de maior autoridade no campo da psicologia da cor, e seu teste psicológico, ou "diagnóstico da cor", envolvendo cartões coloridos, tem sido usado clinicamente por psiquiatras, psicólogos e médicos desde 1947.

Oito cartões de cores diferentes são colocados diante de um indivíduo que escolhe sua cor "favorita", depois outra, até que todos os cartões tenham sido usados. Os cartões selecionados são analisados segundo o sistema de Lüscher para determinar aspectos da personalidade da pessoa.

O *Zur Farbenlehre* (A teoria das cores) de Goethe, publicado em 1810, discordava violentamente das conclusões de Newton sobre a luz e a cor. Sua oposição era filosófica, e também prática. Goethe acreditava que a divisão do espectro era sintomática da tendência da ciência de romper o mundo em pedaços sem significado, destruindo qualquer sentido de unidade.

Embora seu objetivo declarado fosse reduzir a "confusão" em torno do uso da cor na arte, Goethe recorreu a linguagem e conceitos idiossincrásicos ao expor suas ideias, aludindo a "efeitos sensuais-morais", "privação" e "poder". Apesar disso, abordando a cor por meio de observações da percepção humana em lugar da física da luz, ele cobriu uma área bem maior que a de Newton, explorando simultaneamente o contraste, a imagem residual, a cor das sombras e o efeito da iluminação sobre os objetos, e considerou como as cores podem se relacionar a estados emocionais. Ele também formulou proporções das forças de diferentes matizes para permitir que

À direita: **Johann Wolfgang Goethe, teatrólogo e poeta alemão, fez com que a teoria da cor avançasse. As teorias de Newton explicavam a cor em termos das propriedades físicas da luz e nada tinham a dizer sobre a percepção e o processamento da cor pelo olho e pelo cérebro. Goethe reconheceu as imperfeições da abordagem newtoniana à cor, e - por meio da experimentação e da intuição, na ausência de teoria neurológica detalhada - tentou esclarecer os efeitos da cor sobre o observador.**

Pode-se conjeturar se os resultados são significativos ou não, mas você pode julgar por si mesmo, fazendo o teste. Várias versões interativas estão disponíveis on-line, embora nenhuma tenha sido autorizada por Lüscher. Para designers, particularmente os que trabalham com marcas corporativas, *marketing*, embalagens e interiores, o que interessa é como a cor afeta o humor e as escolhas do observador. Isso é explorado por serviços de consultoria de cor. Um dos mais influentes é a Colour Affects, fundada nos anos 1980 por Angela Wright, autora de *The Beginner's Guide to Colour Psychology* [Guia da psicologia da cor para principiantes] (Colour Affects Limited, 1998). O sistema de Wright de quatro grupos de cores ligado a tipos de personalidade lembra os quatro elementos de Aristóteles, os quatro humores de Hipócrates e Galeno, e as "funções predominantes" do pensamento, sentimento, intuição

Abaixo: **O teste dos cartões coloridos do professor Max Lüscher é largamente usado por psicólogos, embora seja também muito criticado. Se você digitar "Lüscher" em uma ferramenta de busca, encontrará vários sites que apresentam o teste. O teste oficial de Lüscher é descrito e comercializado em www.luscher-color.com.**

e sensação de Jung. Ela trabalhou com o Instituto da Cor e da Imagem da Universidade de Derby para incorporar o sistema em um pacote de software.

Os princípios básicos e os conselhos da Colour Affects são de óbvio valor prático para designers. Wright avisa, por exemplo, que forma, leiaute e tipo de letra são considerados com frequência primeiro, no desenho da embalagem, mas o consumidor provavelmente será mais influenciado pela cor. As descrições textuais dos grupos de cor e suas associações, disponíveis em www.colour-affects.co.uk, podem ser úteis ao considerar as respostas prováveis a um esquema de cor.

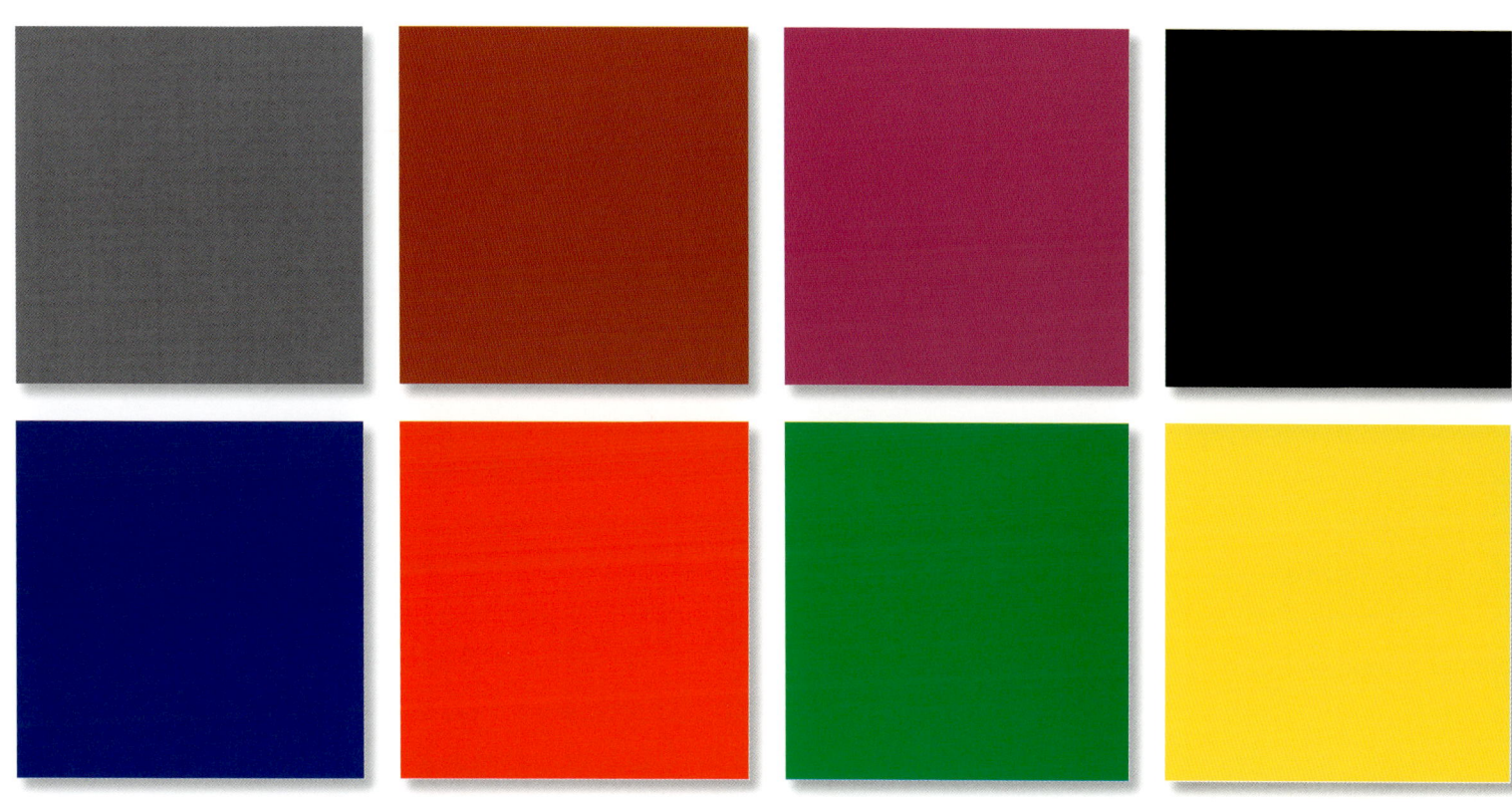

CINZA
Positivo: Neutralidade psicológica.
Negativo: Falta de confiança, desânimo, depressão, hibernação, falta de energia.

AZUL
Positivo: Inteligência, comunicação, confiança, eficiência, serenidade, dever, lógica, frescor, reflexão, calma.
Negativo: Frieza, altivez, falta de emoção, antipatia.

MARROM
Positivo: Seriedade, calor, natureza, naturalidade, confiabilidade, apoio.
Negativo: Falta de humor, angústia, falta de sofisticação.

VERMELHO
Positivo: Coragem física, força, calor, energia, sobrevivência básica, "lute ou fuja", estimulação, masculinidade, agitação.
Negativo: Desafio, agressão, impacto visual, tensão.

VIOLETA
Positivo: Consciência espiritual, refreamento, visão, luxo, autenticidade, verdade, qualidade.
Negativo: Introversão, decadência, supressão, inferioridade.

VERDE
Positivo: Harmonia, equilíbrio, frescor, amor universal, repouso, restauração, reconforto, consciência ambiental, equilíbrio, paz.
Negativo: Tédio, estagnação, desinteresse, abatimento.

PRETO
Positivo: Sofisticação, glamour, segurança, segurança emocional, eficiência, substância.
Negativo: Opressão, frieza, ameaça, angústia.

AMARELO
Positivo: Otimismo, confiança, auto-estima, extroversão, força emocional, simpatia, criatividade.
Negativo: Irracionalidade, medo, fragilidade emocional, depressão, ansiedade, suicídio.

PARTE 01. DEFINIÇÕES
CAPÍTULO QUATRO

PRODUÇÃO DE CORES

Estamos circundados pela cor no mundo natural, tanto em termos de animais como de plantas, mas produzi-la sob encomenda é um grande desafio. Por meio da história, não só o rumo da arte foi guiado pela disponibilidade de pigmentos, mas a demanda por cores raras, elegantes ou simbólicas provocou significativos progressos políticos, técnicos e comerciais.

Os pigmentos existem em forma de pó seco, combinado com um aglutinante como água, cera ou óleo, para fazer com que adira a uma superfície ou ao chão. O aglutinante tanto pode endurecer como evaporar. A impressão de cor depende tanto do pigmento como da superfície.

Mesmo as pinturas mais antigas que conhecemos demonstram técnicas de produção de pigmento. A arte rupestre do tardio período paleolítico (c. 20.000 a.C.) foi criada principalmente usando cores da terra como ocres vermelhos e amarelos (óxidos de ferro e hidróxidos). Mas a preparação de alguns pigmentos pode ter sido muito complexa. Segundo um relatório da *New Scientist*, um pigmento branco encontrado nas famosas cavernas de Lascaux, na França, parece ter sido feito pelo aquecimento de ossos animais a 400 °C para produzir apatita, que foi então misturada com calcita e aquecida a 1.000 °C para formar fosfato de tetracalcita.

O simbolismo da cor era parte integrante da arte egípcia antiga. A pele verde de Osíris representava seu renascimento depois da morte. O vermelho também era uma cor importante, usado em invocações. O azul egípcio, datado de 2.500 a.C., era adicionado a uma mistura precisa de cal, óxido de cobre e quartzo, aquecido até cerca de 900 °C e depois moído até se tornar um pó fino.

As pinturas chinesas sobre seda, que datam de 770-256 a.C., são dominadas por tintas vermelhas e pretas. O vermelho vinha do cinábrio (sulfeto de mercúrio), que naquela época era um pigmento muito cobiçado. Quando os arqueólogos escavaram o palácio de Herodes, o grande, em Jericó, que data do século I a.C., muitos pigmentos em pó foram encontrados, incluindo cinábrio, que teria sido importado a altos preços, talvez sugerindo o apoio romano ao seu soberano, altamente impopular na Judeia.

À direita: **Na paleta limitada de pigmentos disponíveis aos antigos egípcios, as cores tinham significados simbólicos que variavam de era para era. No Antigo Reino, por exemplo, as mulheres são representadas com pele clara e os homens com pele escura (marrom avermelhado). Mais tarde, a cor mais escura foi usada para retratar mulheres da elite.**

ARTE E ALQUIMIA Na época medieval, os artistas europeus tinham grande quantidade de pigmentos à disposição, não só extraídos de plantas e minerais, mas também manufaturados. O vermelhão, por exemplo, era sintetizado do enxofre e mercúrio. Entretanto, aplicar os pigmentos ainda apresentava muitas dificuldades para os artistas. Os aglutinantes aquosos, como a têmpera a ovo, eram trabalhosos de misturar, provocavam reações imprevisíveis entre os ingredientes e secavam rápido demais.

O pintor italiano Cennino Cennini (*c*.1370-*c*.1440), em um tratado sobre artes e ofícios intitulado *Il libro dell'arte* (*c*.1390), descreveu os pigmentos e técnicas dos velhos mestres. Seu trabalho incrivelmente detalhado não só inclui receitas químicas e alquímicas para cores específicas, mas também ensina os métodos "corretos" de representar objetos como a carne e o drapejamento. Como a perspectiva e a proporção do período, o uso da cor seguia regras rígidas e não realísticas, e a escolha de pigmentos era ditada principalmente pelo orçamento do cliente.

Durante o renascimento, os óleos tornaram-se o aglutinante preferido, melhorando a forma de usar as tintas, mas também modificando o caráter dos pigmentos. O ultramarino (azul profundo) se tornou escuro demais e tinha de ser clareado com branco. O vermelhão não parecia mais tão vivo, e os castanho- -avermelhados, de extratos animais e vegetais, voltaram a ser favorecidos. O envernizamento se tornou parte integral do processo de pintar, com a aplicação de muitas camadas de óleos diluídos para modificar e enriquecer as cores básicas.

Abaixo à esquerda e abaixo: Estas imagens bem diferentes de Nossa Senhora mostram as abordagens variáveis de cor na pintura do século XV. *A madona cigana* de Ticiano (*c*.1512) (embaixo à esquerda) é um bom exemplo do uso que o artista fez de uma paleta expansiva, enquanto a *Madona Benois* (*c*.1475-1478) de Leonardo da Vinci mostra como ele criou efeitos igualmente ricos usando um estreito leque de cores não saturadas.

tintas inglês George Field inventou um vermelhão novo e até mais vibrante, de sulfeto de mercúrio.

O século XX trouxe brancos vivos feitos de dióxido de titânio. Nos anos 1950, foram apresentados os pigmentos quinacridone, compostos orgânicos que são mais transparentes do que seus precursores baseados em minerais e podem ser misturados para produzir cores altamente saturadas, e não foscas. Com um polímero aglutinante, estes e outros pigmentos orgânicos - incluindo ftalocianinas, ou ftalos - formam a categoria das tintas modernas de acrílico.

Durante a segunda metade do século XX, um número crescente de artistas de projeção começou a trabalhar com tintas que originalmente se destinavam ao uso doméstico e industrial. O pigmento, que por tanto tempo fora uma raridade entesourada e importuna, se tornou uma comodidade banal.

A variedade de materiais disponíveis estimulou considerável experimentação no século XV, com o surgimento de dois tipos de coloristas: os venezianos, como Ticiano, que lutou para controlar e equilibrar cores fortes, e os florentinos, como Leonardo, que usavam uma paleta mais moderada para criar uma impressão de luz e tons mais tênue, mas luminosa.

O século XVII assistiu a uma retirada das cores fortes para uma paleta mais amarronzada, que se tornara possível pela introdução de novos pigmentos outonais e pela propriedade das tintas a óleo permanecerem estáveis quando muitos pigmentos diferentes eram misturados. As tintas saturadas usadas por artistas como Rembrandt fazem dramático contraste com a ênfase medieval sobre a pureza, o que valorizava os pigmentos mais finos por suas qualidades inerentes, e não por sua contribuição para um efeito global.

Quando a pintura explodiu em cores vibrantes, no século XIX, foi principalmente graças à disponibilidade de novos pigmentos desenvolvidos principalmente por químicos franceses. Verdes vívidos baseados em arsênico foram adotados tanto pelos pré-rafaelitas como pelos impressionistas e, infelizmente, também por fabricantes de papel de parede: Napoleão Bonaparte pode ter estado entre as vítimas dos gases tóxicos emitidos quando aqueles produtos ficavam úmidos. Menos perigosos eram os verdes-esmeralda baseados em cromo - também fonte de novos amarelos e laranja - enquanto o cobalto fornecia os azuis. O fabricante de

Acima: Em *O salão de baile em Arles* (1888), assim como em todas as suas obras-primas a óleo, Vincent van Gogh utilizou novos pigmentos vibrantes desenvolvidos pelos químicos franceses. Ele os misturava com sulfato de bário, que usou como aglutinante barato. A justaposição de cores complementares cria a vibração pela qual as pinturas de van Gogh são famosas.

À direita: Artistas das escolas minimalista, pop-art e expressionismo abstrato frequentemente usam tintas comerciais e industriais, o tipo normalmente utilizado para edificações, e não para telas - para dar vivacidade, consistência e durabilidade à cor, como demonstrado pelo pintor minimalista americano Ellsworth Kelly em *Quatro painéis: verde, vermelho, amarelo, azul* (1966).

PIGMENTOS EM OUTRAS MÍDIAS

Roupas coloridas usando as tintas mais raras e mais caras significam *status* na maior parte das sociedades. Provavelmente, o pigmento mais valorizado na história seja o roxo de Tiro, produzido na Ásia Menor a partir de aproximadamente 1600 a.C. A literatura grega antiga menciona tanto peças de roupa dessa cor como a fabricação meticulosa da tinta, a partir de uma substância encontrada em mínimas quantidades na glândula de um fruto do mar. No Império Romano, a cor era reservada, por lei, aos oficiais de maior patente e, mais tarde, exclusivamente para o imperador.

O desenvolvimento de tintas e corantes foi caracterizado pela procura da previsibilidade. Ainda assim, alguns dos mais extraordinários exemplos de cor são encontrados em uma disciplina antiga que prospera sobre a inconsistência: a cerâmica. Técnicas como queima por redução grés estão mais próximas da alquimia do que de um processo industrial confiável, mas, nas mãos corretas, podem produzir extraordinárias obras de arte.

Em um ambiente com pouco oxigênio, o combustível - gás, óleo ou madeira - arranca o oxigênio quimicamente combinado na cerâmica e causa a ignição do esmalte. A própria atmosfera do forno afeta a aparência da peça terminada. Anos atrás, quando havia muitas pequenas, mas prósperas, olarias produzindo peças de barro em Devon, a cor das peças lá produzidas podiam variar de uma estação para outra. No início do ano, a seiva da madeira usada para queima, nos fornos, fazia com que queimasse menos eficazmente do que em meses posteriores, quando estava mais seca.

Os maravilhosos efeitos do esmalte produzidos por estúdios como a Dartington Pottery em Devon, que existe até hoje, depende de experimentações com os diferentes minerais no esmalte. As peças são queimadas duas vezes - primeiro a uma temperatura mais baixa, de modo que a água suspensa no esmalte seja absorvida pela cerâmica porosa, depois a uma temperatura mais

No século VI, o roxo se tornara símbolo de poder e prestígio, e era usado em representações de Cristo. Mas o método de produção se perdeu na Idade Média e foi redescoberto apenas nos anos 1850, quando o interesse no roxo foi despertado pela invenção da murexida. Esse roxo romano imitava a versão antiga, mas era extraído, de modo mais barato, do guano.

No final do século XIX e início do século XX, a fabricação de pigmentos tornou-se um negócio de porte, com químicos contratados como consultores de cor. A demanda por roxo - os comentaristas falavam de uma "década cor de malva" - encorajaram um estudante de química inglês chamado William Henry Perkin a experimentar um novo extrato do carvão betuminoso - a anilina. A indústria de tingimento com anilina criaria corporações como a Imperial Chemical Industries (ICI), Ciba-Geigy e IG Farben. Hoje, o mercado é dominado pelos corantes antraquinona, relacionados à anilina.

Acima: **Ninguém pode estar completamente seguro sobre a cor exata do roxo imperial original, mas sua associação com alto *status* sobreviveu como convenção artística por séculos, preservada mesmo em pinturas inovativas como *A ceia em Emaús* (1601), de Caravaggio.**

À direita: **A vitrificação da cerâmica é uma arte antiga que resiste ao rigoroso controle que a tecnologia pode trazer a mídias como pintura e impressão. A variedade e imprevisibilidade dos efeitos de cor que podem ser conseguidos encorajam e recompensam a experimentação. Mesmo quando um desenho é produzido em grande escala, cada peça é única e, muitas vezes, impossível de recriar.**

alta, para derreter o esmalte e vitrificar o corpo. Os minerais no esmalte reagem uns com os outros durante a queima, e essas reações podem ser direcionadas (embora nunca inteiramente controladas) pela temperatura, o tempo de cozimento e a forma como o esmalte é aplicado.

Observando os excitantes resultados de tais métodos, vemos que vale a pena considerar os efeitos da habilidade, hoje, de se obter uma reprodução de cor quase perfeita. Os efeitos de cor logo deixam de ser interessantes quando são virados muitas e muitas vezes, exatamente da mesma maneira. Levantar uma peça esmaltada expondo-a à luz para ver as formações de cristal únicas, e observar como a luz do sol penetra um esmalte e lhe altera completamente a aparência - são raros prazeres em um mundo cheio de objetos cujos designers, cada vez mais, se submetem às forças da padronização.

A FOTOGRAFIA COLORIDA

A FOTOGRAFIA COLORIDA A invenção da máquina fotográfica ocorreu muitos séculos antes da do filme. No século V a. C. o filósofo chinês Mo-Tzu notou que, quando um pequeno buraco permitia que a luz penetrasse em um local escuro, uma imagem invertida da cena externa se formava na parede oposta. No século seguinte, Aristóteles usou o mesmo princípio para projetar a imagem de um eclipse solar parcial.

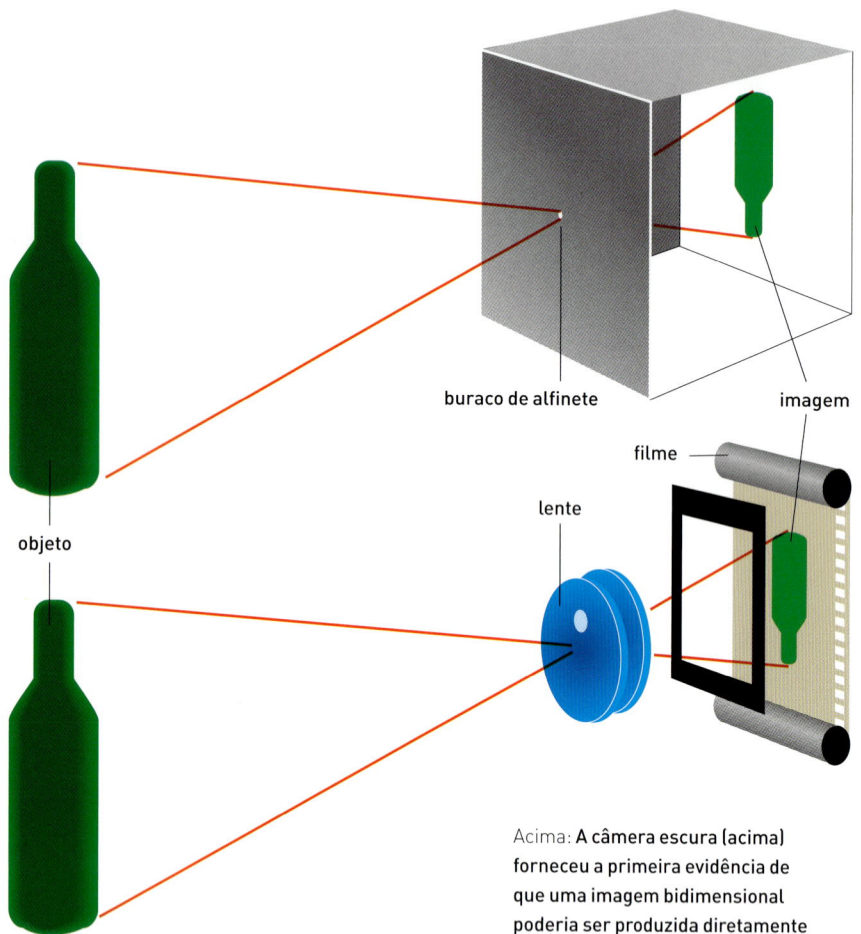

objeto

buraco de alfinete

imagem

filme

lente

A câmera obscura foi mais desenvolvida durante o renascimento, quando lentes e espelhos foram adicionados para ajudar o artista a desenhar. Mas não foi até o início do século XIX, contudo, que se tornou possível registrar uma imagem permanente ou fixa. Na década de 1860, a fotografia monocromática estava se tornando lugar-comum, e o trabalho de James Clerk Maxwell (*ver p. 84*) sugeria formas de adaptação do processo para produzir imagens coloridas.

Maxwell fez três fotografias monocromáticas de uma fita axadrezada, usando um filtro diferente (vermelho, azul e verde) diante da câmera para cada um e projetou as três

Acima: A câmera escura (acima) forneceu a primeira evidência de que uma imagem bidimensional poderia ser produzida diretamente a partir do mundo real. A adição de uma lente permitiu controlar o tamanho e o foco da imagem, e algumas pinturas dos períodos renascentista e barroco podem ter sido produzidas traçando-se a imagem projetada de uma cena real. Só com a invenção das chapas fotossensíveis, no século XIX, e o desenvolvimento subsequente do filme é que as imagens puderam se tornar permanentes.

À direita: O filme colorido moderno contém três camadas de emulsão, cada uma delas sensível a diferentes comprimentos de onda de luz, permitindo que o espectro visível total seja registrado.

imagens usando lanternas com filtros semelhantes. O resultado foi uma imagem colorida, embora não muito boa. Considerando que as chapas fotográficas de Maxwell, de fato, reagiam quase que exclusivamente à luz azul, foi só devido a uma combinação de sorte e imprecisão que a experiência funcionou. Apesar disso, o princípio foi estabelecido com sucesso.

O autocromo, o primeiro sistema de fotografia colorida comercialmente viável, foi inventado pelos irmãos Lumière no início do século XX. Placas de vidro eram cobertas com um pó formado de grãos de fécula de batata que haviam sido tingidos de vermelho, verde e azul. Quando se iluminava a placa, uma camada preta sensível à luz, atrás da fécula, era iluminada seletivamente: só luz vermelha passava pelos grãos vermelhos, e assim por diante. A placa era, então, quimicamente fixada e poderia ser levantada contra a luz para ser vista. A luz passaria pelas áreas correspondentes a cada cor, reconstruindo a imagem por mistura partitiva aditiva (*ver cap. 01.02*), algumas vezes chamado de processo mosaico.

Os processos modernos de fotografia colorida, entretanto, não são partitivos e dependem da mistura subtrativa da cor, e não da aditiva. A maior parte dos filmes em cor contém três camadas de emulsão sensível à luz, chamada de tripack integral. (Por razões técnicas há muito mais camadas, mas o princípio é baseado nestas três.) Quando

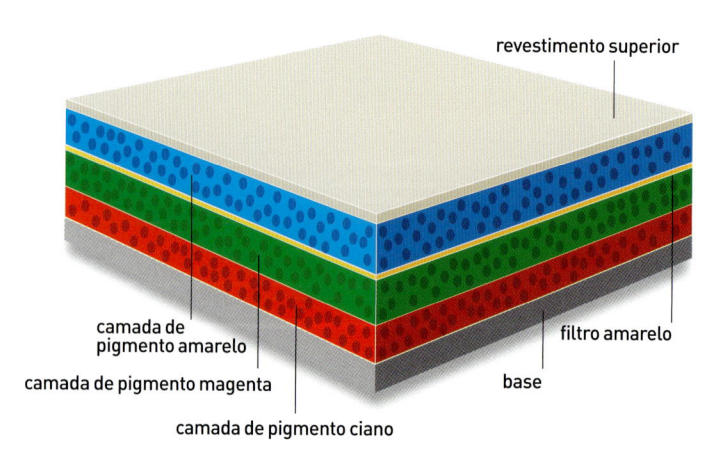

revestimento superior

camada de pigmento amarelo

filtro amarelo

camada de pigmento magenta

base

camada de pigmento ciano

Esquerda: **O autocromo foi o primeiro sistema comercial para a fotografia colorida. A imagem era formada em um material fotossensível mascarado por grãos de diferentes cores, e vista como uma transparência. Embora as cores fossem bem opacas, a qualidade das imagens era surpreendentemente alta.**

À esquerda: **Os materiais fotográficos modernos oferecem um enorme leque de tonalidades e um alto grau de fidelidade à cor. Tanto na fotografia do consumidor como na comercial, o requisito é, muitas vezes, optar por cores tão atrevidas e vibrantes quanto possível; aqueles que tentarem usar a cor de modo diferente frequentemente têm de escolher filmes e métodos de processamento diferentes do normal.**

uma foto é feita pela exposição do filme à luz, os comprimentos de onda relevantes são registrados continuamente em cada camada, formando uma imagem latente que ainda não é visível a olho nu.

Cada emulsão contém conectivos de pigmentos, produtos químicos que produzem pigmentos de certa cor quando combinados com uma solução reveladora. A camada azul é fabricada para produzir pigmentos amarelos; a camada verde, magenta; e a camada vermelho, ciano. Quando o filme exposto é imerso no revelador, os pigmentos produzidos formam uma imagem negativa visível. Essa imagem é então fixada por imersão em uma outra solução que estabiliza os pigmentos. Pode-se obter uma cópia impressa fazendo com que a luz passe através do negativo para um papel fotográfico, que contém pigmentos semelhantes, sensíveis à luz. O filme para transparências difere no fato de que a imagem CMY produzida é positiva, em vez de negativa.

O equilíbrio da cor em uma fotografia pode ser profundamente afetado pela forma como é revelada e processada. Isso pode ser explorado para efeitos especiais (*ver cap. 04.05*) mas, mais frequentemente, precisa ser cuidadosamente controlado para preservar as cores capturadas originalmente.

x1

x5

x10

Acima: **A cromolitografia era um método planográfico de impressão colorida, usado desde o início do século XIX para produzir artes--finais coloridas. Usavam-se até vinte chapas, cada uma delas feita à mão, e os impressos resultantes muitas vezes mostravam qualidade e riqueza espantosas, com detalhes muito pequenos, visíveis até mesmo a uma inspeção próxima. O método saiu de moda com o aparecimento da reprodução fotográfica.**

Acima: **A fotogravura permitiu que fotografias preto e branco fossem reproduzidas no papel, a tinta. O processo foi, mais tarde, adaptado usando meios-tons para reproduzir imagens coloridas. Muito refinada, a impressão por gravura é, hoje, ainda bastante usada.**

À direita: **Revistas e livros (incluindo este) agora são impressos por litografia off-set. As fotografias são digitalizadas e combinadas no monitor do computador com o texto e outras artes-finais, e as páginas terminadas são, normalmente, reproduzidas em tintas ciano, magenta, amarelo e preto, aplicando-se meios-tons às imagens. A fidelidade à cor pode ser controlada de perto durante todo o processo.**

A REPRODUÇÃO COLORIDA

Imprimir fotografias sobre papel fotográfico preparado é uma coisa; reproduzir fotografias em uma impressora é totalmente outra. Há três métodos para imprimir substratos passivos (superfícies como papel simples, que não contém pigmentos a serem ativados): entalhe, relevo e planográfico.

Acima: **Faltava à cromoxilografia a** *finesse* **da cromolitografia, mas era barata e tornou possíveis as cores chamativas das revistas populares e sensacionalistas mais ou menos na virada do século XX. Como se usavam tintas de cores primárias, frequentemente os elementos gráficos, como manchetes e fundos, eram vermelhos, amarelos ou azuis, contribuindo para a aparência peculiar do gênero.**

A gravura, um tipo de entalhe, foi usada desde o século XV para reproduzir obras de arte. Fazem-se incisões de largura e profundidade variada numa chapa de metal macio; a tarefa do gravador é fazer com que eles imitem a tonalidade da imagem original. Para imprimi-la, a chapa é coberta de tinta, que se assenta nas incisões. Quando a chapa é pressionada contra o papel, as incisões mais profundas imprimem linhas mais escuras. Uma variação é a água-forte, em que as linhas são cortadas em uma máscara colocada sobre a chapa, de modo que quando se aplica ácido, ele corrói apenas as linhas.

No processo de fotogravura, introduzido na segunda metade do século XIX, uma camada de gelatina é aplicada à chapa de água-forte e exposta à luz através da transparência positiva de uma fotografia. Isso endurece a gelatina seletivamente, deixando as partes menos expostas mais macias e mais suscetíveis. A chapa é, então, lavada e passada pela gelatina restante. A fina textura (aquatinta ou mezzotinta) sobre a chapa serve para segurar a tinta. A fotogravura é essencialmente um processo monocromático, mas os impressores poderiam aplicar tintas diferentes a várias áreas para criar imagens coloridas.

No final do século XIX, os folhetins (jornais semanais que serializavam romances ou histórias de mistério) produzidos em massa muitas vezes usavam ilustrações em cor impressas por cromoxilografia, um processo de relevo em que os desenhos eram cortados em blocos de madeira. Ao contrário do método do entalhe, a tinta cobria apenas as áreas não cortadas. Usando um bloco diferente para cada uma das cores primárias (e algumas vezes cores adicionais), e cortando pontos ou listras para áreas mais claras, os impressores podiam produzir uma ilustração inteiramente colorida quando os blocos eram impressos, um de cada vez. Os resultados frequentemente chamavam a atenção, mas geralmente eram grosseiros e chamativos.

A invenção do meio-tom na década de 1880 tornou possível reproduzir fotografias automatizando a conversão da luz e tonalidade em padrões imprimíveis. A fotografia era exposta através de uma "tela" - uma placa de vidro marcada com uma grade de linhas opacas espaçadas uniformemente - que fazia a imagem se decompor como um padrão regular de pontos redondos, maiores em áreas mais escuras. Isso podia ser transferido para uma chapa impressora pelo mesmo método da fotogravura. Como na cromoxilografia, as imagens coloridas eram reproduzidas usando chapas múltiplas, geralmente vermelhas, amarelas e azuis. O processo, chamado de meio--tom em relevo ou foto-etching, produzia cores sutis características.

A impressão litográfica off-set (*ver p. 176*) foi inventada na virada do século XX e se tornaria a opção preferida para a impressão em cores meio-tom. Como usa um processo planográfico, em que a diferença entre as áreas com tinta e aquelas sem tinta é química, e não física, a litografia permite meios-tons de melhor qualidade. O ciano, o magenta e o amarelo mais tarde substituíram o vermelho, o amarelo e o azul como chapas primárias, resultando em misturas subtrativas melhores, e uma chapa preta se tornou padrão. Nos anos 1990, a tecnologia do *laser* tornou possível que se criassem chapas de uma imagem digital.

Os métodos de gravura ainda são usados, notavelmente onde se requer impressão contínua - em papel de parede e produção de embalagens, por exemplo. O desenho é gravado num cilindro, não deixando junções ou brechas no padrão. A flexografia, um processo de relevo que usa chapas flexíveis, é usado geralmente para imprimir em substratos não porosos ou tridimensionais.

VIVER COM A COR

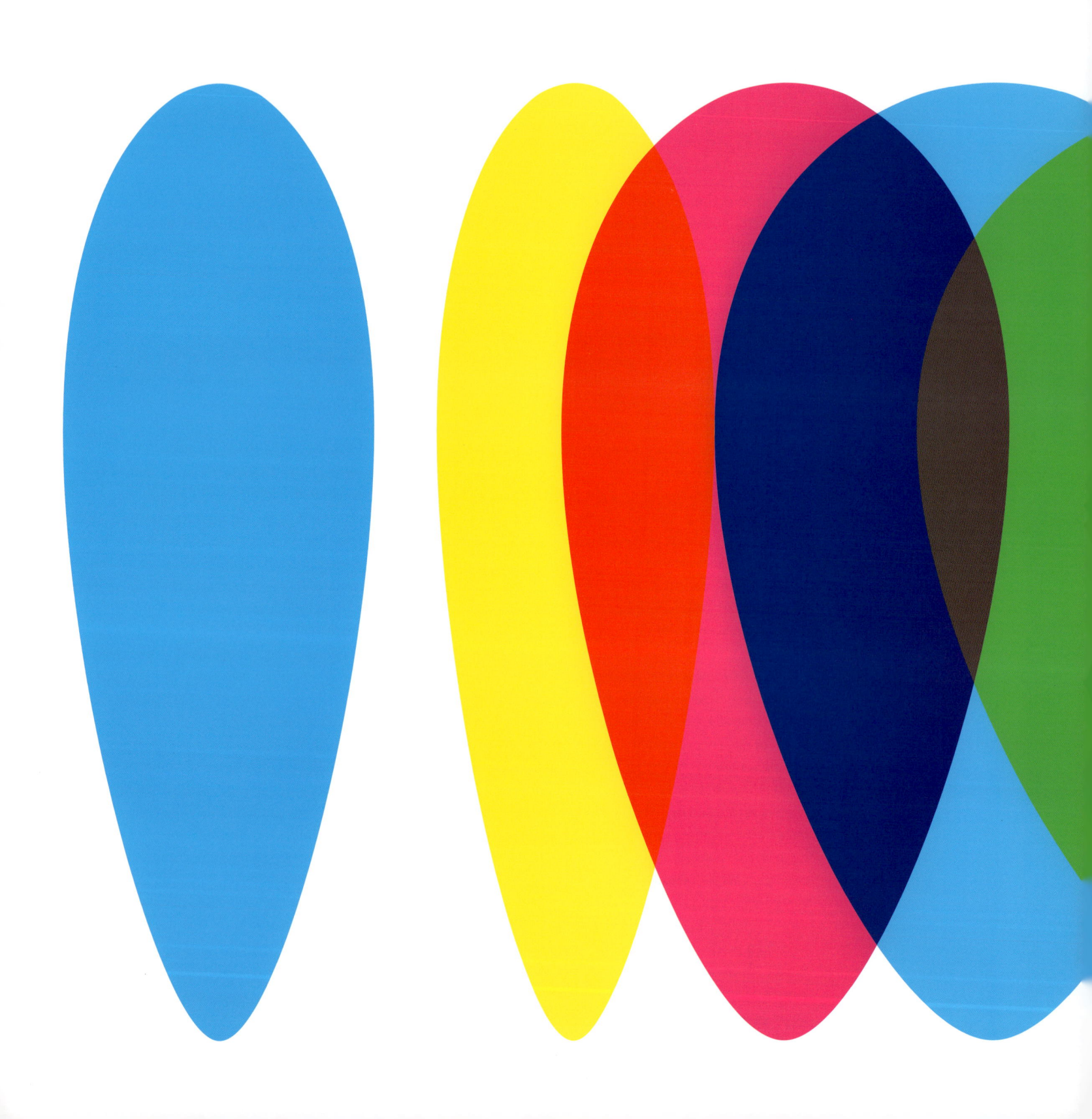

02

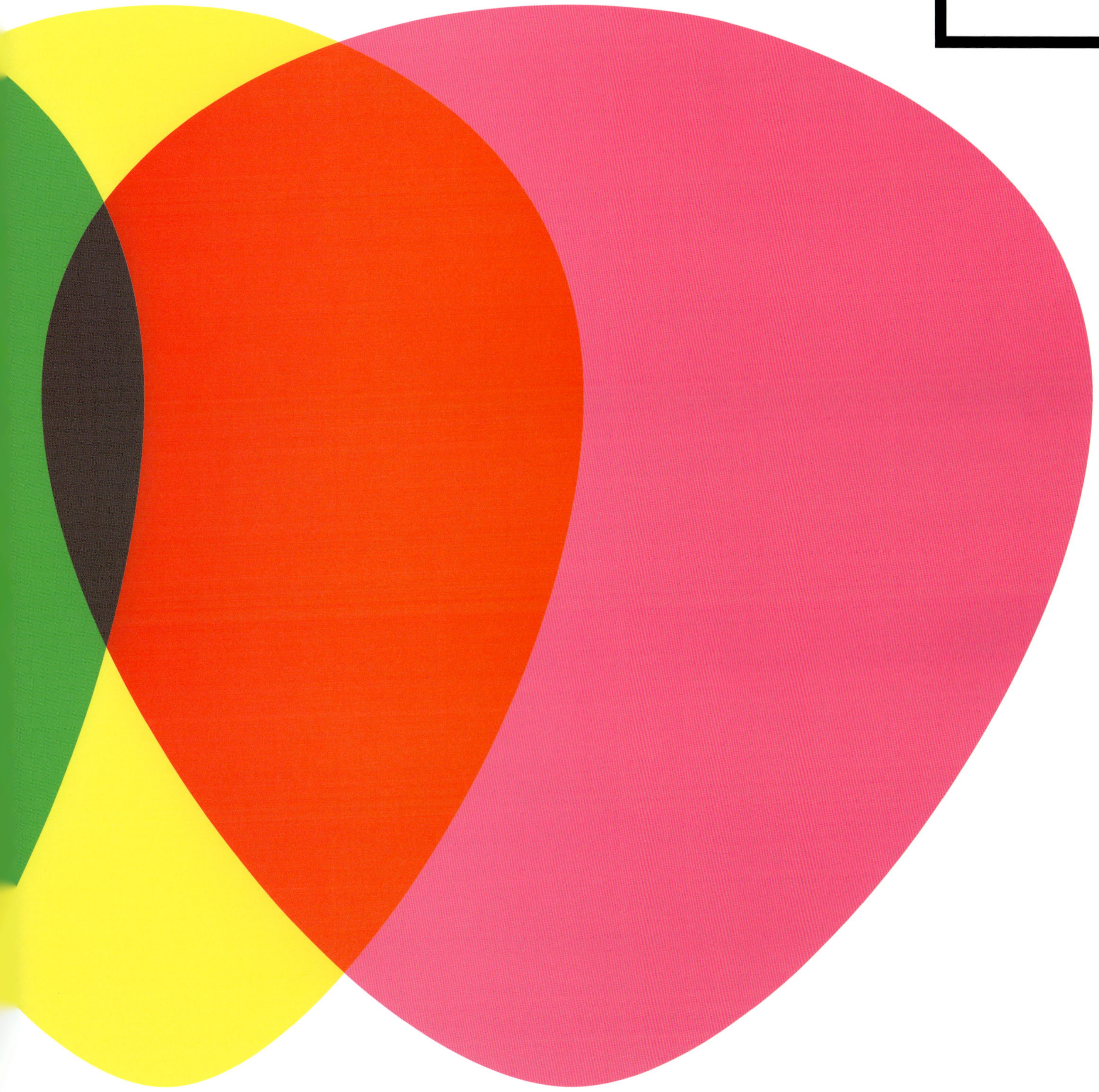

PARTE 02. VIVER COM A COR
CAPÍTULO UM

TENDÊNCIAS DA COR

Equipado com a completa compreensão da física e da psicologia da cor, o designer deve, cedo ou tarde, decidir sobre a paleta que usará em um projeto. Aqui, as tendências atuais podem ser tão significativas quanto verdades universais. O produto final não só necessita funcionar como uma composição colorida em si, mas também deve parecer atraente e crível à audiência que objetiva atingir.

O local em que o designer coloca todas essas influências é a paleta de cor, usada pelos designers de todas as áreas, da alta-costura à decoração de ambientes. A paleta pode ser um fichário fácil de carregar ou a parede inteira de um estúdio. Há paletas mais gerais, que criam o sentido de uma estação ou uma marca, e paletas específicas, explorando possibilidades ou alternativas para determinado projeto. Uma paleta de cor desorganizada, desenvolvida durante o estágio de concepção inicial de um projeto, pode ser transformada em uma obra de arte completa, para apresentação ao cliente.

Não há regras fixas e definitivas sobre o que pode, ou deve, ser incluído. As paletas de cor podem, facilmente, incluir materiais como amostras de tecidos, *clippings* de revistas, fotos polaroide de cores inspiracionais, talvez vistas na rua ou num evento, assim como objetos encontrados pela casa ou pelo escritório do designer.

A paleta de cor não é um mero repositório; é um espaço para experimentação. Vendo o efeito da justaposição de cores e acabamentos na paleta, o designer poderá verificar melhor se certos elementos provavelmente funcionarão bem juntos na prática. O arranjo dos itens pode ser casual mas, muitas vezes, o designer tentará refletir o modo como as cores e as texturas serão provavelmente usadas. Por exemplo, um designer de interiores poderia incluir uma grande amostra para forrar o chão no pé de sua paleta, com uma pequena amostra dos acessórios um pouco mais acima.

Ao contrário de seus ancestrais, os artistas e designers de hoje geralmente não ficam restritos por convenções culturais no uso da cor. As influências são muitas e variadas, e há muito espaço para preferências pessoais e simbolismos particulares. Em sua linha de roupas, o designer Dries Van Noten fez um uso atrevido e idiossincrásico da cor.

MUDAR A DECORAÇÃO Até a época vitoriana, as paletas cromáticas de confecção de roupas, desenho de produtos e decoração de interiores estavam, se não intemporais, sujeitas a um desenvolvimento lento e gradual. A explosão da industrialização, o comércio global, e viagens e riqueza pessoal tiveram por consequência uma abordagem mais subjetiva e experimental dessas paletas.

Essa abordagem, juntamente com uma nova consciência das culturas estrangeiras e uma fascinação pela antiguidade clássica, levou a toda sorte de atrocidades na indumentária e na arquitetura. Provocada por uma ausência de luz natural em suas casas atulhadas (a luz elétrica ainda não se tornara a norma) e auxiliados por novas cores e pigmentos marcantes, os vitorianos articularam seus interiores em borrifos e festões de cores fortemente contrastantes.

Ordem e sobriedade foram reintroduzidos no início do século XX. A produção em massa facilmente tornou a variedade uma *commodity*, e impôs uniformidade: Henry Ford oferecia qualquer cor, desde que fosse preta. As cores permaneceram fortes mas, influenciadas pela arte moderna, paletas e formas se tornaram mais simples e mais coerentes. A *art-déco* (na época chamada moderna) agilizou a reinterpretação do classicismo e anunciou o ainda mais racional Estilo Internacional, guiada pela teoria da cor de Bauhaus (*ver p. 44*).

Quando os anos 1930 trouxeram a depressão econômica e a austeridade, o desenho entrou em uma "era cinzenta" que continuou com a paleta acinzentada da guerra dos anos 1940. Ao mesmo tempo, entretanto, acompanhar as tendências se tornou mais importante. Atraídas para os cinemas como uma forma de escapismo, as mulheres da classe média em particular aspiravam às roupas e decoração de suas artistas preferidas na tela. Foi esse período que viu o crescimento da revista de moda e do designer de interiores.

Durante os anos 1950, a ressurgência econômica e os avanços tecnológicos da época da guerra produziram uma era otimista de aparelhos domésticos de cores pastel, têxteis e superfícies com desenhos bizarros e grandes vestidos cor-de-rosa. Como uma sociedade cada vez mais liberal começou a valorizar a expressão pessoal em lugar da convenção, cores fortes e vivas reemergiram nas roupas e interiores psicodélicos dos anos 1960.

As escolhas que poderiam parecer altamente individuais, entretanto, são muitas

Acima à esquerda: **Os ambientes vitorianos eram abarrotados, pelos padrões modernos, com profusão de cores. Com cortinas pesadas e pouca luz artificial, esses interiores estavam, frequentemente, próximos da escuridão.**

Acima: **A cor se estabilizou no início do século XX, com paletas mais racionais complementando o aumento de iluminação por janelas maiores e luz elétrica onipresente.**

Abaixo, à esquerda: **Marianne Panton em uma sala de jantar desenhada por seu marido dinamarquês, Verner Panton, e manufaturada pela fábrica de móveis suíça Vitra. Designers como Verner Panton revestiram os anos 1960 e 1970 de cores vivas e formas inovadoras. Esses interiores empolgantes e iconoclastas são, agora, simultaneamente celebrados pelos conhecedores de design e satirizados em filmes retrô como a série *Austin Power*.**

Acima: **As paletas mudas de meados do século XX criaram aparências sofisticadas por meio da harmonia das cores. Hoje, muita gente prefere comprar peças separadas, em lugar de conjuntos, combinando-as segundo seu próprio sentido da cor.**

Abaixo, à direita: **O minimalismo impregnou os interiores sofisticados dos anos 1990, criando um tipo de drama austero, mas arriscando a ausência de humanidade. Tons terrosos, em madeira e fibras naturais, suavizam a aparência.**

vezes ditadas, ainda assim, por tendências. Os jeans azuis de brim, em meados do século XX, se tornaram associados ao individualismo e à rejeição da autoridade, reputação que ainda os mantêm banidos de muitas escolas, locais de trabalho e até bares de alta classe. Não obstante, eles são tão lugar-comum que seria difícil defender que usá-los significa algum tipo de declaração. Até recentemente, os visitantes dos países comunistas levavam alguns pares de jeans a mais, porque poderiam ser comerciados lucrativamente com o povo local, que os via como símbolo da liberdade ocidental. Hoje, os jeans se tornaram um uniforme urbano em todos os países do ex-bloco oriental.

A rejeição da cor é outra escolha popular. Mais de dois terços das roupas vendidas no varejo no Reino Unido e nos Estados Unidos em 2003 eram pretas. Essa é uma tendência que não mostra sinais de abater-se e, enquanto para alguns pode significar adesão a um grupo específico, como os góticos, para outros é meramente uma opção segura. Mas o mesmo poderia ser dito das escolhas que refletem diretamente tendências de curto prazo, não importa quão chamativas sejam. Vestir-se convencionalmente e seguir a moda são maneiras de evitar a necessidade de explorar forma e cor por si sós.

Pode haver alguma coisa a ser dita para deixar tais decisões aos especialistas. A decoração de ambientes recentemente voltou à experimentação atrevida dos vitorianos, provando que a auto-expressão desinibida nem sempre leva aos resultados mais esteticamente agradáveis.

A PREVISÃO DA COR

As tendências da cor não dependem mais de avanços tecnológicos na fabricação de pigmentos: o que quer que seja que o designer queira, normalmente pode ser conseguido. Isso permite grande liberdade criativa, mas torna difícil identificar uma paleta atual da moda, ou predizer que cores estarão em voga na próxima estação - conhecimento essencial para profissionais da indústria.

Muitas empresas oferecem serviços de previsão de cores. Indiscutivelmente a mais influente - e provavelmente a mais cara - é a Color Marketing Group (www.colormarketing.org), cujas muitas centenas de membros são convidados a contribuir para sua análise do uso da cor, atual e futuro. As publicações com as Indicações de Cor da CMG são divididas entre os setores Consumidor/Doméstico e Contrato/Comercial, refletindo o fato de que as pessoas que decoram suas próprias casas, por exemplo, podem fazer escolhas diferentes de designers de interior profissionais.

As Paletas de Previsão da CMG não especificam tanto as cores exatas, mas descrevem como certos matizes serão tratados. Incluem conceitos como Pinkle (em inglês, cor-de-rosa), um "rosa antigo, sem gênero específico", que lembra "veludos clássicos e jardins de rosa vitorianos", e tom Iron Ore-ange, um "fundo sofisticado e maduro, com sugestões étnicas". À parte os trocadilhos, as descrições evocam seu próprio microcosmo da psicologia da cor.

Isso realça o fato, não surpreendente, de que a previsão da cor está longe de ser uma ciência exata. Quando se pede a um designer para descrever sua própria paleta, ele invoca ressonâncias emocionais, culturais e históricas complexas, que podem ser altamente subjetivas. Entrevistada pelo Instituto da Cor Pantone, uma outra agência de previsão, Anna Sui disse de uma coleção de primavera: "É sobre claridade,

Abaixo: **Os fabricantes de tinta não podem mais competir com apenas uma seleção básica de cores. Enquanto seus principais catálogos contêm praticamente todos os tons possíveis, novas cores são agrupadas e batizadas todas as estações, e oferecem-se brilho, reflexos cintilantes e vernizes para modificá-las.**

frescor, frescura - esportes divertidos ao sol, surfar e praia." Será que as cores evocam essas atividades referindo-se às qualidades antes, ou vice-versa? Ou estamos ouvindo mais sobre o processo criativo do que sobre o produto?

A despeito das extravagâncias dos processos de pensamento dos ditadores de tendências, os prognosticadores da cor ficam felizes ao oferecer previsões específicas com até dois anos de antecedência. Se o observador cínico estiver inclinado a imaginar que elas meramente se autorrealizam, os profissionais poderiam responder que isso seria uma forma tão boa quanto qualquer outra para trazer alguma aparência de ordem ao uso da cor.

É característica da Pantone receber indicações de cor de desenhistas de moda, passando-as àqueles que trabalham em outras áreas. Em geral, a alta-costura está no comando, com os cosméticos logo atrás; seguem os interiores comerciais de alta classe; o desenho de produtos, que frequentemente leva um

Abaixo: **O iMac da Apple introduziu cor na indústria de computadores, anteriormente regida pelo bege.**

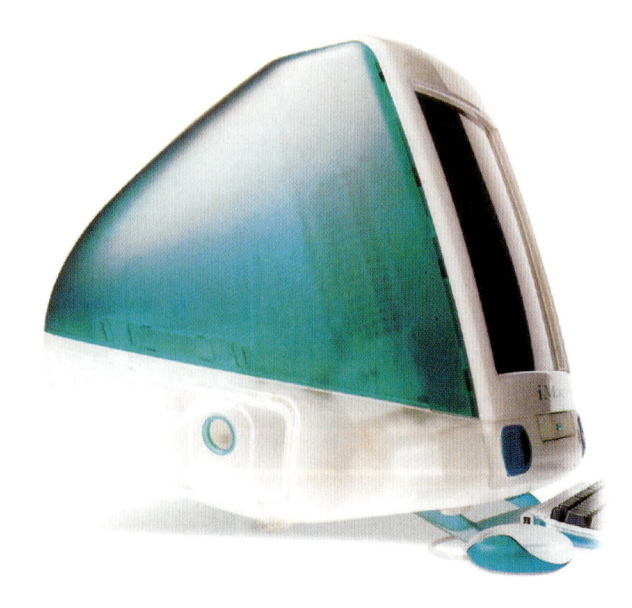

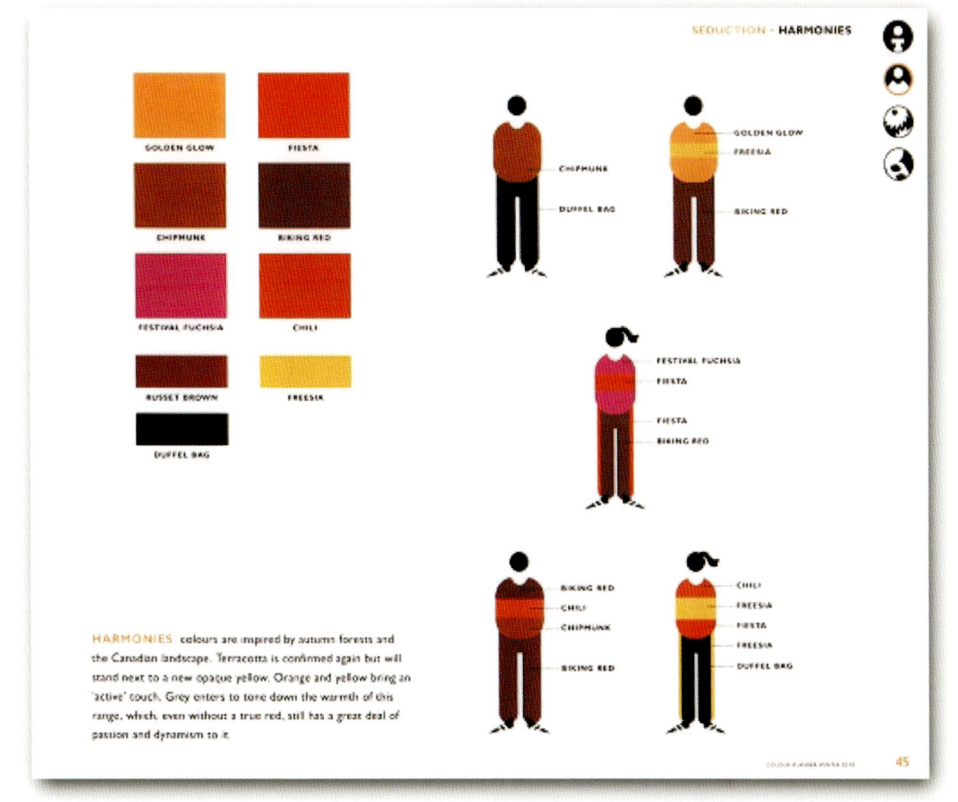

À esquerda: As tendências cromáticas são monitoradas e previstas por muitas organizações comerciais. Seus relatórios, como esta brochura do Instituto da Cor Pantone, analisa o uso da cor em roupas, mobiliário e outros setores, para benefício de seus assinantes. Mas, quem influencia e quem é influenciado?

tempo mais longo no ciclo de desenvolvimento, corre para alcançá-los; e as tendências, finalmente, se filtram por meio de contratos gerais e interiores domésticos, onde o conservadorismo e a idiossincrasia progridem lentamente. Recentemente, entretanto, esta sequência foi interrompida pelo aparecimento de designers de produto criativos e independentes, que passaram adiante das tendências das roupas, e pelos esforços dos fornecedores do mercado doméstico - como fabricantes de tinta - para promover uma rotatividade rápida das novas paletas.

Assim, não é privilégio dos estilistas ter uma atitude inconstante em relação à cor. Enquanto só uma minoria assina os serviços de previsão, os designers, em todas as disciplinas, precisam manter os olhos abertos em relação às tendências cromáticas. Quando o iMac da Apple foi apresentado, por exemplo, seu sucesso foi atribuído, em parte, à cuidadosa escolha de uma assinatura colorida, Bondi Blue. Ainda assim, apenas um ano mais tarde, ele foi retirado do mercado e substituído por um conjunto de cinco matizes inspirados em frutas. A despeito do ceticismo da indústria, as vendas confirmaram a sabedoria da decisão.

Com matizes pouco usuais agora abundantes, a próxima fronteira é o acabamento: perolado, iridescente, ultramate e assim por diante. Os prognosticadores da cor reconhecem que textura e brilho estão se tornando igualmente importantes na manipulação da percepção de um produto.

A COR DENTRO DE CASA

Entre em uma casa decorada por uma empresa que vai revendê-la e você, muito provavelmente, encontrará todas as paredes pintadas de branco. Usar a cor efetivamente em uma casa - deixando de lado tentar agradar todos os gostos - é um desafio muitas vezes rejeitado até mesmo por designers, que podem recorrer ao minimalismo da cor, para não arriscar um desastre.

Como os pintores pré-renascentistas, temos uma tendência incômoda de escolher cores baseados em preconceitos e convenções, em lugar de verificar se elas combinarão lado a lado. A maior parte de nós teve a experiência de entrar na casa de alguém e ficar agradavelmente surpreso pelo efeito de uma cor de que normalmente não gostamos. Muitas vezes, a aversão a uma cor tem muito que ver com associações desagradáveis (*ver p. 48*) ou com a experiência de seu mau emprego em projetos anteriores de decoração. Isso pode nos impedir de tirar vantagem dos benefícios estéticos e psicológicos da cor.

Se você acredita, como alguns terapeutas da cor, que as cores têm sua própria energia vibracional, capaz de penetrar em cada célula de seu corpo, ou que elas o afetam de modo mais banal, a cor indubitavelmente tem impacto na sua maneira de viver. Aplicando um determinado esquema de cores a uma sala pode fazê-la parecer maior ou menor, mais vibrante ou mais relaxante. Os terapeutas da cor iriam mais longe, dizendo que pelo uso de luz colorida, banhando-se em água colorida e comendo certos alimentos coloridos, você pode aliviar moléstias físicas ou emocionais. O modo como você decora sua casa, assim, se torna mais do que uma questão de estética.

Uma casa caótica, com as cores distribuídas ao acaso, pode ter sua própria atração, especialmente para aqueles influenciados por assuntos criativos e pressões de tempo para criar os filhos. Mas mesmo pequenas áreas de harmonia estudada - talvez um banheiro, ou o canto bem iluminado de uma sala de estar - podem oferecer um espaço bem-vindo para o descanso e o relaxamento, um santuário para separá-lo dos estresses do mundo. Quanto mais ocupada for sua vida, mais maravilhosos esses espaços serão.

À direita: **Tradicional, moderna ou eclética, a sensação de cada casa é largamente ditada pelas cores e texturas. Tintas, iluminação, têxteis e acessórios contribuem para o efeito geral, como ilustrado nesta sala de jantar criada pelo designer contemporâneo inglês David Bentheim.**

PINTURA E ILUMINAÇÃO O decorador de interiores do século XXI é, com certeza, o colorista de maior sorte na história. No balcão de tintas de muitas lojas de materiais, o olho humano pode perceber virtualmente qualquer cor, que pode ser misturada em alguns minutos. Muitas lojas são até equipadas como um colorímetro, de modo que podem copiar a cor de qualquer objeto que você leve.

Acima: **O azul marcante aplicado nas molduras e no mobiliário desta taberna grega reflete os mares e céus azuis do Mediterrâneo. As paredes brancas são uma forma psicológica e prática de manter os clientes frescos no verão brilhante e quente da Grécia.**

O fato de haver mais cores, é claro, significa que há mais escolhas a fazer. Mas algumas regras básicas podem ajudar. O princípio da complementaridade e os esquemas de harmonia das cores descritos na p. 42 podem guiá-lo na obtenção de combinações agradáveis. Um círculo cromático baseado em complementos de imagem residual, como os de Munsell, é o mais apropriado quando se planejam grandes campos coloridos. Uma diferença importante ao pintar um espaço tridimensional, em lugar de uma tela, é que os campos de cor podem refletir luz uns sobre os outros: uma única cor aplicada a todas as paredes da sala será reforçada, enquanto os complementos emudecerão uns aos outros.

Cores quentes ou escuras tendem a avançar, e cores frias ou claras tendem a enfraquecer (*ver p. 120*). Isso faz sentido em interiores - afinal de contas, o calor geralmente vem em ambientes fechados e o frio, nos abertos. Uma pequena sala pode ser aberta pelo uso de uma cor clara, fria, como turquesa pálido, enquanto vermelhos fortes podem impedir um espaço grande de parecer um celeiro. Um borrifo de cor quente no final de um longo corredor, ou sala de plano aberto, pode atrair os olhos e dar melhor sentido à forma do espaço como um todo.

A temperatura da cor também deve ser considerada literalmente. Paredes azul-claro em uma sala que dá para o norte não o farão sentir frio, mesmo em climas mais quentes, enquanto amarelos fortes com exposição para o sul podem fazer você procurar os óculos escuros dentro de casa. A luz do leste e do oeste tem características mais sutis, e compensa trabalhar com elas, e não contra elas, usando tons quentes, análogos à luz amarelada da manhã do leste, azuis para combinar a luz da tarde do oeste.

A cor e os efeitos de humor que você procura deveriam influenciar sua escolha da luz elétrica. A maior parte dos ambientes será iluminada pela luz natural durante o dia e pela artificial à noite. As duas não são mutuamente exclusivas, mas a maior parte das pessoas prefere a luz pura do dia. Em um ambiente com pouca luz natural, em lugar de acender as luzes durante o dia, tente pintar as paredes com uma cor pura e

À esquerda: **O mesmo ambiente pode parecer muito diferente dependendo da luz. A hora do dia afetará a cor da luz natural que entra pelas janelas, o modo como a luz bate nos objetos e o brilho relativo de determinadas áreas. A luz artificial também criará uma outra impressão.**

Abaixo: **Enquanto o minimalismo é, muitas vezes, associado a interiores monocromáticos, a cor pode desempenhar seu papel mesmo nos estilos mais austeros. Neste interior de David Bentheim, uma cor forte e quente, aplicada a uma superfície, infunde toda a escada, contrabalançando o frio de um spot branco e brilhante.**

clara, e pendurar espelhos. Lâmpadas com filtros coloridos e mesmo sistemas automáticos de mudança de cor podem ser usados para pintar com luz, mudando o astral de um ambiente com um simples toque no interruptor. A luz natural pode ser filtrada por vidro colorido: um desenho simples em apenas uma janela pode obter um efeito impressionante.

A textura também é importante para o efeito geral da cor. A tradição de usar mate, tinta com base em água para paredes, e verniz com base em solvente ou craquelê para peças de madeira hoje é, muitas vezes, subvertida; tintas mate resistentes e laváveis removem as barreiras práticas à experimentação. Embora as tintas de acabamento, com textura forte em sua maior parte, tenham saído de moda em interiores domésticos, pequenos pontos sutis e brilhos discretos estão sendo introduzidos no leque de produtos de muitos fabricantes.

Áreas planas coloridas não são a única opção. Técnicas como esponjado e rolos texturizados podem introduzir efeitos partitivos de mistura. Ou, usando fita adesiva ou estênceis, você pode criar listras e motivos como uma alternativa pessoal a papéis de parede produzidos em massa.

OS TÊXTEIS E O PISO

Se escolher uma tinta é arriscado, escolher o revestimento errado da parede pode estar próximo de um erro fatal, em decoração de interiores. Alguns papéis de parede são certamente desenhados para provocar um ataque no coração, e mesmo aqueles que parecem maravilhosos na loja podem ficar horrorosos depois de instalados. A cor, textura e padrão devem ser cuidadosamente considerados.

Abaixo: **Por maior que seja o leque de cores de tinta disponíveis para o decorador de interiores, nunca poderá alcançar a variedade de cor, textura e padrões oferecido pelos tecidos. Usados para cortinas, almofadas, toalhas de mesa ou outros acessórios colocados estrategicamente, os tecidos podem trazer uma dimensão extra ao ambiente. Estampas em chintz (no alto à esquerda)** sofreram um longo declínio, mas agora estão na moda de novo, como um antídoto aos interiores excessivamente espartanos. Tecidos mais ásperos (no alto à direita), populares nos anos 1970, agora são usados principalmente em cores neutras, para acrescentar textura natural. Xadrezes, listrinhas e tecidos escoceses (embaixo à direita) acrescentam um sentido campestre a salas mais tradicionais.

Como em todos os campos do design gráfico (*ver caps. 03.01-03.05*) a composição da cor em padrões de papel de parede pode ser harmoniosa e suave ou berrante e multiforme. Os padrões fortes voltaram à moda nos últimos anos - pelo menos com os designers de interiores, se não com o público em geral - e podem ser usadas para obter efeitos dramáticos, muitas vezes apenas em uma das paredes de um ambiente. Mas os desenhos repetitivos também podem ser surpreendentemente calmos e serenos. Nunca ignore texturas e padrões apenas por suas associações de época, ou porque você tem de lutar para pensar em um exemplo que viu e que funcionou bem.

Um padrão colorido nas paredes tornará mais difícil introduzir elementos adicionais em um ambiente. Mas, uma vez que você escolheu um "padrão assinado" - aquele que provavelmente vai dominar seu design -, a política-padrão é selecionar uma cor do padrão e aplicá-la a dois terços da sala, usando as cores restantes em acessórios e outros detalhes. Tecidos em cores que combinam, que reproduzem o padrão de um papel de parede, podem sobrecarregar os sentidos se o padrão tiver cores fortes ou for espalhafatoso, mas aqueles com motivos grandes, em cores moderadas, podem funcionar bem, criando efeitos ou tradicionais, ou de pop-art. Eles muitas vezes estão disponíveis em um complemento, ou no avesso do padrão.

Os tecidos oferecem um leque de possibilidades extraordinário para a decoração de interiores. O modo com que você os usa dependerá tanto de suas qualidades quando esticados, pregueados, caídos ou pendurados, quanto de sua cor e textura. Persianas e cortinas podem bloquear a luz completamente para a escuridão da noite, ou filtrá-la, suavizando a atmosfera de um ambiente e fornecendo privacidade durante o dia. O efeito obtido pode depender tanto do que está atrás do tecido quanto de sua própria cor, e os têxteis tendem particularmente à metameria, em que duas amostras de cores diferentes parecem combinar sob determinadas condições, mas não em outras. Mantenha amostras de cor no ambiente onde planeja usá-las durante muitos dias, e veja como se comportam.

O carpete também pode introduzir cor e padrão a uma sala. Embora provavelmente seja melhor esquecer os remoinhos multicoloridos encontrados em tantas casas do pós-guerra, tanto carpetes de parede a parede quanto tapetes estão disponíveis em

desenhos que vão dos padrões geométricos tradicionais a tapetes afegãos, que evocam o conflito com a Rússia com motivos Kalashnikov.

Por razões óbvias, os tons terrosos são populares para cobrir o chão. A maneira mais simples de introduzi-los é encontrar uma placa de madeira existente ou um revestimento de parquet e consertá-lo, lixá-lo e selá-lo. As casas modernas frequentemente têm o piso coberto com materiais pouco atraentes que podem ser revestidos com madeira ou produtos manufaturados. Os laminados, vinis, azulejos de cerâmica e linóleo fornecem uma escolha infinita de cores, texturas e padrões. Você pode usar o revestimento do piso como uma superfície de suporte - ou de cor neutra, ou atraindo os diversos elementos de seu esquema de cores - ou como uma afirmação atrevida. As principais limitações são práticas: um tapete felpudo de cor pálida pode espalhar a luz agradavelmente pela sala, mas não vai parecer tão bonito depois que o cachorro correr sobre ele algumas vezes.

Acima e à direita: **Os carpetes de parede a parede se tornaram populares após a Segunda Grande Guerra, mas agora encaram concorrência forte. Os laminados de madeira, ou imitando madeira, são simples de instalar pelos entusiastas do faça-você-mesmo. O vinil e o linóleo abandonaram sua imagem utilitária e ganharam novas cores e padrões. Os azulejos de cerâmica são cada vez mais vistos fora do banheiro. E para um piso quente, os tapetes estão disponíveis em desenhos modernos maravilhosos.**

ACESSÓRIOS E ELETRODOMÉSTICOS
Os objetos de um ambiente podem ter um impacto tão grande sobre sua aparência quanto a decoração e a mobília. E o número de objetos que consideramos essencial em nossas casas está aumentando constantemente. Muitos de nós parecemos funcionar em relação a um conjunto de objetos em posições predefinidas: a tevê no canto da sala, por exemplo.

Quando aparelhos domésticos que economizavam mão de obra se tornaram lugar-comum pela primeira vez, no final do século XIX, seu marketing sublinhava o que podiam fazer, e não sua aparência. Nos anos 1930, entretanto, designers como Raymond Loewy estavam transformando aparelhos domésticos em declarações de estilo. Loewy favorecia o cromo - que, além de combinar seu ethos de aerodinâmica industrial, tinha a vantagem de refletir qualquer esquema de cor, e não ficar deslocado. Mas ele também usou as cores primárias, como o escarlate, para evocar sentimentos de otimismo em relação ao futuro.

Se Loewy desenhou a era espacial, novas aparências eram necessárias para a era digital. Mênfis, um movimento chefiado pelo designer milanês Ettore Sottsass nos anos 1980, era caracterizado por cores vivas, formas retilíneas e um desrespeito deliberado pelas regras estabelecidas. Entre os desenhos de Sottsass (muitos anteriores ao Mênfis) havia máquinas de escrever e outras máquinas para escritório para o fabricante italiano Olivetti, que influenciou as formas das máquinas eletrônicas por décadas. O uso que Sottsass fazia de cores atrevidas, contudo, não foi adotado tão largamente. Os computadores pessoais eram uniformemente beges até o final dos anos 1990.

O bojudo e translúcido iMac da Apple Computers, lançado em 1998, tipificava um difundido movimento de afastamento das formas com bordas severas para formas mais orgânicas. Isso conduzia a um humor mais suave, menos agressivo, mais introspectivo na sociedade ocidental, talvez em reação aos dinâmicos anos 1980 e antecipando o milênio que estava para chegar. O movimento foi facilitado pelas novas técnicas de desenho por computador (Computer-Aided Design - CAD), que tornaram muito mais fácil trabalhar com formas irregulares, curvas.

Essa tendência, por sua vez, agora está dando lugar a novas ideias. Os últimos produtos da Apple passaram para uma paleta de branco e metal descoberto. Se a escolha de branco parece conservadora, considere como ele tem muito mais conotações do que o bege. O exclusivo prestígio da marca é ainda mais realçado por texturas pouco usuais; o acabamento suave e emborrachado do iPod contribui para o apelo de ser um aparelho para segurar na mão. As combinações de branco e aço inoxidável estão entre as

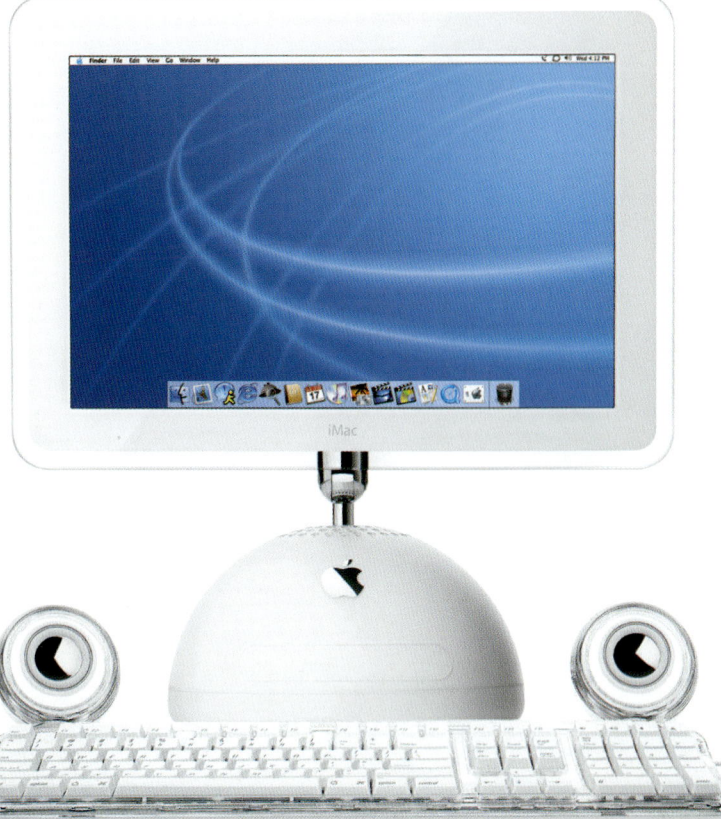

Da esquerda para a direita (a partir da página ao lado): **Enquanto a maior parte dos aparelhos domésticos seja no inconspícuo branco, este refrigerador está disponível em muitas cores atrevidas. As três versões do sistema musical Emotive Micro da Philips oferece diferentes texturas e cores. O aspirador de pó Dyson, um objeto superfuncional, no entanto, ganha muitas vendas por sua forma distintiva e esquema de cores. O último monitor chato iMac da Apple vem apenas em branco puro - um eletrodoméstico de nova geração?**

escolhas populares, atualmente, nas cozinhas das casas de pessoas conscientes do design; talvez haja um fator comum no triângulo função, prazer e símbolo de *status*.

Máquinas mais humildes também foram redesenhadas. O agora familiar aspirador de pó Dyson lembra Mênfis em suas formas severas e cores distintivas, embora o designer britânico James Dyson sublinhe firmemente que sua aparência deriva de preocupações funcionais, e não estéticas. Uma abordagem pós-moderna - que tomou emprestado aqui e ali da tradição, mas evita a convenção, também pode ser encontrada em outros aparelhos domésticos requintados, como a geladeira desenhada para o fabricante italiano Smeg pelo arquiteto Renzo Piano.

A música gravada está presente nos ambientes da maior parte das casas modernas, e o equipamento hi-fi pode ser encontrado em uma atordoante variedade de formas e tamanhos, influenciado por todos os aspectos das tendências do design e da cultura popular. Enquanto as caixas de som destinadas a ser carregadas por toda parte e exibidas pelos jovens frequentemente ostentem seus watts com estilo pretensioso, as unidades domésticas são tipicamente compactas e de desenho moderado. O Emotive Micro, da Philips, um inovativo leque de sistemas apresentado em 2002, se oferece nas cores verde-claro, vermelho agressivo e metal minimalista, encorajando os compradores a fazer uma escolha de cores que reflitam suas atitudes, assim como sua decoração.

PARTE 02. VIVER COM A COR
CAPÍTULO TRÊS

A COR NA ARQUITETURA

A cor não aparece com preeminência em muitas obras recentes de arquitetura. Um olhar em qualquer arquivo de imagens representando as edificações mais consideradas do século XX mostrará a extensão em que a cor escorregou para fora da linguagem da arquitetura. Só nos primeiros anos do novo milênio ela reemergiu como um assunto poderoso o bastante para atrair o interesse de indivíduos como Rem Koolhaas (1944-), Norman Foster (1935-) e Alessandro Mendini (1931-). Sua obra coletiva *Colors* (Princeton Architectural Press, 2001) foi devotada exclusivamente ao assunto.

No início do século XX, quando arquitetos como Adolf Loos (1870-1933) e Le Corbusier (1887-1965) começaram a criar edificações que se tornaram emblemáticas do movimento moderno, não havia lugar para a cor por duas razões. Primeiro, os arquitetos do movimento moderno queriam distanciar-se do que viam como cores mal empregadas. Segundo, a forma de muitos edifícios modernos podia ser enfatizada usando apenas o branco.

Não é que a cor, em si, fosse rejeitada, mas a decoração das edificações tinha começado a se tornar inapropriada - e isso não era uma preocupação nova. Como sublinha Gerhard Mack em sua introdução a *Cores*, já no I século a.C. o arquiteto romano Marcus Vitruvius (*c.*70 a.C.-25 a.C.) expressava sua frus-

tração ao ver edifícios serem pintados de modo a não ter qualquer relação com sua natureza estrutural:

> Para colunas, juncos são substituídos; para pedimentos, os talos, folhas e gavinhas das plantas; os candelabros são feitos para suporte da representação de pequenas edificações[...] formas semelhantes nunca existiram, existem, nem podem existir na natureza[...]

O *De Architectura*, a obra de Vitruvius sobre planejamento e arquitetura urbanas em dez volumes, era considerado um texto-chave por toda a Europa até o renascimento, quando opiniões semelhantes foram emitidas pelo arquiteto italiano Leon Baptista Alberti em seu *De re aedificatoria* (1485).

Os arquitetos que trabalhavam na tradição modernista não queriam declarar a cor fora da lei: só queriam vê-la usada de modo agradável. O *Vers une architecture* (1923) de Le Corbusier pode não ter devotado uma única linha à cor, mas ele a usou em suas edificações e, mais ainda, em 1930-1931, para isolar os 43 tons com que contava para afetar as relações espaciais em seu trabalho.

Os princípios da arquitetura modernista têm se desenvolvido o suficiente para que os arquitetos contemporâneos façam experimentos com a cor, e o desenvolvimento dos materiais de construção, continua a expandir as paletas disponíveis.

Abaixo e à direita: **Do entardecer em diante, a iluminação a neon frequentemente predomina nas ruas das cidades modernas. Os edifícios se fundem em uma névoa brilhante, opondo-se a qualquer impressão geral de harmonia e lógica, independentemente de suas formas estruturais. Dar sentido a tudo isso é um desafio para o arquiteto urbano.**

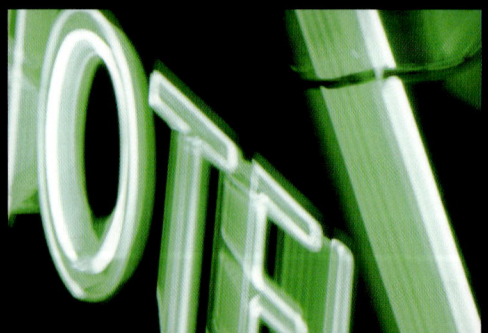

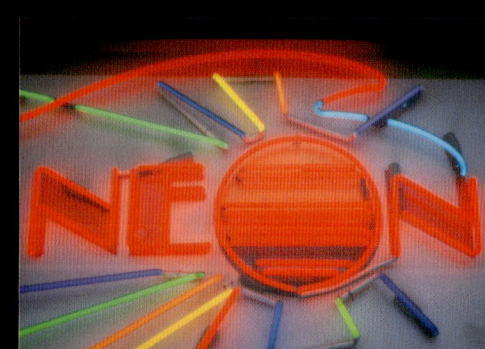

A COR NA CIDADE Muitos arquitetos contemporâneos usam a cor como um reflexo do uso ou meio ambiente imediato de uma edificação, ou para estabelecer conexões entre ela e temas culturais e expectativas mais amplas. O arquiteto Rem Koolhaas acredita que o uso da cor deve ser guiado por nossa mutante percepção dela.

Koolhaas foi um dos fundadores do Escritório de Arquitetura Metropolitana (OMA), organização criada para definir novas relações teóricas e práticas para a arquitetura, dentro da cultura contemporânea. Examinando as opções que os arquitetos têm para usar a cor, ele traça uma trajetória a partir da posição modernista, passando pela "exuberância" dos anos 1960 e 1970 e chegando ao minimalismo dos anos 1990, com ênfase nas cores dos materiais atuais.

Ao mesmo tempo, ele identifica outras maneiras pelas quais fomos expostos à cor, como o notável e luminoso mundo da tevê e dos monitores de computador, que ele descreve como "mais glamorosos do que qualquer cor real em superfícies reais... A cor, a tinta, os revestimentos, em comparação, se tornam mate e sombrias". Os designers que trabalham com computadores, comparando o vasto espaço da cor RGB em seus monitores com as limitações da cor refletida nas superfícies que criam, imediatamente compreenderão o que ele quer dizer.

Koolhaas menciona que, quando foi pedido às pessoas que trabalham no OMA que sugerissem quais cores gostariam de usar, apenas dez escolheram uma só cor. As outras viam suas cores como um tratamento que era "não simplesmente uma camada de cor, mas uma condição mais sutil, uma camada que altera o estado da parede pintada de um objeto, uma cor que interferiria com o *status* do objeto pintado".

No final, a visão de cor de Koolhaas se encaixa inteiramente com o meio ambiente urbano contemporâneo: "É lógico que, com a incrível invasão sensorial que nos bombardeia todos os dias, e as intensidades artificiais que encontramos no mundo virtual, a natureza da

cor deveria mudar, não mais só uma camada fina de mudança, mas algo que genuinamente altera a percepção. Nesse sentido, o futuro das cores parece brilhante".

Enquanto Koolhaas pondera uma resposta ordenada aos estímulos cromáticos ambientais de hoje, a maior parte das grandes cidades está mergulhadas, depois do escurecer, em um festival de luzes coloridas que pode ser literalmente esmagador. Enquanto um arquiteto pode usar a cor para refletir a função ou o *status*, para esclarecer relações espaciais ou para fornecer orientação, os sinais de lojas iluminados raramente têm qualquer relação com as fachadas dos edifícios em que estão afixados. Ao contrário, cada um deles aponta para dentro, para o mundo de sua corporação. Seu propósito é atrair mais atenção que seus vizinhos, e o resultado pode ser desorientador. Quando você precisa de uma farmácia, você pode ver seu símbolo na metade de uma rua, ignorando outros sinais. Mas dirigindo na cidade à noite, tentando localizar determinado edifício, requer um esforço mental exaustivo para registrar, e depois rejeitar, todas as iluminações irrelevantes.

Esse processo de desestabilizar o espaço urbano - de prejuízo da cor - parece tão irreversível quanto sinistro. Conforme os espaços urbanos são anexados por cadeias de lojas que vendem as mesmas mercadorias, dos mesmos fabricantes, começam a adotar padrões semelhantes de sinalização. As ruas de Londres e Nova York orientam os consumidores para uma visão única de marcas fixas e superioridade corporativa. Quão fixo esse modelo se tornará, não se sabe.

Abaixo: **A iluminação de alta energia grita milhares de mensagens, ao mesmo tempo, para as lâmpadas traseiras dos veículos que passam. Mesmo as estrelas são apagadas pela "poluição da luz". O efeito cumulativo pode ser empolgante, mas é assim que queremos que nossas cidades fiquem?**

A COR NA PRÁTICA Se a arquitetura moderna é predominantemente sem cor, ou pelo menos monocromática, isso apenas serve para acentuar o impacto das edificações que fazem forte uso da cor. Nas próximas páginas excursionaremos rapidamente por algumas das mais intrigantes aplicações recentes da cor na arquitetura.

À direita: **A cor na arquitetura não precisa ser refletida de superfícies, mas pode ser criada pela luz. O Centro de Danças Laban, em Londres, recentemente construído, tem uma "pele" de plástico translúcido através da qual o interior é parcialmente visível. À noite, a luz de dentro é projetada para fora, transformando o edifício à beira do rio em um farol, que parece simbolizar sua contribuição para a regeneração do meio ambiente urbano em torno dele. Para desenhar o esquema de cor, os arquitetos suíços Jacques Herzog e Pierre de Meuron trabalharam com o artista britânico Michael Craig-Martin, conhecido por suas pinturas vivamente coloridas de objetos do dia a dia.**

À direita: **O arquiteto mexicano Ricardo Legorreta (1931-) disse que "não pode viver sem cor". Como sua biblioteca em San Antonio, Texas - conhecida localmente como a "enchilada vermelha" - o Museu de Moda e Tecidos, em Londres, da designer Zandra Rhodes, faz uso enfático de um único matiz. Nesse caso, um edifício já existente foi reformado. Enquanto as mudanças na arquitetura o transformaram funcionalmente de loja atacadista em museu, a cor o transformou visualmente. A fundadora Zandra Rhodes (1940-) também é conhecida por seu uso atrevido da cor.**

À esquerda: **Frank Gehry, um dos mais respeitados arquitetos americanos, é mais conhecido por edificações monocromáticas como o Museu Guggenheim, em Bilbao, Espanha. Entretanto, seu último projeto explode em cores primárias. A Ponte da Vida, um novo museu panamenho, educa o público sobre a importância da biodiversidade. Gehry, contudo, tem pouco interesse na tendência atual para métodos de construção** que não ataquem o ambiente, e não se preocupou com princípios ecológicos, como eficiência energética e reciclagem, em seu desenho. Do ponto de vista estético, entretanto, a edificação claramente responde à sua locação e ao *ethos* que representa. Cores fortes, inspiradas pela flora e fauna locais, são aplicadas a um arranjo irregular de formas geométricas, evocando alegremente uma abundante massa de vida.

À esquerda: **John Outram, famoso por seu provocativo uso da cor, desenhou o Edifício de Engenharia Computacional (1997) na Universidade Rice, no Texas, criado para abrigar indivíduos de** *backgrounds* **variados, para aplicar conhecimentos de computação à engenharia. No interior pós-moderno, a cor cobre cada uma das superfícies disponíveis. Cada cor foi selecionada por seu simbolismo. Acima de tudo, havia o desejo de transformar o edifício em um ambiente estimulante para o pensamento criativo.**

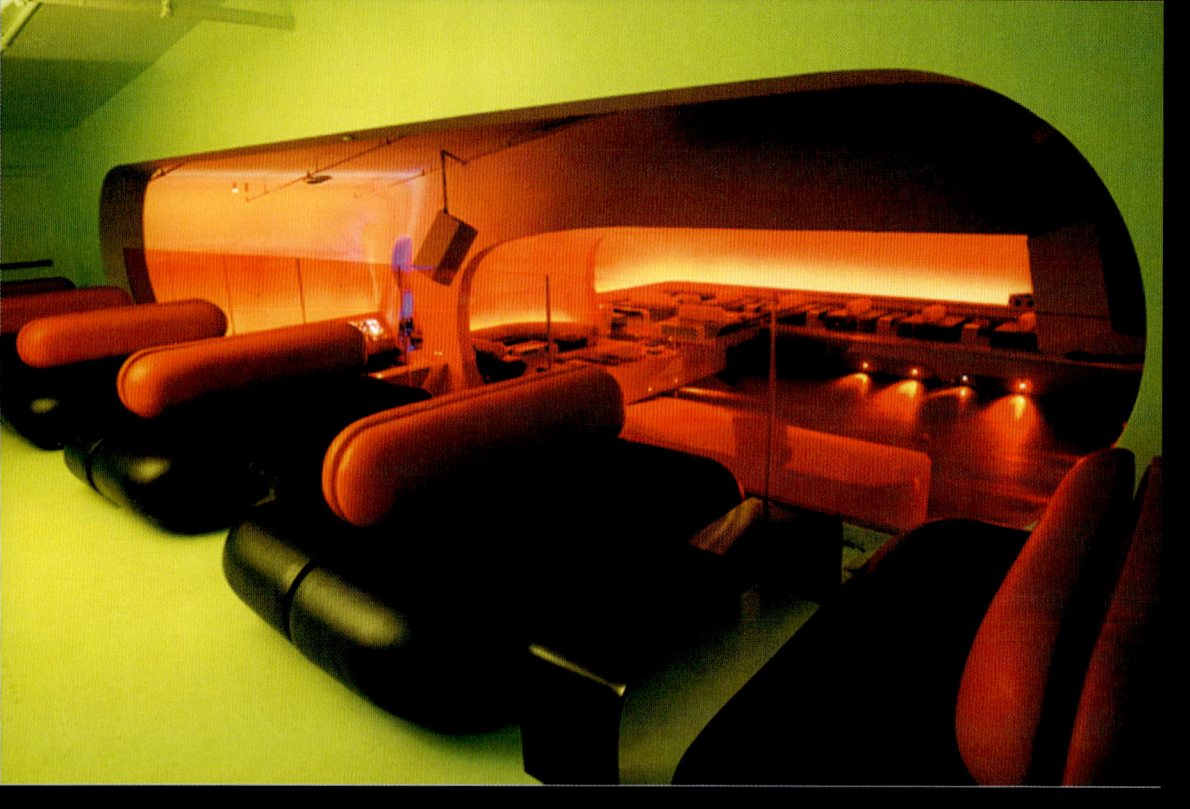

À esquerda: **Os designers desejam, cada vez mais, experimentar com a cor em superfícies e iluminação, e o leque de produtos disponíveis para as especificações cresceu enormemente nos últimos anos. O interior do Powder, um clube de Nova York, usa um esquema de cores atípico, texturas distintivas e formas atrevidas para criar um ambiente único. Modernas instalações de iluminação são muitas vezes altamente controláveis por quadros eletrônicos, que podem armazenar padrões complexos, e voltar a eles em sequências calculadas.**

À esquerda: **Espaços públicos e semipúblicos permitem efeitos de iluminação e cores mais ousadas do que seria apropriado em um ambiente doméstico. O interior único do restaurante Morimoto, na Filadélfia, é obra de Karim Rashid, o prolífico designer anteriormente conhecido por seu uso de forma e cor em mobiliário, acessórios e produtos ao consumidor. A iluminação convencional de tungstênio incorporada nas formas ondeadas e orgânicas das paredes é complementada por** *leds* **(díodos emissores de luz) nas divisórias das mesas, criando um ambiente de cor pulsante e mutante.**

À direita: **Enquanto muitos arquitetos se afastam da cor, ela é lugar-comum nos desenhos de edifícios e decoração atuais.** Casas do século XIX, alegremente coloridas, conhecidas como Painted ladies (Senhoras pintadas), são uma característica distintiva da paisagem urbana de São Francisco. Essas casas de proporções elegantes eram, originalmente, mais sombrias na aparência, mas ganharam cor nos anos 1960 e 1970, quando foram renovadas por residentes hippies. Tratamentos semelhantes de casas de época podem ser vistos em muitas cidades europeias, e o efeito foi reproduzido em modernos projetos de casas. Em Celebration comunidade Disney artificialmente criada na Flórida, as casas de época apresentam muitos borrifos de cores alegres - mas a paleta é controlada severamente, sem permitir autoexpressão.

À direita: **Os desenhos em CAD integram o dia a dia de muitos arquitetos, e sistemas de modelagem em 3-D não só ajudam a planejar a estrutura de um edifício mas também dão uma ideia antecipada do produto.** Antes o arquiteto desenvolvia esquemas de cor em desenhos, usando seu conhecimento e experiência para prever superfícies e espaços reais. Hoje, é possível "passear" em uma edificação no monitor, com luz e sombra calculados para determinada hora do dia ou época do ano. Também se pode simular uma iluminação artificial complexa.

O detalhismo com que as imagens fixas ou em movimento podem aparecer é limitado apenas pelo tempo e esforço exigido do operador do software para definir formas, superfícies e fontes de luz com o necessário grau de precisão. Mas os efeitos subjetivos da cor e da luz permanecem esquivos: o verdadeiro "sentimento" de uma edificação só pode ser experimentado na realidade, ou na mente do arquiteto.

PARTE 02. VIVER COM A COR
CAPÍTULO QUATRO

A COR NA FOTOGRAFIA

Credita-se a criação da primeira forma de reprodução fotográfica colorida a James Clerk Maxwell (1831-1879). Em 1861, Maxwell fez experiências com filtros coloridos e emulsões monocromáticas, usando os filtros para transmitir diferentes comprimentos de onda de luz para uma mídia sensível à luz, uma forma rústica de separação de cores. Ele então projetou cada imagem simultaneamente usando três "lanternas" de projeção, cada uma delas com o filtro apropriado. O resultado foi de sucesso moderado. Maxwell reproduziu seu material - uma fita axadrezada - em cores, seguindo um complexo processo que requeria três projetores trabalhando ao mesmo tempo. Ele usou o princípio aditivo da cor (*ver p. 26*), em que as cores primárias da luz são combinadas na projeção para produzir matizes intermediários, o brilho e a cor variando segundo as diferentes forças de luz transmitida através das fotografias monocromáticas de cada projetor.

Os irmãos Lumière (Auguste, 1862-1954, e Louis, 1865-1947) desenvolveram o primeiro processo fotográfico colorido adequadamente viável em 1907. Chamaram o processo de autocromo, e foi, de fato, uma aplicação das ideias que Maxwell demonstrara mais de quarenta anos antes. Os filtros de cor estavam no filme como uma camada de minúsculos grãos de amido tingidos em três cores diferentes. Quando expostos à luz, os grãos de amido funcionavam como filtros de cor, restringindo a luz segundo os comprimentos de onda que cada grãozinho permitiria passar. Quando o filme fosse revelado corretamente, e depois exibido na tela apropriada, o resultado seria realmente uma fotografia colorida. As imagens tendiam a ser relativamente escuras, e as cores tendiam para o pastel, mas o processo permaneceu a única solução viável até meados dos anos 1930, quando a Kodak criou um filme que funcionava com o processo subtrativo.

O processo subtrativo (logo chamado de Kodachrome) usava três camadas de emulsão tingida fotossensitiva, cada uma delas sensível a apenas uma seção do espectro de cores. Quando processados como positivos, obtinha-se um slide fotográfico colorido, pronto para ser exibido. A partir de então, e até o desenvolvimento da fotografia digital, os progressos do filme, de modo geral, foram refinamentos e avanços no processo Kodachrome. É interessante notar que a ideia de usar emulsões tingidas para criar fotografias de cor subtrativa foi sugerida pela primeira vez em 1869, alguns anos depois dos experimentos de Maxwell com cores aditivas, pelo cientista francês Louis Ducas du Hauron (1837-1920). Entretanto, as limitações das emulsões fotográficas da época impediram que a fotografia com cor subtrativa fosse mais do que uma proposta teórica por mais sessenta anos.

O primeiro filme colorido de sucesso comercial, o Kodachrome, da Kodak, foi apresentado em 1935. As velocidades dos filmes e a qualidade melhoraram, mas o princípio básico, camadas de emulsões fotossensitivas tingidas, permanece o mesmo.

GRAVAÇÃO DA LUZ   A fotografia trata de gravar a luz: assim, diferentes fontes de luz terão efeitos bem variados na fotografia. Nossos olhos são maravilhosamente adaptáveis: em certo sentido, fornecem ajuste natural equilibrando o branco, de modo que raramente nos damos conta dos vários equilíbrios de cor de diferentes fontes de luz. Contudo, a fotografia grava fielmente, sem fornecer correção automática.

O resultado são fotografias em que a luz parece "errada" - vermelhas demais, verdes demais, seja lá o que for. Temos de ajustar isso em alguma altura do processo fotográfico, seja pelo uso de filtros, empregando características digitais de equilíbrio do branco na máquina fotográfica, ou aplicando correção de cores no Photoshop.

A composição do comprimento de onda da luz do sol varia enormemente durante o dia; de manhã cedo e no final da tarde, a luz é mais quente do que no meio do dia, simplesmente porque a luz do sol nos atinge obliquamente através da atmosfera. Isso funciona como um filtro nos comprimentos de onda mais curtos, permitindo a passagem de maior proporção do vermelho do final do espectro de cor. No meio do dia, a luz do sol nos atinge mais diretamente, percorrendo uma distância menor através da atmosfera, o que resulta em menos luz filtrada. Comparado com

O equilíbrio do branco pode ter um efeito significativo sobre suas imagens. Aqui "enganamos" a máquina fotográfica deliberadamente para expor a iluminação errada para mostrar esse efeito.

Acima, à esquerda: O excesso de azul indica que a fotografia foi feita durante o dia com a máquina regulada para compensar pela iluminação de tungstênio (algumas vezes chamada incandescente).

Acima, no centro: Esta imagem foi feita sob iluminação a tungstênio com a máquina ajustada para a luz do dia.

Acima, à direita: Finalmente, tirada sob iluminação fluorescente com a máquina ajustada para tungstênio.

fotografias tiradas na aurora e no pôr do sol, a inclinação da cor das imagens feitas nessas horas do dia serão menos quentes; a luz contém um equilíbrio uniforme em todo o espectro, aparecendo assim mais branca, ou mais fria.

Embora a cor da luz natural possa variar ao longo do dia, nossos olhos estão condicionados para aceitar fontes de luz fracas e reflexos avermelhados com as imagens noturnas. Contudo, os reflexos cromáticos da iluminação artificial são muito mais extremos. Por exemplo, a iluminação de tungstênio - lâmpadas-padrão, também chamadas incandescentes - produz muito mais luz no vermelho do espectro do que qualquer outra.

O resultado são imagens com brancos tingidos de laranja, e verdes e azuis suaves. Uma forma de evitar isso é usar um filtro de cor para corrigir a forte tendência ao vermelho. Todavia, a iluminação de tungstênio muitas vezes não é particularmente brilhante em termos fotográficos e pode demandar velocidades lentas, de modo que filtrar mais luz não vai ajudar muito.

Um outro problema é a iluminação fluorescente. Esse tipo de fonte produz luz com equilíbrio esverdeado, e seu efeito sobre o tom da pele pode fazer as pessoas parecerem doentes nas fotografias. Obviamente, poucas vezes isso é desejável, por isso você precisará fazer uma correção, de alguma maneira. Um filtro de cor pode ajudar, mas as variações encontradas com a iluminação fluorescente significam que você deveria, primeiramente, voltar-se para os controles do equilíbrio do branco em sua máquina fotográfica.

As coisas podem se complicar ao fotografar cenas com múltiplas fontes de luz. Os interiores iluminados com tungstênio, mas com a luz do dia proveniente das janelas, são difíceis de fotografar se você quer obter uma aparência colorida uniforme. Você pode conseguir usar iluminação de estúdio com filtros gelatinosos coloridos para introduzir luz que tende ao azul para equilibrar o tungstênio, mas pode ter de recorrer a correções seletivas da cor depois, no Photoshop. Uma abordagem possível é tirar duas versões da cena, uma com o branco equilibrado para luzes interiores e uma para a luz do dia. Você poderia então combinar as fotos no Photoshop, escolhendo as áreas que quer de cada uma.

O EQUILÍBRIO DIGITAL BRANCO

Algumas máquinas fotográficas digitais podem tentar fazer certa correção do equilíbrio do branco automaticamente, mas esta não é uma maneira particularmente profissional de trabalhar. As boas máquinas digitais incluem um ajuste para que você mesmo estabeleça um "equilíbrio digital do branco", efetivamente dizendo à máquina o que deveria ser branco, de modo que ela possa elaborar o que fazer para neutralizar qualquer cor refletida existente, e depois aplicar o processo neutralizante às fotos subsequentes. O processo, normalmente, é muito simples. Por exemplo, ajustando um equilíbrio manual do branco em muitas marcas de câmeras digitais envolve fotografar um cartão branco bem iluminado ou objeto branco e plano semelhante, e depois designá-la como o alvo do equilíbrio do branco. Como na imagem acima, as fotografias tiradas dali para a frente serão adequadamente equilibradas.

Quando você usa características digitais para o equilíbrio do branco, deve lembrar-se de reajustar a câmara fotográfica quando fotografar em diferentes condições de iluminação, ou usando uma nova fonte para o equilíbrio do branco ou ajustando a máquina de volta ao normal. Se você não o fizer, ela vai "corrigir" suas imagens incorretamente.

O USO CRIATIVO DA COR

Usar a cor criativamente é tanto uma questão de olhar cuidadosamente como de usar truques técnicos. Entretanto, há muitas características no Photoshop que oferecem excelente controle da cor ao fotógrafo digital, de Levels e Matiz/Saturação ao Ajuste das Camadas e Variações.

Quando se fala de uso criativo da cor, você está inteiramente no direito de atirar o livro de regras pela janela. Se você não estiver preocupado com a cor real, está bem. De fato, é aqui que a fotografia digital se torna uma verdadeira arte da forma livre. Contudo, se você está tentando fazer imagens que estejam mais próximas da realidade como a percebemos, terá de proceder com um pouco mais de cuidado.

Algumas vezes você sabe quando a cor de uma foto não está correta. As fotografias do fogo frequentemente têm esse problema; brasas ardentes parecem laranja forte aos nossos olhos, mas muitas vezes são registradas com rosas-amarelados e brancos nas fotografias. Claramente, esse tipo de imagem precisa de ajustes para bater com o que vemos. Esse exemplo foi alterado para refletir o que nossos olhos percebem. Escolha Adjustment Layers no menu Layers e selecione Selective Color. O Adjustment Layers permite mudanças, sem alterar a imagem permanentemente. Com Reds selecionados no menu Color, o Ciano foi diminuído para menos 90%, e tanto o magenta como o amarelo foram ajustados para +45%. Então, com o amarelo

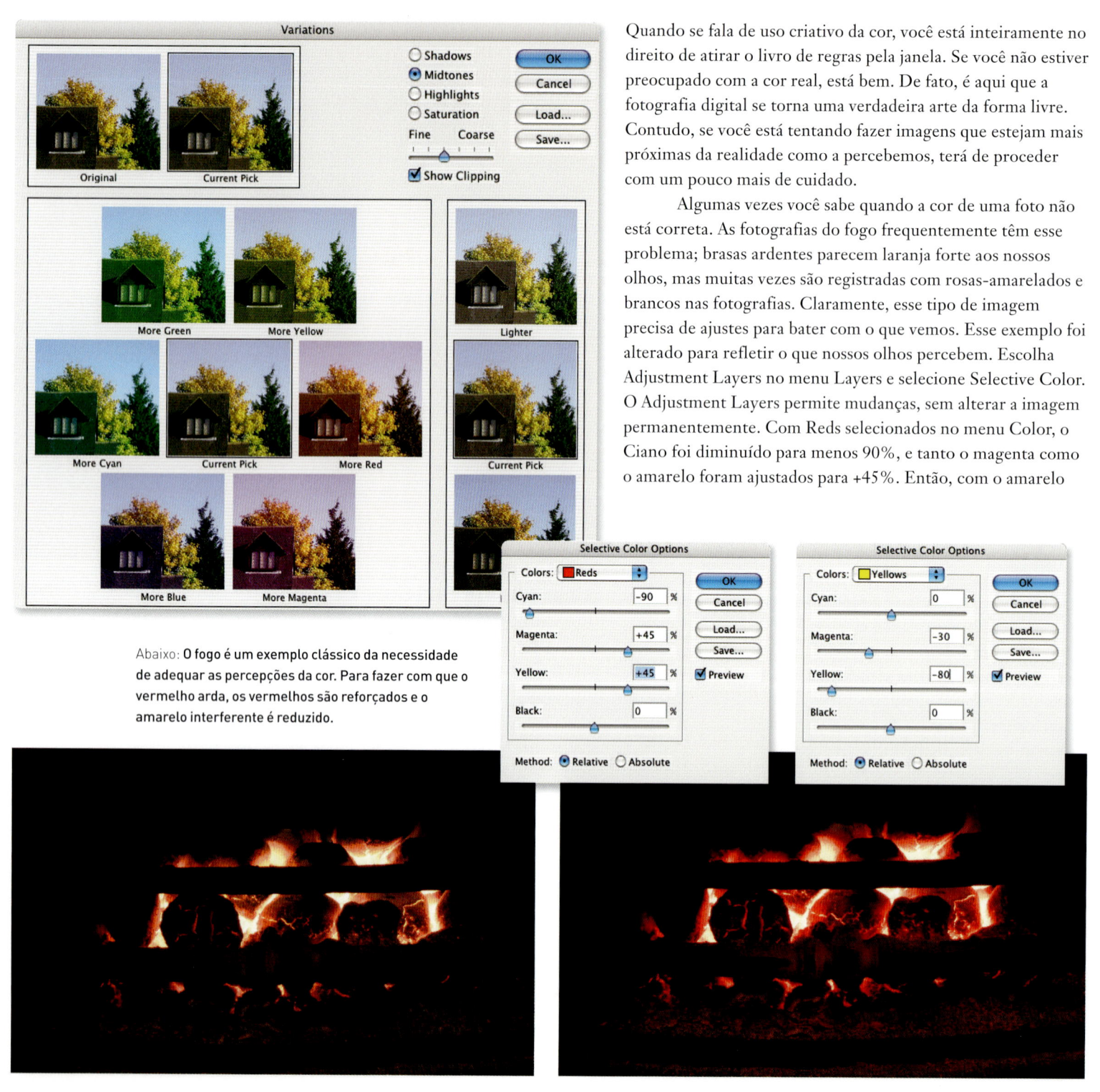

Abaixo: **O fogo é um exemplo clássico da necessidade de adequar as percepções da cor. Para fazer com que o vermelho arda, os vermelhos são reforçados e o amarelo interferente é reduzido.**

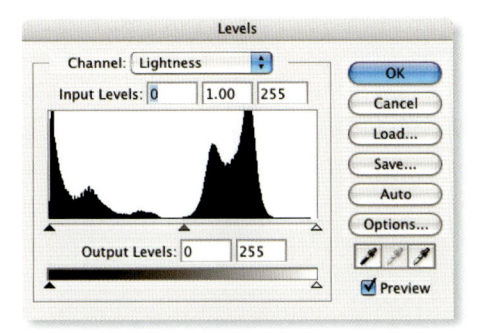

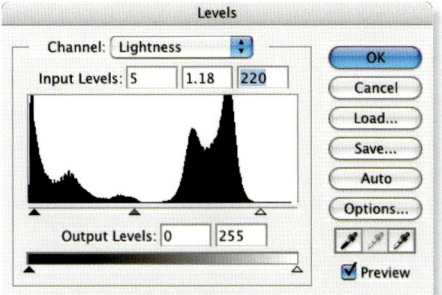

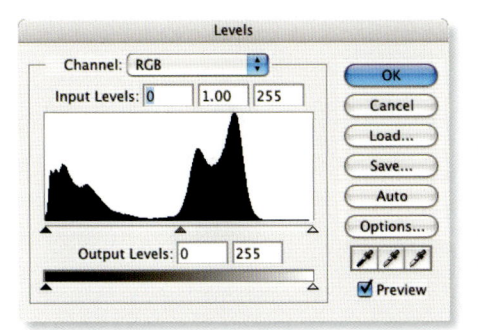

Acima, à esquerda e abaixo: **Ajustar os níveis leva a diminuir os tons, que pode ser considerado como brechas no histograma à esquerda, embaixo. Esse problema pode ser evitado usando o modo Lab, e editando só o canal Lightness. Isso preserva as sutilezas do matiz enquanto ainda permite melhorias no contraste. O histograma resultante (abaixo à direita) mostra, significativamente, menos estragos.**

uma imagem da obscuridade tonal. Saiba que mudar os níveis de uma imagem pode criar problemas. Como envolve jogar dados da imagem na lixeira e esticar o que fica para preencher dos pontos mais escuros aos mais claros, o uso desajeitado pode levar a diminuir tons que foram sutilmente variados. Também terá alguns efeitos na cor, até certo ponto: ajustar os níveis do modo normal - para os canais RGB - "estica" os valores da cor, assim como o brilho e o contraste.

Para evitar isso, e também para moderar os efeitos de perder sutilezas, você deveria mudar o modo de imagem para Lab em lugar de RGB, pelo menos para esse processo. Esse modo devota um dos três canais de imagem inteiramente aos dados de brilho e contraste, enquanto os outros dois definem a cor usando dois eixos. A caixa de diálogo Levels agora trabalha só no canal Lightness; ajustar isso deixa os valores cromáticos intocados, de modo que quando você voltar para RGB há menos estragos à imagem. As duas ilustrações à esquerda "depois" dos Levels mostram a diferença.

A tentação de estimular a saturação de suas fotos automaticamente pode ser forte, mas não se deixe levar. Embora o impacto que você procura possa ser moderado por uma luz do sol fraca, pode ser melhor ajustar apenas alguns aspectos da imagem do que todas as cores por atacado. Um método é usar os controles Hue/Saturation do Photoshop, encontrado na seção Adjustments do menu Image. No exemplo abaixo, a edição foi restrita aos vermelhos, com pequena redução dos amarelos. O resultado é uma imagem que parece ter sido tirada com luz do sol mais forte: mais saturada, mas não de maneira irrealista.

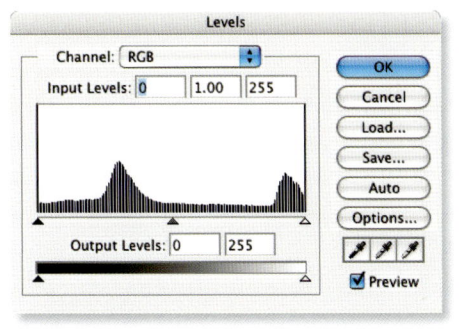

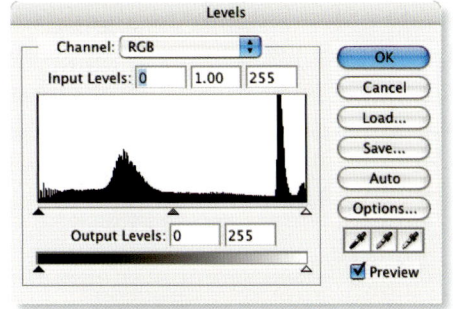

selecionado, o amarelo foi reduzido para -80% e o magenta para -30% a fim de equilibrar o amarelo avermelhado refletido no ferro.

Se você não estiver seguro sobre o que alterar, a característica Variations, encontrada na lista de Adjustments no menu Image, fornece uma maneira de experimentar diferentes tons de cores na imagem. Acrescente mais ciano e amarelo aos realces, torne os meio-tons mais claros ou mais escuros, tudo com simples cliques. Essa é uma característica que leva a uma solução rápida, mas pode ser útil - particularmente se você proteger as áreas que não quer mudar.

Os Levels no Photoshop são uma excelente ferramenta para descobrir as extremidades do alcance de uma imagem, se contém verdadeiros pretos e brancos ou se os pontos mais luminosos e mais escuros são um pouco sombrios. Também fornece as ferramentas para ajustá-las e acertar o ponto central do tom, excelentes maneiras de retirar

Abaixo: **Aumentar a saturação de sua imagem pode ter um efeito muito enriquecedor. Os melhores resultados são conseguidos ajustando cores específicas, em lugar de aplicar a correção de cores ao conjunto.**

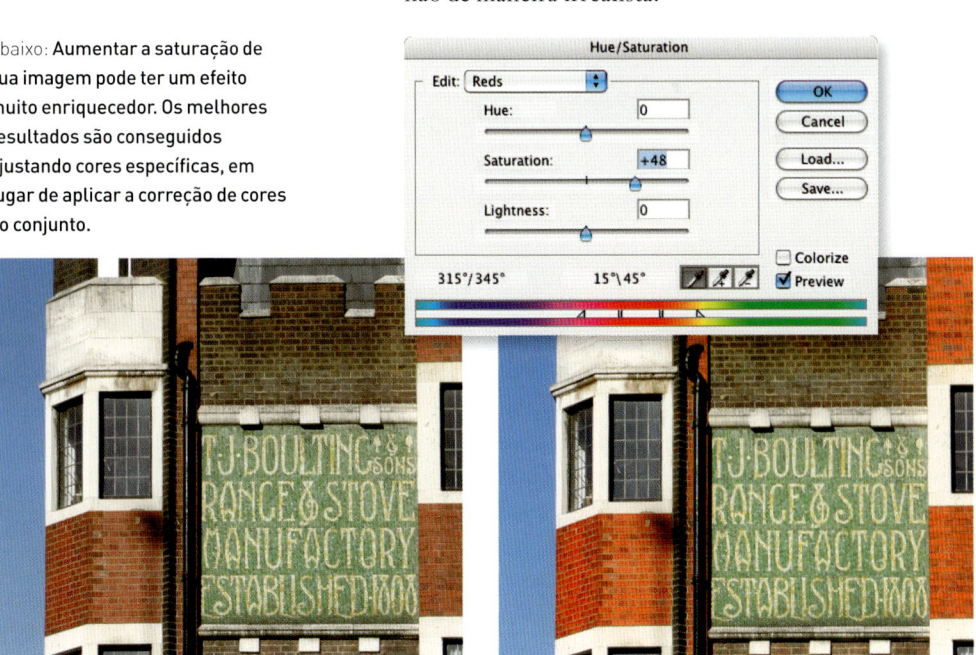

GERENCIAMENTO DA COR NA FOTOGRAFIA DIGITAL Como explicado na p. 164, o gerenciamento da cor está baseado nos perfis do Consórcio Internacional da Cor (ICC), que são usados para traduzir os valores da cor lidos ou requeridos por aparelhos específicos, em um espaço de cor independente dos aparelhos, o laboratório da Comissão Internacional sobre a Iluminação (CIE). No fluxo de trabalho da câmara digital isso significa converter os dados brutos da câmara em valores de cor da CIE, e depois em um espaço de cor ativo, para subsequente manipulação e, por meio de mais uma transformação, para um espaço de cor de determinada impressora, resultando num eventual output impresso.

Como vimos, é muito difícil criar um perfil para uma câmara digital porque as condições de iluminação afetam seu comportamento em relação à cor. Isto posto, criar tal perfil pode ser feito por câmeras que serão usadas em condições de iluminação controladas (trabalho em estúdio), e algumas das câmeras digitais de nível mais profissional já são fornecidas com perfis de cor.

Com um monitor calibrado, é possível testar perfis de cor a olho. No Adobe Photoshop você pode ver antecipadamente o efeito de assinalar qualquer perfil de cor a uma imagem, para escolher o que produz o melhor resultado. Uma possibilidade é usar o sRGB (o "s" significa standard, "padrão") pelo menos para começar. Embora esse perfil tenha sido desenvolvido para representar um monitor de PC "típico", ele também se casa bem com a gama de cores (leque de cores detectáveis) de muitas câmeras digitais. Mas a menos que a imagem seja destinada apenas para exposição em tais monitores, é uma boa ideia convertê-la de sRGB para um espaço para trabalho com uma gama maior, tal como Adobe RGB (1998), porque algumas cores (amarelos/laranjas e verdes/cianos saturados) compensam a impressão, e que impressoras de jato de tinta de boa qualidade podem reproduzir, mas estão fora da gama do sRGB.

Uma vez que a imagem tenha recebido um perfil de input adequado e tenha sido convertida ao espaço de trabalho, pode-se proceder à edição da imagem. É aconselhável fazer isso em RGB, mesmo se a destinação final da imagem seja impressão CMYK, porque a maior parte dos espaços em cor RGB são maiores do que os CMYK: assim, se a imagem também for usada para uma mídia na tela, a maior parte da informação cromática será preservada em RGB. Um espaço de trabalho RGB também é linear (quantidades iguais de vermelho [R], verde [G] e azul [B] sempre dão cinza, algo que não é verdade em espaços de output CMYK) e, talvez mais importante ainda, você não pode exceder os limites de tinta (a quantidade total de tinta que uma impressora pode colocar sobre o papel) enquanto trabalha em RGB. Tinta demais pode causar secura e ressaltar problemas, ou mesmo fazer com que o papel se rasgue na impressora. Trabalhar em RGB e depois converter para CMYK usando um perfil de output apropriado é a melhor maneira de evitar isso, porque os limites de tinta são respeitados em qualquer conversão para CMYK.

Você pode ver antecipadamente o efeito da conversão para CMYK usando o Adobe Photoshop e até mesmo simular o resultado final impresso com uma impressora perfilada de jato de tinta por meio de um processo chamado cross-rendering (ver abaixo). O RGB também é o espaço de cor certo para impressoras de jato de tinta que não têm um RIP (processador de imagem raster) - todos os produtos no nível do consumidor estão nessa categoria - e para impressoras em papel fotográfico usadas em alguns laboratórios profissionais.

Abaixo: **A caixa de diálogo Visualizar impressão do Photoshop mostra várias opções de gerenciamento da cor. Note que, quando imprimir, é possível selecionar tanto o espaço de cor do documento como seu espaço de cor predefinido para provas. Este último simulará o aparelho nomeado usando sua impressora. Você também vai precisar selecionar um perfil para seu aparelho (o espaço de impressão) ou escolher o administrador da própria impressora.**

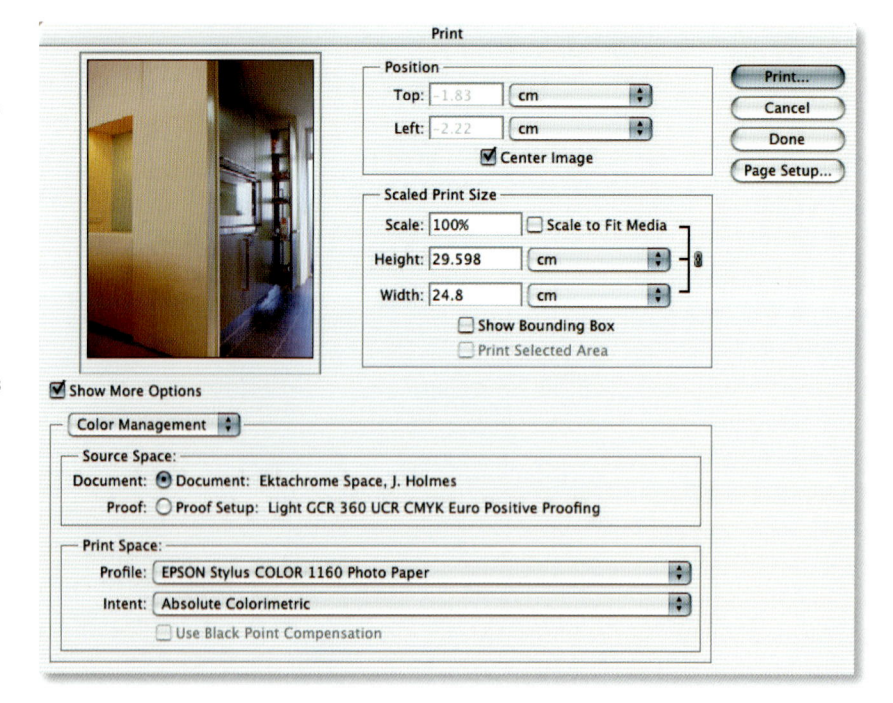

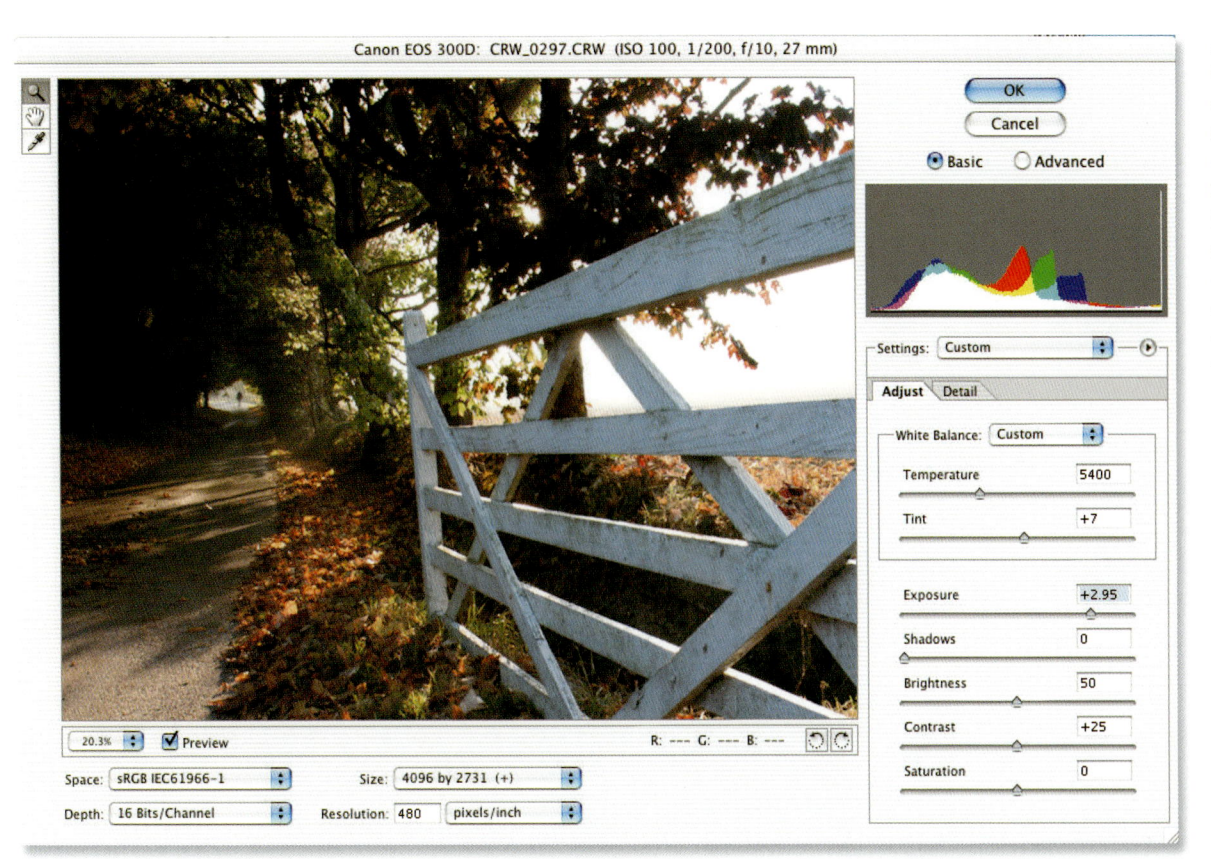

À esquerda: **Seguindo o fluxo de trabalho do início ao fim, começamos com a imagem fonte de uma câmara digital, no espaço de cor no sRGB. Aqui a imagem bruta é vista no Photoshop CS Raw Image Importer. Uma vez que se clicar OK, a imagem passa para o Photoshop propriamente dito, onde somos convidados a convertê-la para o espaço de trabalho, nesse caso um arranjo para o usuário do monitor. Esse é um passo sensato se o espaço for maior, e agora a imagem pode ser trabalhada.**

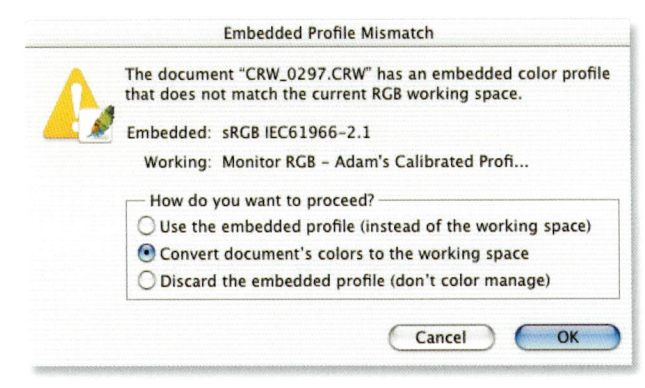

Abaixo: **Depois do estágio de edição, os perfis de cor desempenham papel importante nas provas e output. Se você está enviando os dados para o CMYK, por exemplo, pode selecionar um espaço de trabalho que será usado na conversão da imagem. Os ajustes de perfil personalizados (disponíveis no espaço CMYK do menu drop-down) permitem que você defina exatamente como as cores serão convertidas do RGB para o CMYK.**

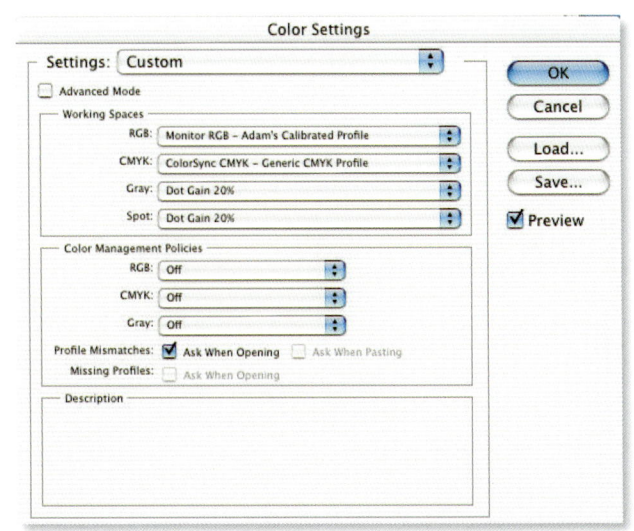

A COR NA IMAGEM EM MOVIMENTO

O cinema ganhou cor antes de ganhar som. Georges Méliès (1861--1938), pioneiro do cinema narrativo, fez, no final do século XIX, o primeiro filme colorido, *Le manoir du diable*, pintando a mão quadro por quadro. Essa técnica era largamente usada até os anos 1930, e o fato de os diretores de cinema considerarem que valia a pena pintar até seis cores em centenas de milhares de quadros indica quão poderosa a cor deve ter sido, no início, para o público.

De modo mais barato, um matiz para indicar a atmosfera poderia ser aplicado a todo o filme ou a partes dele. Como exemplo interessante da subjetividade da cor, os filmes de caubói eram pintados de azul para indicar a noite, pois nossos olhos detectam principalmente comprimentos de onda azuis em pouca luz, mas o laranja servia à mesma função em filmes sobre o Extremo Oriente, presumivelmente em referência à quente luz da noite, lá.

Foi reconhecido que, como no caso da fotografia imóvel, um processo de três cores era necessário para capturar a cor natural no filme. Os esforços para estabelecer tal processo, todavia, foram cercados de problemas, e o primeiro sistema cinematográfico colorido de sucesso acabou usando apenas duas cores. O Kinemacolor, inventado pelos pioneiros americanos Charles Urban (1867-1942) e G. Albert Smith (1864-1959) em 1906, contava com filtros vermelho e verde montados em uma roda que girava rapidamente. As imagens eram gravadas em quadros sucessivos de filme preto e branco por meio de um filtro de cada vez, com o filme rolando em velocidade dupla, e exibido usando um projetor com filtros semelhantes. Os componentes vermelho e verde, aparecendo em sequência, criavam a impressão de uma imagem colorida, de má qualidade.

A câmara Technicolor, desenvolvida por volta de 1920 pela firma americana Kalmus, Cornstock and Westcott (depois Technicolor Corporation), usava prismas para separar os componentes vermelho e verde (de fato, vermelho-alaranjado e verde-azulado), em tiras de filme separadas, simultaneamente. Estas eram reveladas usando tintas ciano e magenta para colorir fisicamente os quadros, que então eram colados na parte posterior para obter um produto que, quando passado em um projetor normal, reproduzia a cor por mistura subtrativa.

Em 1927, Herbert Kalmus melhorou o processo usando um sistema de transferência de tinta, de modo que as cores aditivas capturadas nas duas tiras de filme podiam ser convertidas em cores subtrativas (ciano e magenta) em um único filme. Isso pavimentou o caminho para a adição de uma terceira cor, e em 1932, a câmara Technicolor de três tiras apareceu trazendo, finalmente, o espectro completo à tela.

O Technicolor acrescentou uma nova dimensão a longas-metragens como *O mágico de Oz* (1939). Os estúdios logo descobriram que a cor atraía mais público, e os diretores foram rápidos em explorar novas possibilidades para os usos artístico e simbólico da cor em seu trabalho. A correção da cor, ou "graduação", se tornou uma tarefa importantíssima na pós-produção de um filme.

A COR EM FILMES DE LONGA-METRAGEM
A idade do "glorioso Technicolor" só durou duas décadas, dos anos 1930 aos anos 1950. *Becky Sharp* (1935), uma adaptação do romance *Vanity Fair*, de William Makepeace Thackeray, foi o primeiro longa-metragem do mundo inteiramente colorido. Alguns críticos reclamaram que o filme continha azul demais.

Acrescentando pelo menos 50% ao custo de um filme, a cor era um luxo caro, e muitas produções podiam usá-la apenas em breves segmentos. *Carefree* (1938), produzido pela RKO, com Fred Astaire e Ginger Rogers, por exemplo, era para ter tido uma sequência colorida para um número de música e dança mas, para manter os custos baixos, o estúdio mudou de ideia. A música, de Irving Berlin, era "I used to be Color Blind" [Eu era daltônico].

O fato de o Technicolor exigir múltiplas tiras de filme na câmara a tornava difícil de manejar. O problema foi superado no início dos anos 1950 pelo Eastman Color da Kodak, que captura as três cores em tintas fotossensíveis postas em camadas sobre um simples negativo. É uma pena que a camada que absorvia a luz azul tenha se mostrado quimicamente instável, deteriorando-se visivelmente ao longo do tempo. Algum estoque de Eastman foi transferido para conjuntos de três tiras monocromáticas como *back up* quando impressos pela primeira vez mas, em outros casos, os restauradores tiveram de trabalhar duro para recuperar as cores originais.

Hoje, a própria existência do filme é ameaçada pela ascenção das câmeras de vídeo digitais, capazes de fazer filmes de qualidade. Apenas alguns diretores até agora foram persuadidos a adotá-las, mas o potencial para enormes economias no custo não escapou à atenção dos estúdios. Atualmente, o filme é rotineiramente transferido para digital como um "intermediário" para a edição feita em computador, e depois volta ao filme para projeção.

Embora a cor seja agora a norma, o filme preto e branco ainda é largamente usado com objetivos específicos. David Lynch usou a monocromia para criar a atmosfera grotesca e nauseante de *Eraserhead* (1976) e para emprestar um sentimento histórico a *O homem elefante* (1980), antes de voltar-se deliberadamente para a cor reforçada no escuro, o perturbador *Veludo azul* (1986), que paradoxalmente lembra a inocência alegre da era do Technicolor. Steven Spielberg memoravelmente usou apenas uma cor, vermelho, em *A lista de Schindler* (1993), para obter um efeito impressionante e comovedor.

O vermelho também é uma cor-chave em *Inverno de sangue em Veneza* (1973), de Nicolas Roeg, com a tensão e o medo criados em torno do casaco vermelho de uma criança. Francis Ford Coppola diz que Roeg o influenciou. De Coppola é *O selvagem da motocicleta* (1983), que conta a história de dois irmãos, um daltônico e outro com a audição prejudicada. O filme é apresentado em preto e branco, mudando para colorido no final, para realçar o motivo central do peixe tropical vivamente colorido.

Em *A vida em preto e branco* (1998), de Gary Ross, o uso da cor faz parte da trama quando dois jovens do presente todo colorido são transportados para o mundo monocromático de um seriado de tevê dos anos 1950, pintando-o gradualmente com cores - literal e metaforicamente - à medida que a história se desenrola. Os efeitos especiais foram obtidos digitalmente. "Coloristas digitais", habilidosos na manipulação do equilíbrio de cores, tanto sutil como dramaticamente, também contribuíram significativamente para a aparência e o humor de filmes como a trilogia *O senhor dos anéis*.

À esquerda: **Nos filmes caríssimos e luxuosos, feitos antes da invenção do Technicolor, os *sets* e guarda-roupas suntuosos só podiam ser vistos em preto e branco. *Becky Sharp* (1935), com Miriam Hopkins estrelando como a trágica heroína, foi o primeiro filme rodado inteiramente em cores, com tonalidades um pouco exageradas.**

À direita: *A vida em preto e branco* (1998) mostra personagens e objetos coloridos e em preto e branco ocupando as mesmas cenas, um truque que só pode ser realizado com sucesso com a nova tecnologia digital para edição hoje disponível.

À direita: **A diminuta figura em** *Inverno de sangue em Veneza* (1973) revela não ser o que parece. Se o título não era suficiente para nos avisar que deveríamos esperar por um choque, o simbolismo do casaco com capuz vermelho do personagem deveria nos bastar como aviso.

Alfred Hitchcock disse certa vez que um diretor deveria manter o filme tão simples quanto possível, para evitar confundir a audiência. Isso era, de alguma forma, pouco sincero, considerando a quantidade de simbolismo que ele usou em seu próprio trabalho. Seja o filme um longa-metragem de Hollywood ou um anúncio de batom, ou um curta-metragem de arte, é provável que seja um texto em multicamadas, com as cores representando uma camada significativa de sentidos.

O diretor (e algumas vezes o escritor) normalmente decidirá e controlará o que é expressado pela cor, embora os efeitos tenham de ser percebidos pelos diretores de arte e de fotografia. Que cores serão identificadas com personagens, como o verde de Madeleine em *Um corpo que cai* (1958)? Que cor será enfatizada em paisagens, fundos e interiores? E aqueles pequenos detalhes? Mesmo a cor de um saleiro pode estar impregnada de significado. Nada em um filme está lá por acaso - embora o lampejo de uma lata vermelha de Coca-Cola possa indicar *merchandising*, e não simbolismo. Olhe para o trabalho de diretores como Michael Powell, Peter Greenaway e Stanley Kubrick para ver como tudo, em uma cena, é significativo.

O simbolismo da cor é fundamental na concepção de *A trilogia das cores*, de Krzysztof Kieslowski, aclamada pela crítica. As cores são as da bandeira francesa, simbolizando liberdade (azul), igualdade (branco) e fraternidade (vermelho). Kieslowski usou três diferentes diretores de fotografia para dar a cada filme uma paleta distintiva, dominada por sua cor epônima.

Acima: Em *A fraternidade é vermelha* (1994), da trilogia de Kieslowski, a cor representa a procura dos personagens por intimidade e amor. Como se podia esperar, o filme está cheio de objetos vermelhos simbólicos, incluindo uma fita, roupas, uma correia de cachorro, faróis de trânsito e um gigantesco *outdoor* vermelho.

À direita: Alfred Hitchcock usava muitos tipos de simbolismo. O tema central de *Um corpo que cai* é a obsessão de um homem por uma mulher, Judy, que se parece com sua amante morta, Madeleine. No filme, o verde simboliza a morte. Judy primeiro aparece vestida de verde, e quando (após muita persuasão) se veste como Madeleine, ela é iluminada por um sinal de neon verde.

A adaptação para a tela de *Dick Tracy* (1990), de Warren Beatty, foi arrasada pela crítica pelos desempenhos inexpressivos e história maçante, mas aclamada pelo uso da cor, que imitava o gênero desenho animado em que se baseara. O cinegrafista Vittorio Storaro, que também trabalhou em *Apocalypse Now*, de Coppola, acredita que as cores tenham significados específicos, que são transmitidos ao espectador como vibrações de energia. Compreendendo ou não os significados que ele estava tentando expressar, a plateia ficou impressionada pela paleta de fortes cores primárias do filme.

O vermelho é uma cor poderosa e ambígua no simbolismo cinematográfico. Em *Os sapatinhos vermelhos* (1948), de Michael Powell e Emeric Pressburger, os sapatos da heroína representam uma mudança do estilo de vida, a satisfação artística, o chegar à maturidade e o despertar sexual. Como na perturbadora fábula de Hans Christian Andersen que inspirou o filme, entretanto, há também uma sugestão de perigo. Dorothy, em *O mágico de Oz* (1939) - outro filme que combina sequências coloridas e monocromáticas - usa sapatos vermelhos, embora eles sejam prateados no romance em que o filme foi baseado. Isso pode ter sido uma forma de introduzir o simbolismo para repetir *Os sapatinhos vermelhos*, ou pode até ter significado uma alegoria

No sentido horário, a partir da foto superior, à esquerda: *Veludo azul* (1986), de David Lynch, usa o simbolismo da cor a partir do próprio título. Cortinas vermelhas são recorrentes em seu trabalho, representando um desconhecido misterioso e perigoso. Este filme começa e termina com uma imagem de rosas vermelhas. Em *Beleza americana* (1999) as rosas são reduzidas a pétalas chovendo sobre a adolescente objeto das fantasias do protagonista. Peixes tropicais quebram o monocromático em *O selvagem da motocicleta* (1983), de Francis Ford Coppola, embora isso possa passar despercebido aos espectadores que estiverem suficientemente entretidos com a história. *Dick Tracy* (1990), de Warren Beatty, habita um mundo de cores codificadas.

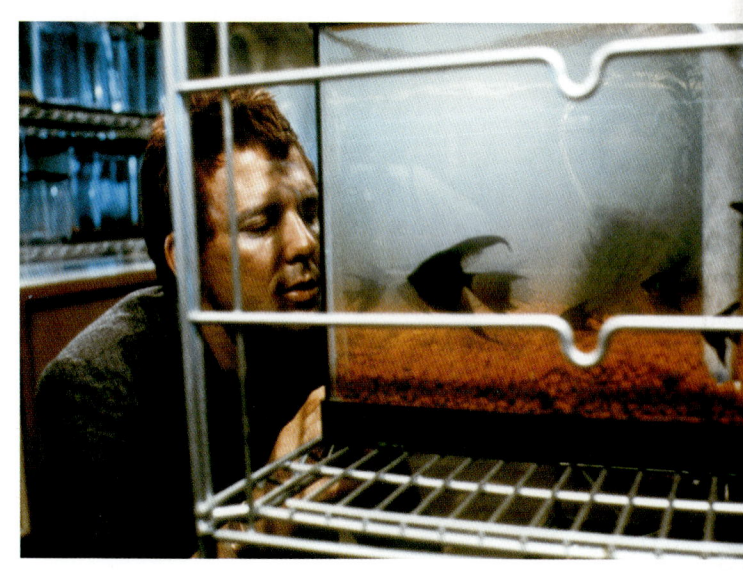

sobre o comunismo. É mais provável, porém, que os sapatos vermelhos de Dorothy fossem apenas uma melhor exploração do Technicolor.

Em *Beleza americana* (1999), dirigido por Sam Mendes, pétalas de rosa vermelha (da variedade de flor que dá nome ao título original) caem do céu para cobrir a jovem e atraente adolescente Angela nos sonhos de Lester Burnham, um homem de meia-idade. Aqui, alguns significados são compartilhados e alguns divididos entre os personagens: Angela está para atingir a maturidade sexual; os dois personagens anseiam por uma vida diferente. Revela-se que ambos são vulneráveis, mas é Lester que encara o perigo mais tangível no filme.

Aqui estão alguns outros exemplos do simbolismo da cor em filmes, para procurar e ponderar:
a torta de limão verde em *Assassinos por natureza*
a imagem vermelha do fogo em *Coração selvagem*
as roupas amarelas em *Basquiat: traços de uma vida*
o filtro verde em *Matrix*
a caixa azul em *Cidade dos sonhos*
os coelhos brancos em *Donnie Darko*

A COR NO DESENHO ANIMADO
O desenho animado em cores clássico, do tipo usado nos filmes de Walt Disney, foi criado fotografando *cels* (folhas de acetato de celuloide). Uma folha virgem desse material é pintada à mão e colocada sobre um fundo, e fotografada para criar cada quadro.

O processo começa com um desenho a lápis do contorno de um personagem para cada quadro. Depois de um teste é transformado em maquete a partir dos desenhos e aprovado: as linhas são pintadas à mão em cada *cel*. A partir de 1958, o processo xerográfico permitiu que as linhas a lápis fossem fotocopiadas na *cel*, economizando muito dinheiro e tempo. As cores então são preenchidas à mão na parte de trás da *cel*. Para cada segundo de filme, são necessários de 12 a 24 quadros criados dessa maneira, tornando-o um processo intensivo.

A xerografia de cores permitiu o uso de linhas coloridas, além das pretas, de modo que o contorno de um personagem de cor escura podia ser clareado para melhor visão, e fenômenos como o fogo podiam ser desenhados de modo mais realista, em cores complementares ou análogas. Essa técnica foi ressuscitada para o filme *A ratinha valente* (1982), feito pelo ex-animador da Disney, Don Bluth, com uma equipe relativamente pequena, com uma dúzia de animadores. As *cels* ainda eram pintadas à mão, a partir de uma paleta especialmente definida de seiscentas cores.

A paleta da animação clássica favorece cores mais suaves, mas cobre todo o espectro. Outros animadores abordaram a cor de modo diferente. O influente cineasta surrealista tcheco Jan Svankmajer (1934-) trabalha com uma paleta suave, muitas vezes amarronzada, reminiscente da pintura barroca, criando a atmosfera distintiva e macabra de trabalhos como *Alice*, sua versão de *Alice no país das maravilhas*, de Lewis Carroll.

Em lugar de desenhos de animação, Svankmajer filma objetos tridimensionais usando *stop motion*. Um modelo do personagem é colocado em posição, um único quadro de filme é feito, depois o modelo é ligeiramente ajustado. O movimento realista é construído calculando-se uma série de ajustes por determinado número de quadros. A mesma técnica é a base dos principais longas-metragens, como *A fuga das galinhas* (2000), da Aardman Animation. A direção artística, a cenografia e a iluminação são tão importantes aqui como em filmes de ação ao vivo; a diferença principal é que o obturador da câmara pode ficar aberto por mais tempo, de modo que a iluminação extremamente intensa, usada nos cenários dos filmes, não é necessária.

O primeiro desenho animado feito inteiramente em computador, *Toy Story* (1995), foi modelado e transformado em software gráfico em 3-D. Produzido pela Pixar e lançado pela Disney, o filme usa uma paleta de cores viva e saturada, como *A fuga das galinhas* e outros longas-metragens animados, incluindo *Procurando Nemo* (2003). A animação desenhada pode ser produzida usando técnicas de "tinta e pintura digitais", em que desenhos a lápis são escaneados e colorizados digitalmente. Os exemplos incluem *O rei leão*, de Disney, e o seriado de televisão *Futurama*. Um gênero que se desenvolve rapidamente é a animação bidimensional em computador. O US Animation, um pacote de software muito eficiente da Toon Boom Technologies, fornece uma produção completa: as linhas são ou desenhadas na tela, ou escaneadas, e depois podem ser digitalmente pintadas e animadas. Foi usado recentemente em filmes de longa-metragem como *Os Thornberrys: o filme* (2002), de Klasky-Csupo, e o filme de arte de sucesso *As bicicletas de Belleville* (2003). Uma versão simplificada, Toon Boom Studio, permitiu que milhares de amadores, estudantes e animadores de orçamento limitado produzissem trabalhos de qualidade profissional para distribuição pela internet.

Abaixo: **Colorir *cels*** à mão representa uma proporção significativa do enorme trabalho envolvido na produção de um desenho animado de longa-metragem. *A ratinha valente* (1982) reduziu os métodos tanto quanto possível, mas ainda necessitou de uma paleta de seiscentas cores para seus personagens.

À direita: *Toy Story* (1995) foi o primeiro filme longa-metragem produzido digitalmente. Todos os personagens foram criados como modelos digitais altamente detalhados, e animados em computadores tridimensionais, combinando a criatividade da animação desenhada à mão com o escopo cinematográfico dos filmes ao vivo. Cores e iluminação estavam sob completo controle dos cineastas.

À direita: Os populares filmes animados da Aardman Animations podem, à primeira vista, parecer semelhantes a *Toy Story*, mas seus métodos de produção não poderiam diferir mais. Na técnica *claymation*, os personagens são modelados em argila e posam meticulosamente para cada quadro. As cenas são iluminadas com versões reduzidas dos cenários de iluminação de filmes ao vivo, e são feitos em filme colorido.

PARTE 02. VIVER COM A COR
CAPÍTULO SEIS

A COR NA ARTE

Os seres humanos sempre criaram arte como uma forma de comunicar mensagens sobre seus ambientes, rituais, crenças e sentimentos - ou simplesmente para decoração. A arte foi feita, por milhares de anos, em muitas mídias. Os exemplos mais antigos de pinturas são encontrados nas paredes das cavernas; pinturas nas paredes eram comuns no tempo da Grécia clássica e durante o Império Romano, e foram encontradas por toda a Ásia. Murais que datam de 600 a 900 em Chichen Itza, no Iucatã, México, apresentam um pigmento incrivelmente vívido chamado, em espanhol, de azul maia. Em 1996, usando um microscópio de elétrons, os cientistas descobriram que esse pigmento continha partículas minúsculas de ferro, manganês, cromo e titânio. Quando a superfície pintada é iluminada, um efeito *quantum* causa a vibração das nanopartículas no mesmo comprimento de onda do que a luz ali espalhada, criando, assim, a cor vibrante.

A pintura mural atingiu seu pico artístico durante o renascimento, mas os muralistas nunca puderam reverter, nessa arte, a tendência de desbotar, umedecer ou esfarelar-se, caindo das superfícies. A restauração recente da Capela Sistina, do Vaticano, incluindo os famosos afrescos do forro pintados por Michelângelo (1475--1564) levou mais ou menos o dobro de anos que a pintura original, e ninguém pode, realmente, estar certo de que as cores são como eram originalmente.

Os mosaicos são uma forma alternativa de decorar paredes, pisos e forros. De novo, eram lugar-comum na época clássica e, embora os desenhos antigos fossem bastante primitivos, mais tarde começaram a aparecer gradações de cores. No final da Idade Média, os mosaicistas estavam descobrindo a mistura óptica e, simultaneamente, explorando o contraste.

Uma outra mídia aperfeiçoada na época medieval foram os vitrais, que, no século X, podiam ser vistos nas igrejas de toda a Europa. Embora lhes faltasse uma compreensão real da física da luz, os vitralistas medievais evidentemente sabiam como a luz brilharia através de suas composições. Sabendo que o azul é a cor que impressionaria os olhos mais fortemente conforme a luz do dia desvanecesse, usaram azul para enfatizar figuras importantes.

Já delineamos o impacto dos pigmentos e das técnicas de cor na pintura medieval, renascentista e barroca (*ver cap. 01.04*). A história da arte mais recente é um desenvolvimento dramático na compreensão e exploração da cor e da mídia. Nesta breve seção, veremos algumas das figuras mais importantes na arte, do movimento impressionista até hoje. Certamente não é uma lista completa. Entretanto, fornece algum *insight* sobre como a nossa compreensão da cor teve grande impacto sobre as artes visuais.

As origens do nosso uso da cor estão perdidas na pré-história. As pinturas rupestres mais antigas foram feitas mais ou menos 30 mil anos atrás. Em 2000, os arqueólogos em Zâmbia descobriram o que acreditam ser pigmentos e ferramentas para pintar, que estimam ter de 350 mil a 400 mil anos, anteriores ao *Homo sapiens*. A tela dos primeiros artistas era, provavelmente, o corpo humano.

O IMPRESSIONISMO E ALÉM DELE

Quando você pensa na cor na arte, a pintura que primeiro vem à mente pode muito bem ser impressionista ou pós-impressionista. O movimento impressionista se desenvolveu na França nos anos 1860 como uma reação ao estilo maneirista, que apresentava uma paleta amarronzada suave, na época uma norma exigida pela Academia Francesa, politicamente poderosa.

Os impressionistas (incluindo Claude Monet, Pierre-Auguste Renoir, Camille Pissarro e Paul Cézanne) queriam registrar o que experimentavam quando olhavam para o mundo real, não criar uma imagem idealizada. Em lugar de adicionar preto ou branco ao objetos "modelo" em luz e sombra, eles usavam pinceladas de cores vivas para construir a impressão de uma cena. Enquanto outros pintores ficavam dentro de casa elaborando composições formais, eles trabalhavam ao ar livre, pintando ao vivo. Seu trabalho era mais leve e mais espontâneo.

Uma das influências sobre o movimento foi o artista J. M. W. Turner (1775-1851), que tinha contrariado o *establishment* da arte inglesa com seu próprio uso da cor. Embora Turner tivesse começado a trabalhar apenas alguns anos antes, foi sua fase inicial que atraiu os impressionistas. Ele mais tarde alocou cores (principalmente vermelho, amarelo e azul, a que atribuiu significados simbólicos) a áreas da tela antes de decidir quais

Abaixo: **O uso altamente individual da cor de Turner, como demonstrado em *O herói de cem voos* (1800-1810), foi influenciado pelos mestres holandeses do século XVII. Muitas vezes o uso simbólico da cor de Turner foi desprezado durante sua vida, mas hoje é considerado uma reviravolta na pintura europeia.**

objetos seriam representados por elas. Ele normalmente introduzia objetos supérfluos em uma cena, simplesmente para introduzir cores.

Isso era anátema para Monet (1840--1926), que acreditava em pintar o que via. O modo como ele o via, por certo, era único. "Se algum dia eu puder ver o jardim do senhor Claude Monet", escreveu Marcel Proust no *Le Figaro*, em 15 de junho de 1907, "estou certo de que verei alguma coisa que não é tanto um jardim de flores, mas de cores e tons". Monet, de fato, usou suas habilidades artísticas para ressaltar seu jardim em Giverny, França, assim como os quadros que dele fez. Por exemplo, ele plantou tulipas vermelhas com miosótis azuis para criar uma impressão de violeta. Muitos designers de jardim sabem de tais efeitos e usam imagem residual para manipular transições entre uma parte e outra de um jardim.

Depois dos impressionistas houve uma explosão de estilos de pintura que levaram mais adiante a experimentação com a cor. Os fauvistas, encabeçados por Matisse (1869-1954), usavam cores não naturalísticas, muitas vezes aplicando a tinta à tela diretamente do tubo, para criar imagens vibrantes, mais analíticas do emocional do que as respostas visuais.

Os fauvistas foram influenciados por Vincent Van Gogh (1853-1890), o artista holandês para quem o uso da cor era uma lei em si. Suas pinturas, algumas das mais reproduzidas

na história, refletem em grossos redemoinhos de cor a agitação interior que, no final, o destruiria. A técnica de Van Gogh foi inspirada pelos artistas que encontrou quando em visita ao *marchand* de seu irmão, Theo, em Paris, incluindo Pissarro (1830-1884) e Paul Gauguin (1848-1903). Como muitos dos impressionistas, ele favorecia a mistura da cor partitiva, usando o método de pintar com pontinhos, técnica que lembra Seurat (*ver p. 32*).

Paul Gauguin começou a pintar tardiamente, depois de trabalhar como marinheiro e corretor de valores. Seu estilo figurativo inicial se tornou, como os fauvistas, mais "primitivo", no sentido de que objetos reais eram representados menos precisamente. Em 1886, seu trabalho envolvia grandes áreas de cor lisa, sem marcas de pincel óbvias, e curiosos esquemas de cor, que pareciam implicar uma relação com um mundo imaginário. Ele chamava a essa técnica "sintetismo" e professava uma esperança de que a arte focaria na exploração da "vida interior dos seres humanos".

Acima: *Ninfeias, de manhã* (1918) de Claude Monet. Embora influenciado por Turner, Monet rejeitou o formalismo daquele em favor de uma resposta subjetiva às cores que via nas paisagens. Para Monet e os outros impressionistas, a pintura se referia a ver a cor, e não a forma.

À esquerda: *Nafea Faa ipoipo (Quando você vai se casar?)*, de Paul Gauguin. Gauguin passou a última década de sua vida no Pacífico sul, onde desenvolveu um novo estilo de pintura usando campos de cor intensa. De sentimento expressionista, os críticos descreveram o uso que Gauguin fazia da cor como "bárbaro", termo que Gauguin aceitou prontamente, pois achava que complementava as pessoas e a natureza do Taiti, não estragadas pelo desenvolvimento.

OS MOVIMENTOS MODERNISTAS Juntamente com o fauvismo, muitos movimentos que se originaram na Europa no início do século XX lançaram as fundações do modernismo na arte. O uso atrevido da cor era o tema comum. Na Itália, o futurismo rejeitou o esnobismo artístico "bichado" e enfatizou a velocidade, a energia e o poder da máquina e o desassossego da vida industrializada.

O Manifesto técnico da pintura futurista (1910) trovejava:

> Tintas marrons nunca fluíram sob a nossa pele; será descoberto que o amarelo brilha em destaque na nossa carne, que o vermelho arte, e que o verde, azul e roxo dançam sobre ele [...]

Na Alemanha, o expressionismo se esforçava para projetar um estado emocional interior por meio da cor. O artista abstrato russo Wassily Kandinsky (1866-1944), que vivia em Munique, sofria de um mal conhecido como sinestesia (*ver p. 44*), que lhe possibilitava "ver" cores em sons e notas musicais. Em obras como *O anjo do último julgamento* (1911) homenageou as teorias da cor de Goethe (*ver p. 48*) e incorporou as ideias no livro de Kandinsky *Concerning the Spiritual in Art* [Atinente ao espiritual em arte] (1912).

Paul Klee (1879-1940), nascido na Suíça, encontrou Kandinsky e outros expressionistas em Munique. Depois de uma

Acima: *Improviso nº 26*, de Wassily Kandinsky (1912). A abordagem única de Kandinsky à cor estava, em parte, enraizada na sinestesia, uma confusão entre os sentidos. Para ele, as notas musicais eram coloridas; outras pessoas podem dizer a cor dos cheiros, sabores ou dias da semana.

visita à Tunísia em 1914, ele escreveu: "A cor me possuiu; não preciso mais correr atrás dela... A cor e eu somos um".

Ele criou composições de quadrados coloridos impressionantes, inspirado em suas viagens, das quais a aquarela *Cúpulas vermelhas e brancas* (1914) é particularmente evocativa. Klee e Kandinsky mais tarde ensinariam na Bauhaus (*ver p. 44*).

O cubismo foi, possivelmente, o movimento mais influente na arte moderna. Incluía não só pintores e escultores, mas também arquitetos, músicos e poetas. Os cubistas, incluindo Pablo Picasso (1881-1973) e Georges Braque (1882-1963), acreditavam que "a verdadeira realidade está na ideia essencial e não em seu reflexo no mundo material". Enquanto os impressionistas tinham rejeitado as sombras em favor da sugestão do jogo geral da luz, os cubistas não tentaram pintar iluminação "coerente"; ao contrário, usaram a sombra e a cor para dar volume aos objetos de modos não restritos pelo realismo. Frequentemente, muitos aspectos de um tema são exibidos simultaneamente.

O surrealismo surgiu da ideia psicanalítica do subconsciente. Pinturas dos surrealistas, incluindo Salvador Dalí (1904-1989), René Magritte (1898-1967) e Max Ernst (1891-1976), combinam imagens aparentemente desconectadas em estilo preciso, metarrealista. A intenção era confundir ligeiramente os sentidos, fazendo o espectador questionar as normas sociais e artísticas. Dalí tomou técnicas de cor emprestadas de outros períodos da história da arte, usando esquemas cromáticos pesadamente simbólicos, e a técnica cubista de iluminação incoerente. Muitas de suas obras

Acima, acima à direita e abaixo: Ambiguidade e hiper-realidade ligam estas três famosas composições de cor. As sombras e tintas de cores primárias de Pablo Picasso em sua *Composição* (1923) (acima) criam uma harmonia que desafia a interpretação visual natural (*ver pp. 116-119*). *Cisnes refletindo elefantes* (1937) de Salvador Dalí (abaixo), revela cores naturalísticas que, quando combinadas com sombras ilógicas, só ampliam a irrealidade desta cena. Finalmente, as cores primárias de Joan Miró, em *O fazendeiro e sua esposa* (1936) (acima à direita), servem à composição mais do que a representação de seus elementos. As cores são conflitantes, em lugar de brincalhonas, refletindo seu país arrasado pela guerra.

parecem ter sido feitas ao ar livre mas, ainda assim, têm um senso de interiores, espelhando a ansiedade que ocorre entre os estados consciente e inconsciente.

Frida Kahlo (1907-1954) era considerada surrealista pelos surrealistas, embora ela própria não se considerasse assim. Nascida perto da Cidade do México, ela sofreu um acidente aos 18 anos que lhe prejudicou a espinha dorsal, a pélvis e o pé. Em seus autorretratos, partes do corpo são frequentemente substituídas por objetos. A obra de Kahlo é profundamente simbólica e usa imagens oníricas, arte popular e motivos mexicanos em cores destoantes.

A obra de Joan Miró (1893-1983) possui uma maravilhosa qualidade infantil, embora muitas vezes trate de temas sombrios e complexos. Ele experimentou com mídia e reprodução de cores, muitas vezes combinando diferentes técnicas em uma só obra. Em *Pergaminho Série III* (1952-1953), imprimiu um campo central cinza com uma chapa de água-forte em um pedaço de pergaminho de forma irregular; depois, acrescentou cor em guache.

O REALISMO AMERICANO A partir da Primeira Grande Guerra, certos pintores americanos partiram à procura de novas identidades artísticas próprias, distintas das escolas europeias. Isso foi obtido por meio da experimentação com todos os aspectos de tema e técnica, incluindo a cor.

A Exibição Armory (1913), visitada por cerca de meio milhão de pessoas, foi um marco na arte norte-americana do início do século XX. A mostra não só expôs o impressionismo e o modernismo europeus, mas catalizou um aumento significativo no interesse em artistas americanos modernos. Além da Exibição Armory, uma figura, Alfred Stieglitz (1864-1946), também foi muito importante para o desenvolvimento da arte moderna nos Estados Unidos. Casado com Georgia O'Keeffe (1887-1986), Stieglitz, além de reconhecido fotógrafo moderno, era associado a um número significativo de jovens artistas.

Outra figura importante na história da arte americana é Edward Hopper (1882-1967). Hopper treinou-se como ilustrador e frequentou a Escola de Arte de Nova York antes de ir à Europa em

1906, onde não se impressionou com o modernismo, inspirando-se, ao contrário, nos velhos mestres, nos museus. Quando voltou, uma visível falta de interesse em suas pinturas de temas europeus provocou uma mudança para temas americanos e para o sombrio e, ainda assim, nostálgico estilo pelo qual ele é relembrado agora. O habilidoso uso da luz e da cor faz parte integral da rica evocação de Hopper de lugar e atmosfera.

Georgia O'Keeffe foi contemporânea de Hopper. A obra dela representa uma ligação entre realismo e expressionismo. Ela estudou e praticou como pintora realista e produziu grande número

Acima: **Assim como muitas das pinturas urbanas de Edward Hopper,** *Verão na cidade* **(1950) expressa um poderoso sentido de alienação e isolamento. Seu uso da luz e sombra, juntamente com a agora famosa paleta de cores suaves e, em particular, o céu azul do crepúsculo, ajudam a reforçar o senso de solidão.**

de obras, bem recebidas até 1908, quando, aparentemente, decidiu que nunca conseguiria grandeza nesse estilo. Influenciada pelos ensinamentos de Arthur Wesley Dow (1857-1922), que acreditava na expressão das ideias e sentimentos pessoais por meio do uso da linha, cor, luz e sombra, ela mais tarde começou a produzir pinturas semiabstratas impressionantes, incluindo *close-ups* de flores em larga escala. O uso de sombras de O'Keeffe varia do realista meticuloso ao muito estilizado, mas, estranhamente, com efeitos semelhantes. Ela parece ter percebido forma e cor separadamente. Uma vez descreveu um processo de ver formas que usaria em uma pintura, assim que encontrasse uma cor para elas. A cor disponibilizaria uma emoção crucial à obra.

Talvez o artista americano contemporâneo mais celebrado seja Andrew Wyeth (1917-2009). Wyeth, que aprendeu os princípios tradicionais do desenho com seu pai, o conhecido ilustrador N. C. Wyeth (1882-1944), trabalha principalmente com lápis e aquarela. A representação realista da luz do sol é um elemento-chave em suas paisagens externas. Como muitos dos grandes pintores, ele usa uma paleta geralmente tênue, permitindo interações de cores, e o toque ocasional de uma sombra mais atrevida e realces para produzir a ilusão de luz intensa e cor.

Acima à direita: **Como** demonstrado em *Tulipas* (1927), Georgia O'Keeffe escolheu cores não só para representar o real, ou mesmo a aparência subjetiva dos objetos que pintou, mas para expressar estados emocionais. Tanto na forma como na cor, muitas de suas obras estão entre o figurativo e o abstrato.

À direita: *O campanário* (1927), de Andrew Wyeth. A obra de Wyeth é notável por sua perícia técnica. Ainda assim, ele disse: "Uma experiência puramente técnica terá curta duração. Tanto o técnico como o emocional têm de estar em termos equilibrados para dar certo".

O EXPRESSIONISMO ABSTRATO Nos anos 1940, um grupo de pintores baseado em Nova York reagiu contra o realismo social na arte norte-americana, desenvolvendo novos estilos para abordar temas mais formidáveis. Acreditando fervorosamente na expressão espontânea de sentimentos e respostas subjetivas, eles produziram obras impressionantes - frequentemente em larga escala - que fragmentaram as ideias convencionais de forma e cor.

À direita: *Fora da teia: Número 7* (1949), de Jackson Pollock, é um exemplo do famoso período de "pintura em ação" do artista, que simpatizava com a teoria do automatismo surrealista. O aparente uso da cor casual era uma forma pela qual um artista podia expressar seu inconsciente.

Os mais conhecidos dos expoentes do movimento são Jackson Pollock (1912-1956) e Mark Rothko (1903-1970), que brevemente perfilamos aqui. Mas nem todas as obras associadas com o gênero eram inteiramente abstratas ou obviamente expressionistas. As pinturas de Willem de Kooning (1904-1997) são, na maior parte, figurativas, embora vigorosamente gestuais. Seu uso da cor era atrevido e idiossincrásico: o crítico canadense Robert Fulford escreveu sobre sua habilidade de usar "as combinações mais improváveis jamais vistas em uma pintura - rosas selvagens, sombras semelhantes a fígados, uma incrível variedade de laranjas, tons pastel intensos tomados emprestados da cultura de massas - e por uma alquimia particular fazê-las funcionar".

Em contraste, Barnett Newman (1905-1970) desenvolveu um estilo despojado baseado em faixas verticais de cor que ele chamou "zips", pintadas muito simplesmente em vastas telas, com poucos vestígios de trabalho de pincel. Sua influência encorajou Frank Stella (1936-) a rejeitar a pintura expressiva em favor da composição geométrica colorida que, como a de Newman, muitas vezes tinha títulos expressivos

destoantes, como *Hyena Stomp* (1962). Stella estava entre os fundadores do movimento minimalista em arte e escultura a que Ellsworth Kelly (*ver p. 112*) também é associado.

A encarnação mais dramática do expressionismo abstrato foi a técnica "pintura em ação", de Jackson Pollock, que literalmente traduziu a emoção do artista - por meio da ação de sua mente sobre os músculos de seu corpo - para a tela em grandes movimentos circulares e borrifos de cor. Ele trabalhou principalmente com "esmaltes" (base nitrocelulose) comerciais para residências, que era mais fluido do que os óleos dos artistas, mas estável e disponível em um grande leque de cores.

Rothko e Barnett Newman têm em comum a procura por um senso do sublime por meio da percepção da cor. Seu estilo maduro é tipificado por telas quase cheias de campos de cor de bordas suaves, criadas por camadas finas de tintas baseadas em óleo e ovo. Fazem parte integral da atmosfera criada o matiz, o valor, a saturação, a translucidez e a textura das cores de Rothko. Enquanto ele rejeitava qualquer interpretação representativa de suas pinturas como paisagens, é difícil resistir a ver um horizonte nas divisões entre os campos de cor, e isso pode afetar o significado e sensações que atribuímos às cores acima e abaixo. Para muitos espectadores, as telas mais escuras e mais saturadas são as mais convincentes, satisfazendo poderosamente o objetivo de Rothko de expressar algo "íntimo".

À esquerda: **As composições de cor de Rothko, como (***sem título***) *Vermelho* (1958), fornecem uma experiência visual quase imersiva, encorajando e recompensando o exame prolongado.**

A POP-ART Talvez o último grande movimento de arte do século XX tenha sido a pop-art. Aqui, o épico foi substituído pelo mundano, e a produção em massa foi premiada com a mesma significância que o único. O crítico britânico Lawrence Allowa usou o termo pela primeira vez em um número de 1958 do *Architectural Digest* para descrever principalmente as artes americana e britânica, que foram inspiradas pela cultura popular e pelo consumismo.

Desde então o termo foi usado para descrever pinturas que chamam a atenção para o consumismo do pós-guerra, desafiar a forma do expressionismo abstrato, e tratar das "baixas" formas da cultura visual - publicidade, embalagem de produtos, histórias em quadrinhos e objetos decorativos produzidos em massa - que as pessoas experimentam na vida "normal". A origem do movimento está nos anos 1950, na obra de Richard Hamilton (1922-) no Reino Unido, e de Jasper Johns (1930-) e Robert Rauschenberg (1925-2008) nos Estados Unidos. A Bauhaus e o dadaísmo constituíram influências comuns.

Abaixo: **A manipulação de Warhol desta lata de sopa originalmente vermelha e branca, de uma série de pôsteres que ele fez no início dos anos 1960, gera efeitos desorientadores na constância da cor: não só a lata mas as áreas adjacentes começam a parecer falsas.**

O dadaísta Marcel Duchamp (1887-1968) exibira "já prontos" objetos comuns, como uma pá de neve e um urinol, que declarara serem arte. Os artistas pop acrescentaram um elemento reprodutivo a essa recontextualização do dia a dia. *O que é que faz as casas de hoje tão diferentes, tão atraentes?* (1956) de Hamilton, largamente considerada a primeira obra da pop-art, foi executada como uma colagem que incluía fotos cortadas de revistas baratas.

Talvez o maior artista pop, aquele cujo estilo inspirou tanta arte subsequente, tenha sido Andy Warhol (1927-1987). Depois de trabalhar como artista comercial para revistas de moda, a partir de 1962 ele pegou imagens familiares, como a lata da Sopa Campbell, e as apresentou em impressos enormes e berrantes, frequentemente justapondo versões com diferentes esquemas de cor. Seu uso da cor pode, inicialmente, ter parecido vulgar e exagerado, mas hoje sua técnica

Abaixo: *O Whaam!* (1963), de Lichtenstein, mostra como o artista desconstruiu o processo da reprodução da cor, pintando à mão imitações, enormemente ampliadas, de imagens produzidas em massa.

se tornou icônica. O uso da impressão, em lugar de pintura, refletia o *ethos* industrial, impessoal, que Warhol declarava adotar - "Eu gostaria de ser uma máquina, e você não?" - e, ainda assim, muito de sua obra era profundamente nostálgica. Muitas vezes nos esquecemos de que suas famosas imagens de Marilyn Monroe foram criadas após a morte dela.

Diz-se frequentemente que o uso da cor de Warhol representa a fachada mutável da América do Norte. Escrevendo sobre uma recente retrospectiva de Warhol, o crítico de arte Richard Dorment comentou que "nós viajamos da exuberância e otimismo dos anos Kennedy e início dos de Johnson, refletidos na simplicidade vermelha-branca-e-azul clara, de bordas definidas, das caixas Brillo para as eras de Ford e Carter de turquesas e laranjas indistintos, fora de foco, terminando com vermelhos, pretos e prateados saturados dos anos Reagan, revestidos de marta". Você mesmo pode experimentar com a cor em um impresso de Warhol em webexhibits.org/colorart/marilyns.

Um outro artista pop importante foi Roy Lichtenstein (1923-1997). Sua pintura *Whaam!* (1963) toma pesadamente emprestado das imagens e cores das histórias em quadrinhos, mas chega a um ponto mais complexo sobre tecnologia e guerra, melhor apreciado quando a obra é vista no tamanho original (quase três por dois metros).

A ARTE GEOMÉTRICA Alguns artistas se esforçaram para reduzir a cor e a forma a suas essências, como aquelas discutidas aqui. Em 1915, Kazimir Malevich (1878-1935) lançou o suprematismo, que rejeitava qualquer representação do mundo externo em favor da "supremacia da sensação pura". Ele pintou exclusivamente com círculos e polígonos de cores primárias e secundárias, evitando deliberadamente qualquer senso de profundidade, gravidade ou horizonte.

O movimento suprematista influenciou significativamente outras escolas, notadamente o construtivismo, cujos seguidores definiram a arte progressiva, a arquitetura, o design e a tipografia da Rússia pós-revolucionária. O construtivista László Moholy-Nagy (1895-1946), que passou a ensinar na Bauhaus (*ver p. 44*) e nos Estados Unidos, foi uma figura líder no desenvolvimento inicial do design gráfico.

Uma outra figura-chave na arte abstrata geométrica foi Piet Mondrian (1872-1944). Mondrian encontrou seu próprio caminho para a abstração geométrica. As composições de retângulos coloridos e linhas pretas pelas quais ele é mais conhecido representavam a cristalização de seu pensamento, articulado na revista *De Stijl*. Mondrian reconhecia que todo artista perseguia verdades universais nas "relações entre linhas, cores e planos", mas ele queria fazê-lo "só da maneira mais forte".

HARD EDGE

Depois dos expressionistas abstratos, emergiu um grupo de artistas que, mais tarde, se tornaram famosos por um estilo de pintura que recebeu o nome de "hard edge". Um dos expoentes mais importantes foi Ellsworth Kelly (1923-). Este artista americano trabalhou por meio século com campos de cores, principalmente primárias. *Broadway* (1958), um paralelogramo vermelho sobre um fundo branco, apresenta uma simples relação figura-fundo (*ver p. 120*), que se torna menos segura à medida que é observada. Outras obras são divididas em múltiplas telas, cada uma delas pintada com uma única cor. As "massas" de pigmento incaracterísticas e perfeitas de Kelly procuram isolar as cores de suas associações simbólicas e emocionais, mas seu projeto é, finalmente, sensual, e não conceitual.

Acima: **A grande composição A, de Piet Mondrian, como todas as suas "composições", usa grelhas de cores primárias.** "A cor primária, que é tão pura quanto possível, realiza esta abstração da cor natural", escreveu ele. A obra de Mondrian expressa seu conceito de "plasticidade pura", em que ele trouxe a arte ao básico essencial, até mesmo banindo as curvas de suas obras.

BRIDGET RILEY (1931-)

As primeiras pinturas de Riley eram obras monocromáticas de ilusão de óptica sofisticada. A partir de 1967 ela passou a usar a cor e, desde então, desenvolveu uma linguagem abstrata em que a cor e a forma geram um leque de sensações visuais, muitas vezes envolvendo luz e movimento. Ela cita Paul Klee (*ver p. 104*) como uma influência importante. A obra de Riley não é dirigida por estudos acadêmicos de óptica ou cor, mas seus próprios princípios são exibidos em afirmações como: "Uma cor na pintura não é mais a cor de alguma coisa, mas um matiz e uma tonalidade que ou contrastam com outros matizes e tons, ou estão relacionados em sombras e gradações" ("Tornando visível", em Ludielka, *R. Paul Klee: a natureza da criação*, Londres: Hayward Gallery, 2002). O poder de suas composições é inegável.

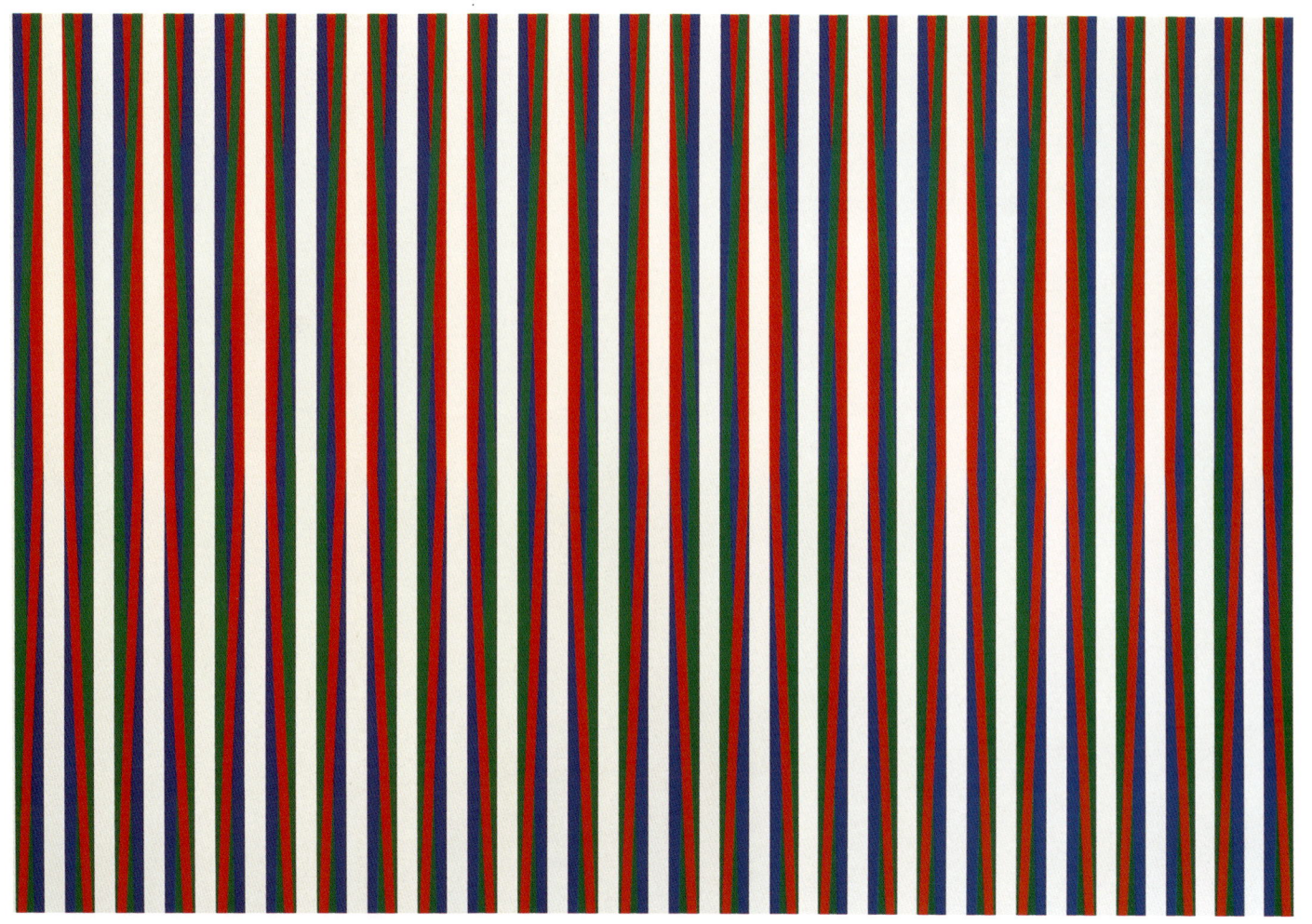

No alto: **As composições de Bridget Riley, como** *Firebird* (1971), muitas vezes parecem desafiar um exame mais acurado, confundindo o olhar com a repetição e o contraste cuidadosamente calculados.

Acima: **Dan Flavin se limitou a um** sortimento incrivelmente pequeno de cores e formas, como se pode ver em *Sem título* (*para Agrati*), e ainda assim criou trabalhos dramáticos e evocativos.

DAN FLAVIN (1933–1996)

Flavin trabalhou quase que exclusivamente com tubos de iluminação fluorescentes. Algumas de suas peças tomaram a forma de obras de arte que podiam ser exibidas em galerias, enquanto outras eram específicas de determinados lugares, incluindo a Grande Estação Central de Nova York. Só nove cores e duas formas (linha e círculo) estavam disponíveis na mídia que ele escolheu, mas Flavin encontrou maneiras de arranjá-las para obter efeitos variados e poderosos. Como as de outros minimalistas, suas composições eram, ao mesmo tempo, arbitrariamente formais e, ainda assim, cheias de símbolos, beirando o misticismo.

JAMES TURRELL (1943-)

Turrell começou a trabalhar com luz e espaço nos anos 1960. Ele encontra lugar para o sublime na vida diária e objetiva gerar no espectador algo como "o pensamento sem palavras que vem quando se olha para o fogo". Muitas de suas obras usam baixos níveis de luz colorida em um espaço escuro e devem ser experimentadas em um período de muitos minutos. Outras criam espaços arquiteturais em que o céu se torna a arte. O mais ambicioso projeto de Turrell, a conversão de uma cratera no Arizona em uma obra de arte baseada na luz, está em andamento desde 1972.

DESENHAR
COM CORES

PARTE 03. DESENHAR COM CORES
CAPÍTULO UM

A COMPOSIÇÃO COLORIDA

Há muitas convenções que regulam o leiaute e a composição, e todas interagem com a cor para produzir uma impressão geral. Os princípios que delineamos nas páginas seguintes não são apresentados para que você os siga fielmente - a maior parte deles é vaga demais para isso -, mas para fornecer um sistema que você pode curvar e retorcer até que chegue a ponto de estalar.

Talvez isso pareça um pouco melodramático, mas depois que você entra no ritmo do desenho segundo certas regras, sejam elas aprendidas ou desenvolvidas intuitivamente, torna-se fácil demais cair na rotina. Isso é especialmente verdade se você está trabalhando em uma publicação ou em um ambiente em que o estilo é rigidamente estabelecido, segundo moldes que raramente mudam. Em tais circunstâncias, vale a pena lembrar que as menores mudanças podem levar a resultados empolgantes.

Um dos benefícios do desenho em CAD - ao contrário dos preconceitos - é que o computador não tem ideias fixas. Quando você esboça um leiaute num bloco, seu cérebro e sua mão tendem a guiar os elementos em posições convencionais. No monitor, a mão que controla o mouse pode mover rapidamente os objetos muito mais ao acaso, e gerar novas possibilidades. Depois de produzir um acidente feliz, você sempre pode usar seu conhecimento convencional para analisar por que razão alguma coisa tem boa aparência, e desenvolvê-la racionalmente.

O espaço negativo talvez devesse ser mencionado em primeiro lugar. Em páginas de leiaute, o espaço em branco influencia radicalmente a percepção do texto e das imagens do leitor. Abrir o *lead* com linhas de tipo diferente ou circundando um bloco de texto com margens generosas pode permitir que a página "respire". Em gráficos e fotos, o espaço negativo (não necessariamente branco) pode adicionar dramaticidade e influenciar uma interpretação do conteúdo visual. Por exemplo, em fotos recortadas, deixa-se convencionalmente um espaço extra no lado para o qual a pessoa está olhando; fazer o contrário permite que os editores de política mostrem uma figura indo a parte nenhuma e com a parte de trás perigosamente exposta.

À direita: **A capa desta revista de 1930 fornece um exemplo clássico de composição colorida. Tanto a cor como a forma estão cuidadosamente equilibradas. A veia da folha, que é representada em campos de cor lisa, fornece uma diagonal oposta à figura, sombreada tridimensionalmente em monocromo. O amarelo, sendo uma cor mais forte que vermelho, é moderado por uma área vizinha maior de azul.**

with VOGUE PATTERNS

AUTUMN FABRICS
& PATTERNS
including Children's Fashions

SEPTEMBER · 2 · 1931
ONE SHILLING (18)
The Condé Nast Publications, Ltd

O ESSENCIAL DA COMPOSIÇÃO

O modo pelo qual compreendemos uma composição está enraizado na evolução de nossos olhos e cérebro, e em nossa experiência cultural de ler textos e ver imagens. Embora seja impossível predizer de que maneira indivíduos escolhidos ao acaso responderão a determinado arranjo de elementos, algumas regras empíricas úteis são largamente aceitas.

O lugar em que os olhos do espectador cairão primeiro é o "ponto focal". Antes que comecemos influenciando o olho com cores e formas, há certos pontos focais naturais em uma página, ou tela. Um está perto do centro, mas um pouco mais alto, e pode tender ligeiramente para um lado. Outros são encontrados em um quadrado que circunda o primeiro, e podem ser localizados ou dividindo a tela em nove quadrados iguais (a "regra de três"), ou desenhando linhas diagonais entre os cantos da tela e bissectando-os.

Tente colocar dois ou três elementos de tamanhos e valores de cor diferentes em pontos focais, ou em apenas um ponto focal. Você pode usar um ponto focal indiretamente, ou negativamente: as formas podem circundá-lo, ou as linhas podem conduzir os olhos a ele. Você pode ignorar completamente os pontos focais convencionais, desde que sua composição faça algum tipo de sentido visual. Os elementos-chave são frequentemente arranjados para formar um triângulo, ou estão dentro de um círculo imaginário. Todos esses princípios podem ser escalados, numa composição, para controlar áreas menores.

Quando trabalhamos com artes estáticas bidimensionais, precisamos lembrar que nosso cérebro se desenvolveu para interpretar atividade em cenas tridimensionais. Isso tem várias consequências. Como objetos móveis são de significação mais imediata no mundo real do que os imóveis, instintivamente, numa cena, procuramos por movimento, que pode ser definido como olhares consecutivos de forma semelhante, em diferentes posições. Mas até mesmo exemplos simultâneos podem criar um sentido de movimento.

Acima à esquerda: **Esta foto é mais artística do que pode parecer. A janela e a caixa de correio estão centradas em pontos focais diagonalmente opostos. Linhas horizontais conduzem o olhar para diante: o que está atrás da porta? O que está além da esquina?**
À esquerda: **Compare esta composição monocromática com o diagrama do ponto focal na página seguinte, no alto à esquerda. O pequeno realce no espaldar da cadeira é essencial ao quadro.**

Uma sequência de formas espalhadas por uma página pode sugerir movimento, com direção presumida da esquerda para a direita, ou do alto para baixo. (Não há certeza sobre qual seja a diferença em culturas que não escrevem o texto dessa maneira.) As formas não precisam ser idênticas, nem mesmo muito semelhantes: a cor é uma das informações que podem nos encorajar a associá-las. Se as formas variarem consistentemente em tamanho, de grande a pequeno, haverá também uma impressão de perspectiva, com formas menores diminuindo na distância.

As linhas frequentemente servem ao propósito funcional de dividir uma área, mas também podem ser usadas para conduzir os olhos. Quando nossa atenção é atraída por uma figura que consiste em uma linha, tendemos a segui-la, de novo nas direções convencionais. As linhas ou formas radiando de um ponto dão a impressão de moverem-se em direção a esse ponto, e atraem os olhos para ele. Ocorre efeito semelhante quando as linhas se cruzam, enquanto linhas paralelas reforçam uma à outra. Linhas horizontais fazem a página parecer mais larga e dão a impressão de calma e expansividade. As verticais podem ser elegantes e imponentes, mas podem dar um senso de limitação. As linhas diagonais parecem dinâmicas.

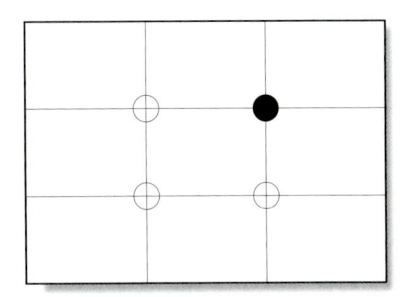
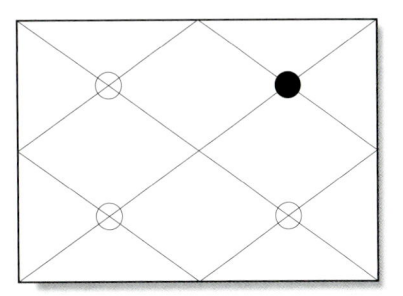
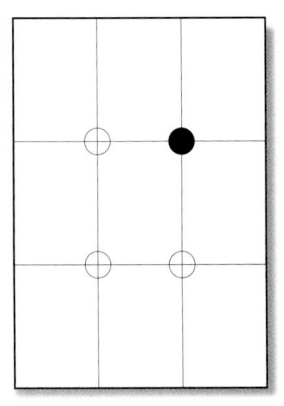
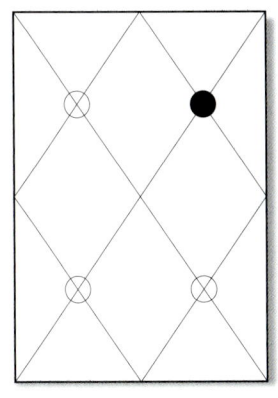

Abaixo: **Instintivamente** interpretamos cor e forma como se fossem parte de uma cena no mundo real. A foto à esquerda mostra um interior diminuindo na distância. Reduzida a alguns poucos campos de cor simples (à direita), a imagem dá uma impressão semelhante de perspectiva e recessão. Tais efeitos desempenham um papel na maneira que "lemos" qualquer composição gráfica, seja seu objetivo representar a realidade ou não.

À esquerda: **Estes diagramas mostram duas maneiras de fixar os pontos focais convencionais em uma composição retangular.**

No sentido do relógio, a partir do topo à esquerda:

Regra de três em formato horizontal (paisagem): é a favorita dos fotógrafos, também apropriada para pinturas e composições gráficas.

Regra de três em formato vertical (retrato): supremamente elegante (não é coincidência que o diagrama lembra uma janela georgiana), mas pode dar um senso de restrição.

Diagonais bissectadas em formato retrato: os pontos focais se movem para fora horizontalmente, comparados à regra de três, expandindo a composição na tela.

Diagonais bissectadas em formato paisagem: novamente dá um senso de maior expansividade do que a regra de três, mas arrisca uma falta de interesse no centro.

COMPOR COM A COR Em uma cena, tendemos a ver elementos relativamente grandes e simples, como pano de fundo dos menores, mais nítidos. Os últimos chamam nossa atenção primeiro, e parecem mais próximos. Esse princípio é conhecido como "figura e fundo" e é importante por muitas razões. Primeiro, contradiz a suposição de que itens menores necessariamente parecerão menos significativos: de fato, eles bem que podem dominar. Em segundo lugar, diz-nos que uma composição em que a figura e fundo não são imediatamente distinguíveis pode parecer sem vida e sem interesse. Os elementos deveriam ser diferenciados pelo tamanho e pela cor.

Em terceiro lugar, o princípio de figura e fundo combina com nosso conhecimento da teoria da cor para nos ajudar a compreender as impressões criadas pela cor dentro de uma composição. Matizes quentes (na parte vermelha do círculo cromático) tendem a avançar em direção ao espectador, enquanto matizes frios (azul) recuam. Portanto, aplicar uma cor quente a uma figura acentuará sua tendência para saltar aos olhos, e as cores frias encorajarão o chão a recuar. Reverter isso tende a negar o efeito, dando uma impressão mais equilibrada e menos chamativa. Uma pequena pincelada de cor quente sobre um fundo frio será mais agradável do que o inverso.

Poderíamos presumir que os elementos figurativos também deveriam ser mais brilhantes que o fundo, mas, de fato, para o olho humano as figuras escuras contra um fundo vivo são muito mais aceitáveis. Escrevemos em preto sobre um fundo branco porque parece mais natural, a despeito de termos, há muito tempo, a tecnologia para fazer o contrário. Mudar o valor (brilho) do fundo pode ter um efeito forte sobre a imagem como um todo, especialmente em composições gráficas feitas com campos de cor uniforme. Figuras claras sobre fundo escuro parecem emergir das sombras ou da escuridão, fazendo-as parecer luminosas e, muitas vezes, misteriosas ou agourentas, efeito que foi explorado profundamente na pintura renascentista.

Um fundo em meio-tom força as cores das figuras a um leque mais estreito de valores (todos mais claros ou todos mais escuros que o fundo), resultando em um efeito suave ou turvo; ou, permitindo que algumas figuras fiquem mais claras e outras mais escuras do que o fundo, impede que a composição seja interpretada em termos de recessão espacial, efeito que visualmente desorienta, mas que pode ser graficamente gratificante.

Os elementos que mais diferem em valor do fundo sempre atrairão os olhos primeiro, independentemente das diferenças em matiz. Como vimos (*capítulo 03.01*), as cores são intensificadas quando colocadas sobre um fundo muito escuro ou muito claro, mas sua temperatura e tendência para avançar ou recuar também pode ser afetada: azul sobre branco pode avançar, enquanto o vermelho sempre avança contra o preto, mesmo quando muito escuro, como fica demonstrado nas famosas pinturas de Mark Rothko.

A repetição, ou ritmo, é característica importante de muitas composições. O uso da cor pode contribuir para os efeitos de repetir

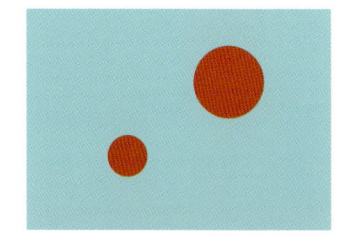
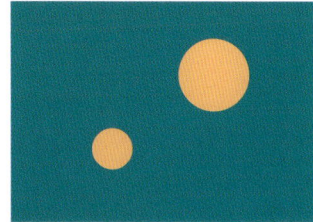

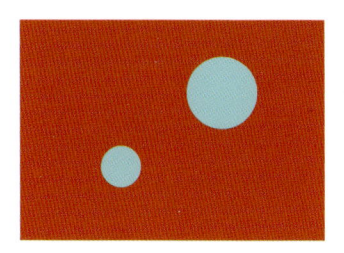
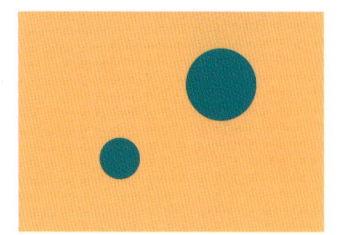

linhas e formas: a graduação do brilho e/ou saturação pode nos dizer para que lado o movimento vai, ou reforçar a impressão de formas desvanecendo na distância. Objetos mais distantes parecem mais claros, menos saturados, e menos distintos, efeito que pode ser criado borrando, ou "recortando" elementos, ou reduzindo o detalhe com que são desenhados.

As sequências progressivas de cor conduzem o olhar e tornam a composição mais dinâmica, enquanto as sequências repetitivas evocam ordem e equilíbrio. Também sabemos (*ver cap. 01.02*) que a repetição de matizes em espaços muito pequenos cria a mistura óptica, dando o efeito geral de uma superfície colorida contínua. Igualmente, a repetição exata de linhas, formas ou campos de cor - padrão - pode permitir que uma área pareça uniforme, mesmo quando contém uma grande quantidade de detalhes.

No alto: **Uma relação natural figura/fundo. Um grande campo de matizes frios é interrompido por campos menores, mais escuros, de matizes quentes.**
Embaixo: **Com a reversão de cores, as figuras frias são igualmente bem distintas, mas mais misteriosas.**

Vencer as expectativas das relações de figura/fundo pode criar uma composição mais harmoniosa.
No alto: **Relação de temperatura normal, relação de valor inverso.**
Embaixo: **Relação de valor normal, relação de temperatura reversa.**

Brincando com as relações de proporção.
No alto: **Como as formas grandes são mais regulares, mais escuras e quentes do que o espaço negativo, elas tendem a aparecer como figuras diante de um fundo.**
Embaixo: **Com as informações figura/fundo agora totalmente confusas, ficamos entre ver discos azuis e um arco vermelho.**

Acima: **A repetição da cor e da forma em padrões como este xadrez cria um sentido de ordem e equilíbrio que o impede de parecer chamativo ou perturbador.**

As sequências progressivas de cor são dinâmicas, sugerindo movimento ou profundidade.
No alto: **Aumentar valores conduz os olhos para o centro da composição.**
Embaixo: **Sem um fundo contrastante, a figura central escura parece recuar na sombra. Os anéis mais claros, mais exteriores, também recuam, dando um efeito menos dinâmico do que acima.**

As sequências repetitivas de cor são estáticas, desencorajando os olhos de viajar em qualquer direção.
No alto: **Tonalidades contrastantes preservam um pouco do efeito de profundidade criado pelos anéis. (Note a leve ilusão de óptica de uma espiral, que ocorre quando os anéis são quebrados ou escondidos em parte.)**
Embaixo: **Cores complementares reduzem ainda mais qualquer efeito dinâmico.**

03.02

A COR EM PUBLICAÇÕES

A cor pode definir, em um relance, a natureza de uma publicação impressa. O tamanho físico de um jornal não é mais um indicador confiável de sua natureza, mas o uso da cor nos diz que, quanto mais berrante a primeira página, tanto mais inferior será o conteúdo. Alguns dos melhores títulos ainda refreiam o uso da cor, ou a evitam completamente, por medo de parecerem populistas demais.

Os mesmos princípios se aplicam a revistas. Quando em visita a um país estrangeiro, temos pouca dificuldade para distinguir a *Vogue* local rival da *Cosmopolitan*. Na capa, a primeira mostrará uma modelo fotografada sob iluminação forte, dramática, com o texto por cima em não mais do que duas cores, uma delas preto. A segunda apresentará fotografia e texto mais suaves e mais vivos, em pelo menos três cores, uma delas branco.

A cor é reconhecida como fator importante no poder de venda das capas. Exatamente quais cores gerarão as vendas mais altas, entretanto, infelizmente é impossível precisar. Seria de esperar que as cores quentes vendessem melhor mas, de fato, os azuis muitas vezes obtêm sucesso, enquanto muitos editores evitam o amarelo. Na banca de jornais lotada, qualquer coisa que chama a atenção pode funcionar: uma capa com um bloco de uma só cor venderá sempre bem - se se puder encontrar uma desculpa para fazê-la.

A cor é um elemento funcional no desenho da página. Muitas publicações usam barras com código de cor, ou tarjas no alto de cada página para diferenciar seções editoriais, ajudando os leitores a "navegar" pelo exemplar. Ícones coloridos podem ser usados para marcar o conteúdo do tema abordado. As tintas separam boxes e barras laterais do corpo da página e blocos de cor com texto são usados comumente para atrair, chamando a atenção do leitor para o conteúdo de alguma outra página na publicação.

A hierarquia visual é essencial para as páginas impressas. Um campo de objetos semelhantes é um desligamento psicológico. Fora da imprensa tabloide, manchetes gigantescas são proibidas, por isso com frequência a história mais importante do leiaute de um jornal será diferenciada por ter a fotografia maior. Em revistas, um artigo importante ocupará diversas páginas duplas com o início caracterizado por uma dramática composição de forma e cor, que pode integrar tipologia e imagens.

À direita: **Faber & Faber é um dos editores de poesia mais importantes da Europa. Este último desenho de suas capas de poesia, de Justus Oehler, da Pentagram, foi inspirado por uma série anterior de Berthold Wolpe. Combinações de cores atrevidas, tomando o lugar das artes gráficas, foram escolhidas para expressar a atmosfera de cada livro.**

ohn Berryman
77 Dream ongs

Wallace Stevens
Harmonium

Wendy Cope
Making Cocoa for Kingsley Amis

Seamus Heaney
North

Ted Hughes
New Selected Poems
1957–1994

eamus Heaney
tation sland

Philip Larkin
Collected Poems

Michael Hofmann
Acrimony

Ted Hughes
Crow
From the Life and Songs of the Crow

Seamus Heaney
Sweeney Astray

mon rmitage
elected oems

T. S. Eliot
Four Quartets

James Joyce
Poems
and shorter writings

Paul Muldoon
Quoof

Ezra Pound
Persona
Collected Shorter Poems

bert Lowell
e Studies

Mark Ford
Soft Sift

Philip Larkin
The Whitsun Weddings

Louis MacNeice
The Burning Perch

Christopher Rei
Katerina Brac

HISTÓRIAS DE CAPA Desde o florescimento do mercado de revistas no período entreguerras, os editores sabem bem o poder da cor para transformar uma capa em um campo de vendas visual. Embora a fotografia tenha substituído as composições gráficas em larga escala, nos títulos de mercado de massa, o uso atrevido da cor continua sendo uma ferramenta poderosa.

À esquerda: **As primeiras capas da** *Vogue* **eram exemplos típicos do estilo art-déco, compreendendo arranjos simples e racionais de formas em cores fortes, mas moderadas. Hoje, o conteúdo normalmente prevalece à forma, mas cores fortes, linhas limpas e ricos tons de pele compensam a perda do dinamismo gráfico.**

Abaixo: **Para o estilo de vida do século XXI revistas como a** *Wallpaper**, **de sucesso internacional e artes gráficas** *avant-garde*, **são parte do pacote. O leitor é desafiado a pensar que não são contestadoras.**

Abaixo à esquerda: **A sutileza podem não ser o lema da** *FHM*, **uma revista masculina de altas vendas, mas suas capas seguem uma fórmula comprovada, em que as cores-chave desempenham papel vital.**

À esquerda: **Desenhada por Neville Brody,** *The Face* **era um ícone da cultura pop nos anos 1980, na Grã-Bretanha. Coincidindo com a revolução da editoração eletrônica, aplicou atitudes pós-punk ao desenho gráfico.**

À esquerda: **Esta capa da revista** *Fortune* foi desenhada pelo preeminente artista Fernand Léger em um estilo que ele desenvolvera em impressão. A influência de Picasso e Braque é evidente, assim como elementos que lembram Miró e Mondrian.

Embaixo à esquerda: **Um estilo que** perenemente chama a atenção combina linhas simples e cores psicodélicas com as tintas graduadas ou vinhetas, antigamente características do desenho com aerografia, e agora da editoração eletrônica.

Acima: Esta capa, de Jeremy Leslie, da John Brown Citrus Publishing, chama a atenção com uma imagem de baixo contraste. Uma pequena pincelada de cor quente se destaca.

Abaixo: **O desenho em primeiro** plano desta capa é caracterizado por linhas definidas contra um fundo nublado e é colorida em tintas saturadas para criar harmonia. No mercado mais difícil de hoje, haveria maior probabilidade de se usar um fundo sólido e cores primárias.

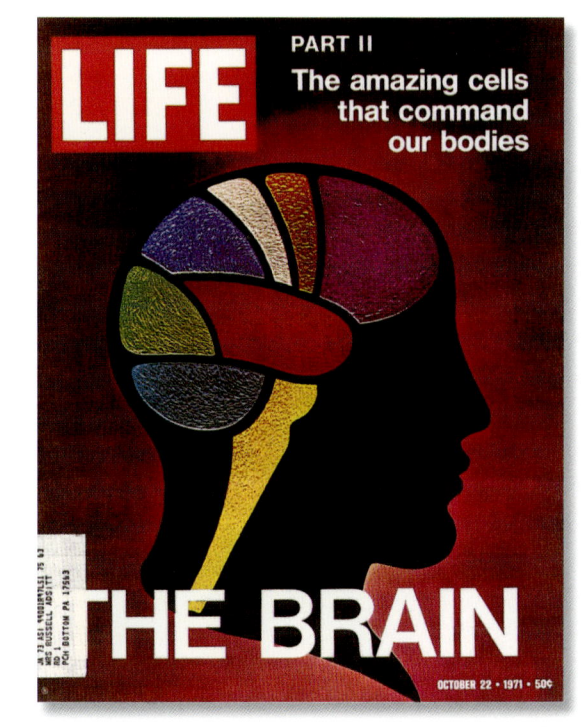

DESTACAR E COMBINAR Graças à revolução da editoração eletrônica, às economias fortes ou a um interesse crescente do público por materiais impressos, o mundo parece estar cada vez mais lotado de publicações, desejáveis e não solicitadas. Uma maneira de fazer com que a sua se destaque das outras é usando a cor de um modo que ninguém pensou antes.

À esquerda: **O Waterways Trust foi formado para ajudar a compreender claramente o potencial histórico da rede de canais da Inglaterra. Sua identidade corporativa, criada pelo sócio da Pentagram, John Rushworth, combina um logotipo da natureza com fotografias preto e branco, de Phil Sayer. A paleta contida é tão efetiva, aqui, quanto um festival de cores poderia ser para uma organização com uma imagem diferente a projetar.**

Acima: **Fazer relatórios corporativos anuais parecerem interessantes é um desafio clássico em design. Este foi produzido por Zumtobel, um importante fabricante de iluminação, pelo estúdio do designer gráfico Stefan Sagmeister. A capa apresenta uma imagem em baixo relevo de um vaso com flores em plástico, moldado a quente. Para as páginas internas, ele foi fotografado sob condições diversas de luz, mostrando o poder de transformação dos produtos da empresa.**

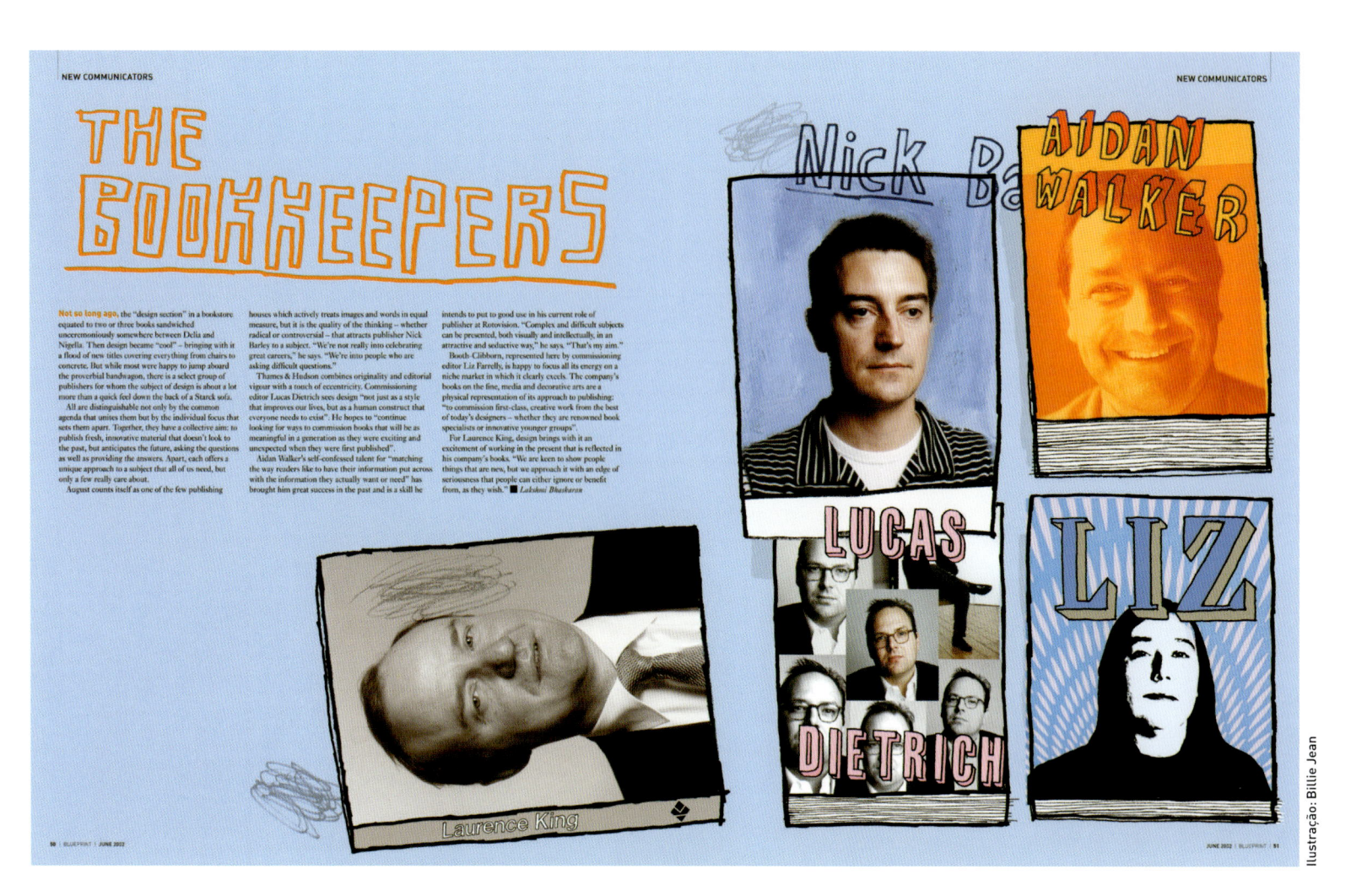

THE BOOKKEEPERS

Not so long ago, the "design section" in a bookstore equated to two or three books sandwiched unceremoniously somewhere between Delia and Nigella. Then design became "cool" – bringing with it a flood of new titles covering everything from chairs to concrete. But while most were happy to jump aboard the proverbial bandwagon, there is a select group of publishers for whom the subject of design is about a lot more than a quick feel down the back of a Starck sofa.

All are distinguishable not only by the common agenda that unites them but by the individual focus that sets them apart. Together, they have a collective aim: to publish fresh, innovative material that doesn't look to the past, but anticipates the future, asking the questions as well as providing the answers. Apart, each offers a unique approach to a subject that all of us need, but only a few really care about.

August counts itself as one of the few publishing houses which actively treats images and words in equal measure, but it is the quality of the thinking – whether radical or controversial – that attracts publisher Nick Barley to a subject. "We're not really into celebrating great careers," he says. "We're into people who are asking difficult questions."

Thames & Hudson combines originality and editorial vigour with a touch of eccentricity. Commissioning editor Lucas Dietrich sees design "not just as a style that improves our lives, but as a human construct that everyone needs to exist". He hopes to "continue looking for ways to commission books that will be as meaningful in a generation as they were exciting and unexpected when they were first published".

Aidan Walker's self-confessed talent for "matching the way readers like to have their information put across with the information they actually want or need" has brought him great success in the past and is a skill he intends to put to good use in his current role of publisher at Rotovision. "Complex and difficult subjects can be presented, both visually and intellectually, in an attractive and seductive way," he says. "That's my aim."

Booth-Clibborn, represented here by commissioning editor Liz Farrelly, is happy to focus all its energy on a niche market in which it clearly excels. The company's books on the fine, media and decorative arts are a physical representation of its approach to publishing: "to commission first-class, creative work from the best of today's designers – whether they are renowned book specialists or innovative younger groups".

For Laurence King, design brings with it an excitement of working in the present that is reflected in his company's books. "We are keen to show people things that are new, but we approach it with an edge of seriousness that people can either ignore or benefit from, as they wish." ■ *Lakshmi Bhaskaran*

Ilustração: Billie Jean

Acima: Esta página dupla para a importante revista britânica *Blueprint* de design e arquitetura rompe quase todas as regras, mas respeita as proporções das cores, borrifando um pouco de laranja quente em um campo de azul recessivo.

À direita: Na banca de jornal, ninguém ouve você gritar. As cores mais destacadas não farão com que alguém o note, a menos que você as use bem. Veja qual destas capas lhe chama a atenção. Entre as primeiras estarão *Golf*, com suas listras diagonais vermelhas e brancas de alto impacto, e *Q*, que chama a atenção por ser mais autodesvanecente do que o normal.

COMPRE O LIVRO Os editores de livros também precisam atrair a atenção para seus produtos. Assim como as sucessivas edições de uma revista devem ter o suficiente em comum, visualmente, para serem reconhecíveis aos leitores leais, os livros da mesma coleção ou do mesmo autor são frequentemente desenhados como uma série coerente. No entanto, cada livro é completo em si, e algum paladar de seu conteúdo deve ser expressado.

Abaixo: "Jornais de histórias" foram produzidos pela primeira vez em impressoras a vapor em meados do século XIX, mas foram revitalizados pela adição de cor. Os títulos de Hugo Gernsback, como *Wonder Stories* e *Amazing Stories*, contribuíram para a ascenção do gênero de ficção científica, com capas que evocavam as maravilhas a serem encontradas em seu interior.

À direita: A cor é essencial para a emoção da ficção sensacionalista. Estes antigos exemplos estão entre os menos chamativos. Como os temas se tornaram mais ousados perto dos anos 1960, as paletas fizeram o mesmo. Só as capas mais berrantes poderiam complementar adequadamente um título como *How Cheap Can you Get?* [Quão barata você pode ficar?] ou *Fast, Loose and Lovely* [Rápida, perdida e encantadora].

À esquerda: **Chamado a redesenhar o catálogo da editora espanhola Losada, Fernando Gutiérrez aplicou ilustrações de Marion Deuchars sobre sólidos blocos de cor.** À esquerda, embaixo: **O redesenho da Pentagram das capas da Faber & Faber no final dos anos 1980 serviu de modelo para muitos outros editores. Foi atualizada em 1994 por John McConnell usando preto, branco e cores primárias para conseguir o "máximo de impacto na prateleira".**

Abaixo: **Quando um autor consegue reconhecimento e popularidade, vale a pena observar cuidadosamente a capa de seus livros. O sócio da Pentagram, Justus Oehler, desenhou esta série da Faber & Faber da ficção de Banana Yoshimoto usando caracteres japoneses sobre cores de fundo apropriadas para cada obra.** *Asleep* **[Dormindo] (no alto à direita) tem a apropriada tonalidade discreta.**

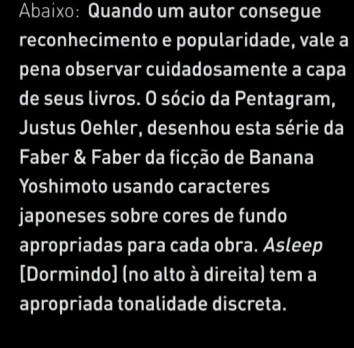

CORES DIFERENTES Os livros não são o único produto que pode ser visualmente dominado pela cor. O esquema usado para uma série de artigos pode manipular, de modo sutil ou agressivo, nossas percepções dele. Se a aplicação de cor em cada produto é significativa ou puramente diferenciada, o efeito geral pode ser convidar, entusiasmar ou meramente acalmar.

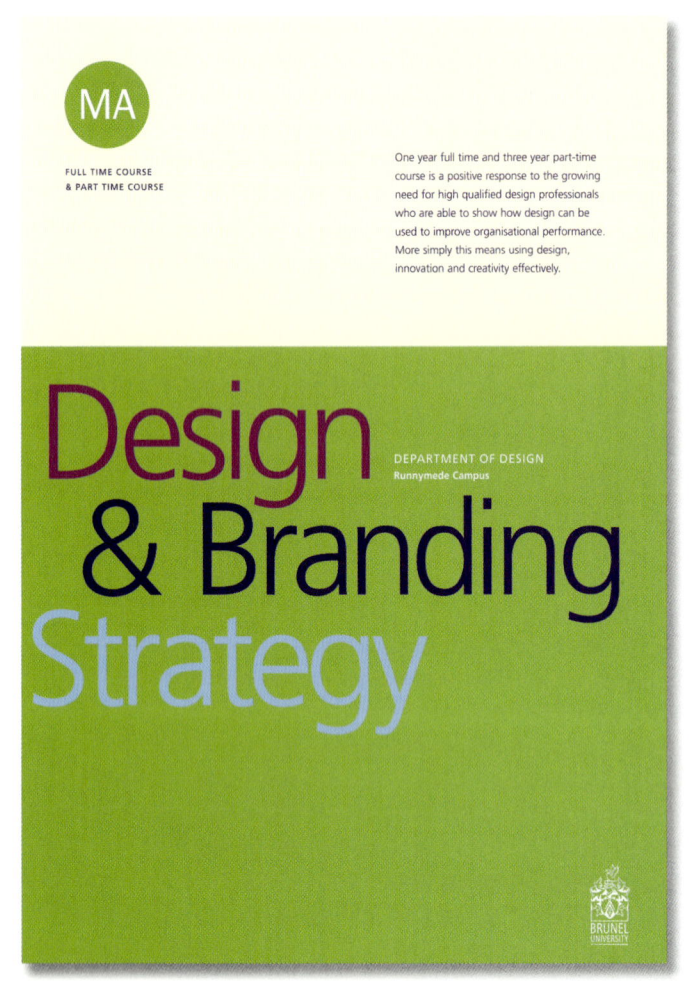
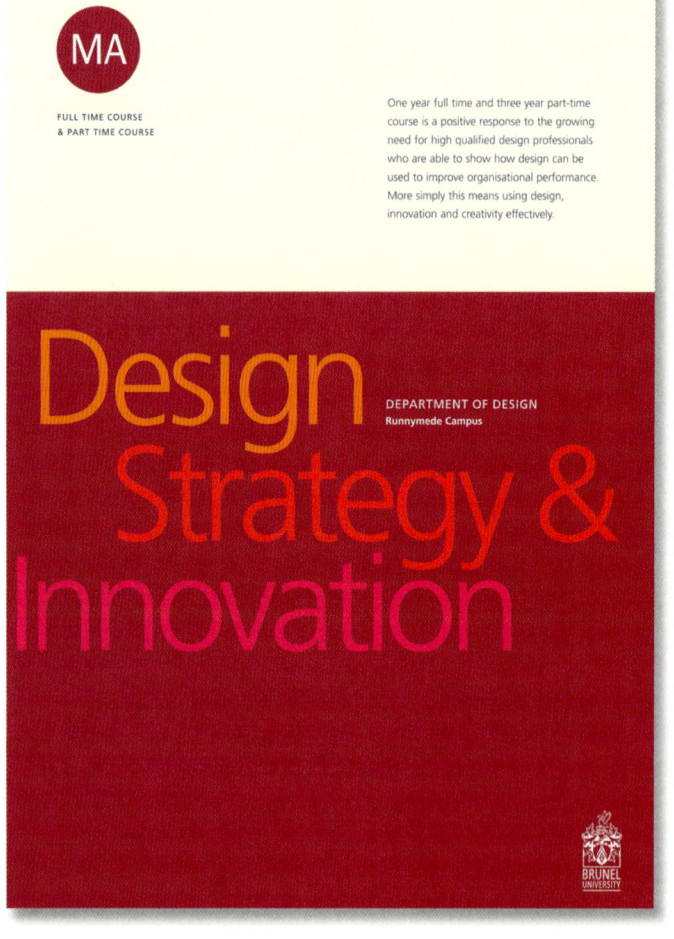

Acima: **O desenho é de importância especial quando a comunicação se dirige a designers. Estas brochuras feitas pela Heard Design para a Universidade Brunel, em Londres, objetivava atrair candidatos de calibre para os cursos de pós-graduação em design. Cada diploma tem sua própria cor de assinatura, que depois interage com outras cores nas letras enormes do título.**

Acima e à direita: **Estes pôsteres foram criados para promover um livro da fotógrafa Susan Meiselas (1948-), da Magnum americana. Os pôsteres foram impressos em** *silk-screen*, **em preto, no avesso de filtros fotográficos gelatinosos, coloridos e translúcidos, fazendo alusão às qualidades táteis do próprio livro. A atmosfera percebida de cada cena é ditada tanto pela cor como pelo conteúdo da imagem.**

Pôsteres e livro desenhados
por Browns
Publicado por Trebruk
Impresso por Butler & Tanner

PANDORA'S BOX/NYC
SUSAN MEISELAS
MAGNUM

PUBLISHED BY TREBRUK
DESIGNED BY BROWNS/LONDON
PRINTED BY BUTLER & TANNER

A COR NO PONTO DE VENDA

Entre em qualquer loja e você sofrerá um duplo ataque aos sentidos: os fabricantes dos produtos embalam suas mercadorias para maximizar seu apelo, e os *merchandisers* os expõem para assegurar que chamem a atenção. Assim, as disciplinas de design de embalagens e venda a varejo andam de mãos dadas, embora se caracterizem por diferentes preocupações e abordagens.

O desenho de embalagens é um ramo do design gráfico, e se refere a criar um sentimento ou ambiente em torno de um produto. Com muita frequência, a embalagem efetivamente é o produto: o que está dentro da caixa pode ser apenas marginalmente diferente de ofertas rivais, mas sua aparência exterior indica qualidades e valores únicos, calculados para atrair um público-alvo. Para conseguir esta persuasão psicológica, mais cores, texturas e efeitos especiais - tais como *hot stamping* e padrões holográficos - são usados nas embalagens do que em qualquer outro setor da impressão.

O design do varejo é um ramo do design de interiores. Dentro da loja, o designer de varejo precisa encorajar o fluxo do tráfego para todas as áreas, chamar atenção especial onde for necessário e criar um ambiente visual geral coerente, convidativo e conducente à compra. A iluminação e a sinalização são componentes-chave. Assim como com jornais e revistas, a paleta de cores nos dirá com que tipo de empresa estamos lidando e, se entrarmos, a cor deveria nos ajudar a encontrar o que procuramos. O design da embalagem e do varejo se unem na criação das unidades de marketing de varejo (RMUs), displays - que às vezes são, por si sós, verdadeiras minilojas -, que apresentam um leque de produtos dentro de uma loja ou shopping center.

O *merchandising*, em particular, talvez forneça o *feedback* mais direto do que qualquer exercício de marketing. Hoje muitas lojas têm sistemas de controle de estoque eletrônicos, que acompanham e analisam as vendas continuamente. O efeito de redesenhar o expositor de um produto pode ser observado imediatamente, nos resultados de venda. Com facilidades de produção como a impressão digital em formato grande, agora disponível por toda parte e rapidamente, o varejista empreendedor pode implementar e avaliar uma nova ideia em poucos dias. A pressão está sobre o designer para entregar soluções que não só pareçam bonitas, mas deem resultado.

À direita: **Esta cesta de mercadorias da Boots demonstra como a cor pode ser usada tanto para diferenciar produtos como para conectá-los. Cada item tem uma aparência distinta, mas todos compartilham do logo azul e outros elementos derivados disso, como fundos azuis que combinam. Em apenas um caso o próprio produto é visível para o comprador.**

ADICIONE COR E SÓ Os produtos de hoje não apenas precisam de pontos de venda únicos, eles necessitam de ''presença na prateleira''. O uso da cor cuidadosamente considerado pode ajudar a assegurar que eles não só prendam a atenção do cliente, mas que comuniquem a mensagem certa. E, em um ambiente de varejo ainda mais sofisticado, o mesmo vale para as próprias prateleiras.

À esquerda: **Um ovo é um ovo, certo?** Este produtor reconheceu que os consumidores não saberiam que ele estava oferecendo algo especial a menos que estrilasse a esse respeito. Usando uma paleta de cores primárias subtrativas (ciano, magenta e amarelo), uma cor diferente é atribuída a cada tamanho de ovo. Letras informais sobre um fundo rodopiante lembra a domesticidade alegre de seriados clássicos da tevê, e o efeito chamativo é completado com elementos gráficos em estilo desenho animado, em destacado branco.

SUMMER ESSENTIALS

www.bordersstores.co.uk

BORDERS®

www.bordersstores.co.uk

3 FOR 2*

ON KIDS' BOOKS

SWING INTO SPRING

CHRISTMAS

GIFT GUIDE

BORDERS

Acima, à esquerda e abaixo: **Difícil acreditar que as livrarias antigamente eram escuras e poeirentas. Estimuladas por uma concorrência cada vez maior, livrarias como a Borders devem fazer com que os clientes entrem, e saiam com as sacolas cheias e os bolsos vazios. Estes desenhos gráficos vivamente coloridos chamam a atenção para ofertas de preço reduzido e especiais da estação. A repetição força a mensagem a se instalar.**

A IMPORTÂNCIA DA EMBALAGEM Nossos ancestrais nos avisavam para não comprar gato por lebre, mas os varejistas sabem que, até hoje, ficamos felicíssimos ao fazê-lo. Quanto menos pudermos ver o que está na caixa, mais nossas expectativas podem ser manipuladas. O design de embalagens pode não parecer tão glamoroso como criar revistas de luxo de moda, mas influi mais diretamente sobre nosso comportamento como consumidores.

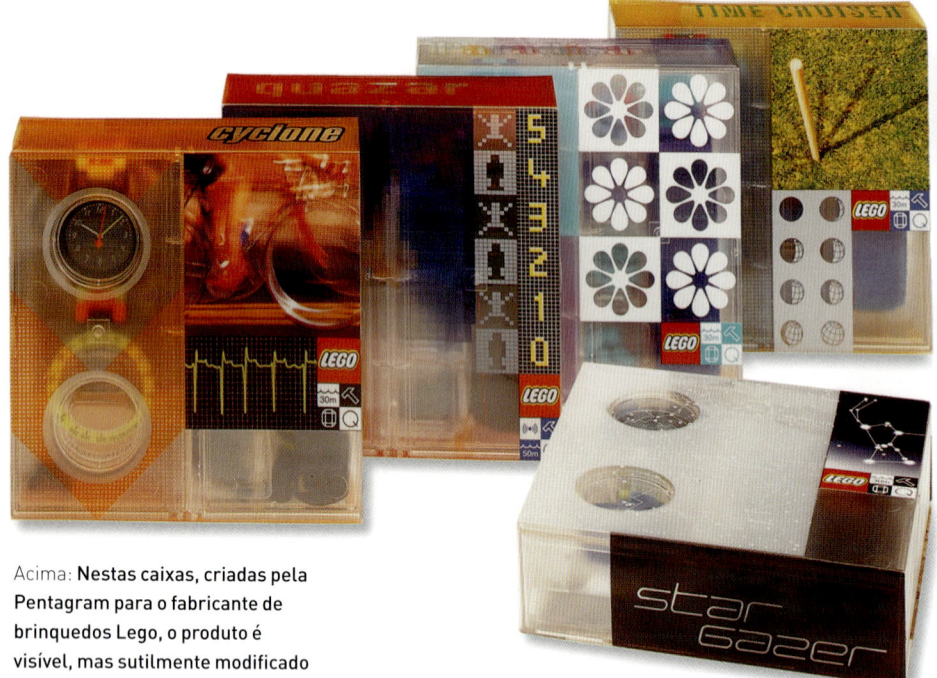

Abaixo: **A Hovis pensou** lateralmente para tornar sua linha de pães básica mais atraente para os compradores. Retratando o que você poderia gostar de comer com uma fatia, sua embalagem sugere alimentos frescos e saudáveis. Não somos convidados a julgar a salubridade relativa do produto em si: é inteiramente invisível. Sem ler, você pode adivinhar quais embalagens contêm pão branco ou o preto?

Acima: **Nestas caixas, criadas pela** Pentagram para o fabricante de brinquedos Lego, o produto é visível, mas sutilmente modificado pelo plástico translúcido que o envolve. Ao contrário das caixas tradicionais de joalherias, que tendem a ser um tanto toscas na forma e na cor, esta embalagem é leve e vibrante. Cores como verde e laranja funcionam com uma mistura de padrões e imagens abstratas, para vincular o produto ao mundo natural e às atividades do dia a dia, e não a ideais de alta tecnologia de precisão clínica.

Acima: **O simbolismo da cor é frequentemente esquivo, mas para quase todos nós, roxo e ouro significam luxo. Angus Hyland, da Pentagram, escolheu esta "suntuosa, quase régia" paleta para o relançamento do joalheiro britânico Asprey. A impressão hot stamping fornece o toque de classe final.**

Acima à direita: **O sortimento de requintados dentifrícios da Planta Pura e produtos relacionados prova que a embalagem não tem de ser previsível. Enquanto alguns itens, aqui, usam um esquema de cor verde e motivos de folha para referir-se a ingredientes naturais, outros são azul forte. O uso de uma só cor é suficiente para implicar pureza.**

À direita: **Concebida por LeVesque Design, Nova York, esta embalagem para os chás Silk River usa cores pastel para comunicar uma aparência antiquada tranquilizadora com toques modernos, limpos. Cada nome de chá, exibido com preeminência e matiz único na caixa, torna-se distinguível à primeira vista.**

O QUE ESTÁ NA LOJA Na era do self-service, os produtos não vêm a nós, por isso quem os vende precisa estar certo de que chegaremos a eles. Cada supermercado e loja de departamentos é um pequeno país com suas próprias estradas, mapas e sinais. Eles se apresentam em sua própria linguagem, em que a cor é parte da gramática. Mas será que entenderemos, ou balançaremos a cabeça e iremos embora?

À esquerda: **O balcão de uma delicatessen ou loja de sanduíches não só tem de dar água na boca; deve ser imediatamente compreensível. Os designs de Angus Hyland para a cadeia de cafés londrina EAT preenchem os dois critérios. As embalagens e os menus nas paredes mostram tons quentes, naturais, marrons ressaltados com pinceladas de cores vibrantes.**

Acima e à esquerda: **A qualidade dos desenhos gráficos fala alto a respeito de um supermercado. O Sainsbury combinou imagens com frases curtas e um tema laranja alegre para criar uma experiência de compra que faz as pessoas se sentirem bem. O uso da cor corporativa assegura que a loja dê um sentido de todo coerente, mas significa que a navegação não é auxiliada por códigos de cor.**

Acima: **Estes logotipos para o Jus Café usam esquemas de cores complementares para criar uma aparência fresca e alegre. Note que se evitaram as cores primárias aditivas: usadas simplesmente, poderiam ser interpretadas como denotando um produto básico ou infantil.**

Acima: **A Harvey Nichols ganhou diversos prêmios, recentemente, por suas vitrinas. Neste caso, o designer Matt Wingfield encheu painéis com grandes faixas de cor lisa, atraindo a atenção dos passantes antes de oferecer uma espiada, pelos buracos, nas mercadorias lá dentro. Quem poderia resistir a dar uma olhada?**

SINAIS DOS TEMPOS   Conduzir-se em grandes edifícios pode ser difícil até para aqueles que trabalham neles, quanto mais para alguém que os visita pela primeira vez. A solução é sinalizá-los. A cor pode ajudar a fazer com que o leiaute interno do edifício faça sentido, chamando a atenção para auxílios de orientação locais e codificando alas ou andares. Do lado de fora, a cor pode indicar a presença de uma instituição ao público.

Acima: **Fundado em 1934, o Museu Marítimo Nacional em Greenwich foi ampliado em 1999 pelo arquiteto Rick Mather, e um novo sistema de sinalização foi encomendado ao sócio da Pentagram, David Hillman, para guiar os visitantes pelo do complexo. Os painéis de alumínio, revestidos com cores primárias, são transpassados por eixos montados na parede, produzindo um efeito mastro-e-vela. As cores identificam seções ao norte, sul, leste e oeste do local.**

À esquerda: **Todo verão a Real Academia de Artes realiza uma mostra aberta, a que qualquer pessoa pode submeter pinturas. O evento é tradicionalmente popular com o público, e estas faixas vivamente coloridas têm por objetivo maximizar o número de visitantes. Projetando-se a vários metros da fachada, elas podem ser vistas a alguma distância, rua abaixo.**

Acima e à direita: **A arquitetura de Kenzo Tange (1913-2005)** transforma o edifício da matriz desta empresa de radiodifusão num edifício imponente, até desalentador. Um esquema de sinalização da Pentagram usa desenhos gráficos gigantescos, em cores fortes, para torná-lo visualmente acessível.
O motivo da estrutura (vista acima) deriva da própria arquitetura; o retângulo escuro com uma estrutura mais leve pode ser interpretado como uma referência a um aparelho de tevê.

PARTE 03. DESENHAR COM CORES
CAPÍTULO QUATRO

A COR EM MARCAS E NA PUBLICIDADE

A psicologia da cor não está em qualquer lugar de significação direta mais prática do que no desenvolvimento visual das marcas. A cor de um logotipo corporativo pode ter enorme impacto na percepção do público, no sucesso de seus produtos e até mesmo na cultura do local de trabalho de seus funcionários. Imagine o logotipo da Virgin, por exemplo, em um verde outonal em lugar de vermelho vivo. O que agora pensamos ser uma empresa impetuosa e inovadora, sem dúvida teria uma imagem completamente diferente.

Com a dominação cada vez maior de marcas globais, o uso da cor se torna mais complicado e, inevitavelmente, mais conservador. Assim como os consultores linguísticos são contratados para assegurar que um nome cujo teste é positivo em Peoria não seja uma expressão obscena em Beijing, os especialistas em cor devem avaliar as associações das cores corporativas no mundo todo. Como um número cada vez menor de cores únicas atende os padrões da aceitabilidade universal, mais e mais logos incorporam uma combinação de muitos matizes, opção que se tornou mais prática pela ascenção da reprodução em cores barata e controlável.

Algumas corporações estabelecidas já transferiram as conotações das cores por seu próprio uso. Entre as muitas outras coisas que o vermelho pode significar para as pessoas, a adição de até mesmo um fragmento de letras brancas manuscritas grita "Coca-Cola" - uma associação a que o logotipo da Virgin não está inteiramente imune, embora seja impossível dizer se isso ocorre acidental ou intencionalmente.

A publicidade, em todas as formas de mídia, depende fortemente da cor para passar a mensagem desejada, e como a mensagem agora não é tanto "Compre isto agora!" quanto "Cobice o estilo de vida que isto representa", o uso da cor pode ser guiado por sutilezas psicológicas, em lugar de buscar o impacto máximo. Além da escolha dos matizes, o uso de tonalidades pode indicar a atitude associada a uma marca ou produto. A aplicação sofisticada e caprichosa da luz e sombra pode dar um senso clássico, conservador, enquanto cores lisas e mais composições gráficas sugerem valores modernos, progressivos. As percepções podem ser desafiadas, mudando-se de um modo para outro.

Life tastes good

COLORIR MEU MUNDO A publicidade de marca - o tipo que vende uma atitude, mais do que um produto - funciona evocando um mundo cuidadosamente construído, a que o público é convidado. Depois dos odores, as cores são provavelmente o apelo sensorial que pode, quase imediatamente, manipular nossos sentimentos, antes mesmo que comecemos a ler o que se diz a respeito da marca - ou decidirmos se acreditamos numa única palavra do texto.

À esquerda: **Este anúncio da agência BMP DDB para o compacto Polo da Volkswagen compara o carro, que ostenta numerosas características de segurança, a formas naturais de proteção. As cores suaves e o fundo amarelado, juntamente com as ilustrações no estilo de gravuras, nos diz que estamos olhando para um fac-símile de um livro de texto, emprestando autoridade - e um toque de humor - à comparação.**

Abaixo: **A série de pôsteres da NB:Studio criou uma imagem ultramoderna para o fabricante de mobília Knoll, que existe há muito tempo. Linhas de desenho, brancas e limpas, sobre fundos coloridos são reminiscentes de anteprojetos, enfatizando o foco da empresa em excelência no design. As cores marcantes iluminam a mensagem.**

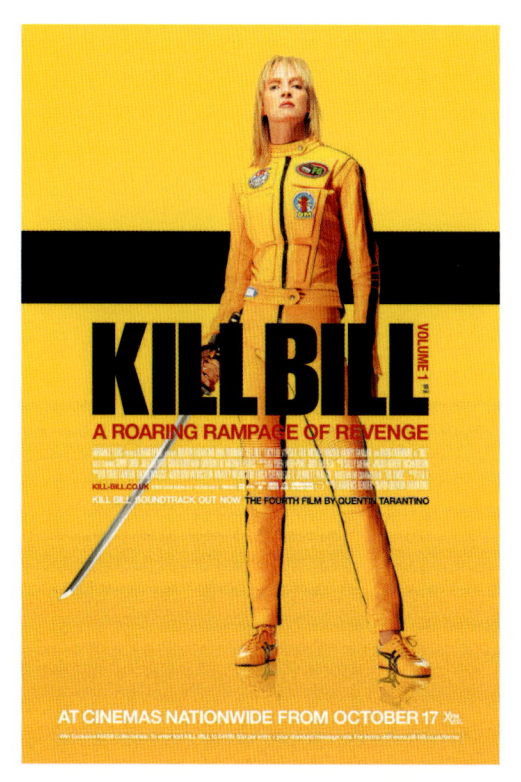

À esquerda: : **Nenhum produto aparece com mais atitude do que um filme de Quentin Tarantino. A campanha de publicidade para** *Kill Bill* **(2003) usou uma faixa preta sobre amarelo - sinal de advertência dos mais poderosos - para estabelecer um motivo tão distintivo, reconhecível sem palavras ou imagens.**
Design: Empire Design
© 2003 Supercool Manchu, Inc.
Reproduzido com permissão da Buena Vista International (UK) Ltd.

Abaixo: **Estas páginas duplas de publicidade combinam imagens monocrômicas, duras, do produto a imagens coloridas, sugerindo o estado emocional que ele poderia provocar no usuário. Flores, folhas e penas em cores complementares dão ao "Strut" uma aparência alegre, mas a exclusão do resto do espectro cria um sentimento ligeiramente ameaçador de irrealidade. Há uma atitude diferente no vermelho raivoso de "Stomp".**
Design: Jonathan Raimes & Tim Peplow Foundation

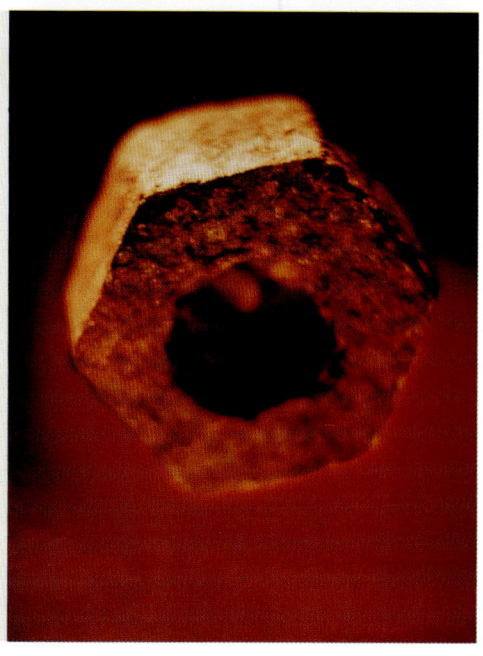

A LINGUAGEM DA COR Um esquema de cores pode representar algo específico - tal como uma marca - ou invocar uma atmosfera mais geral. Se forem bem usadas, as cores podem expressar a mensagem do anunciante tão clara e descomplicadamente quanto as palavras. E se você duvida do poder da cor, compare o número de anúncios sem palavras com o número deles sem cores.

À esquerda: **Esta campanha da agência AMV.BBDO para a** *The Economist* **lisonjeia sua audiência com a expectativa de que os leitores compreendam ironias e significados escondidos na cópia (embaixo). O código de cor branco sobre vermelho se tornou tão familiar que o nome do produto pode ser totalmente omitido, criando uma marca particularmente competente (no alto).**

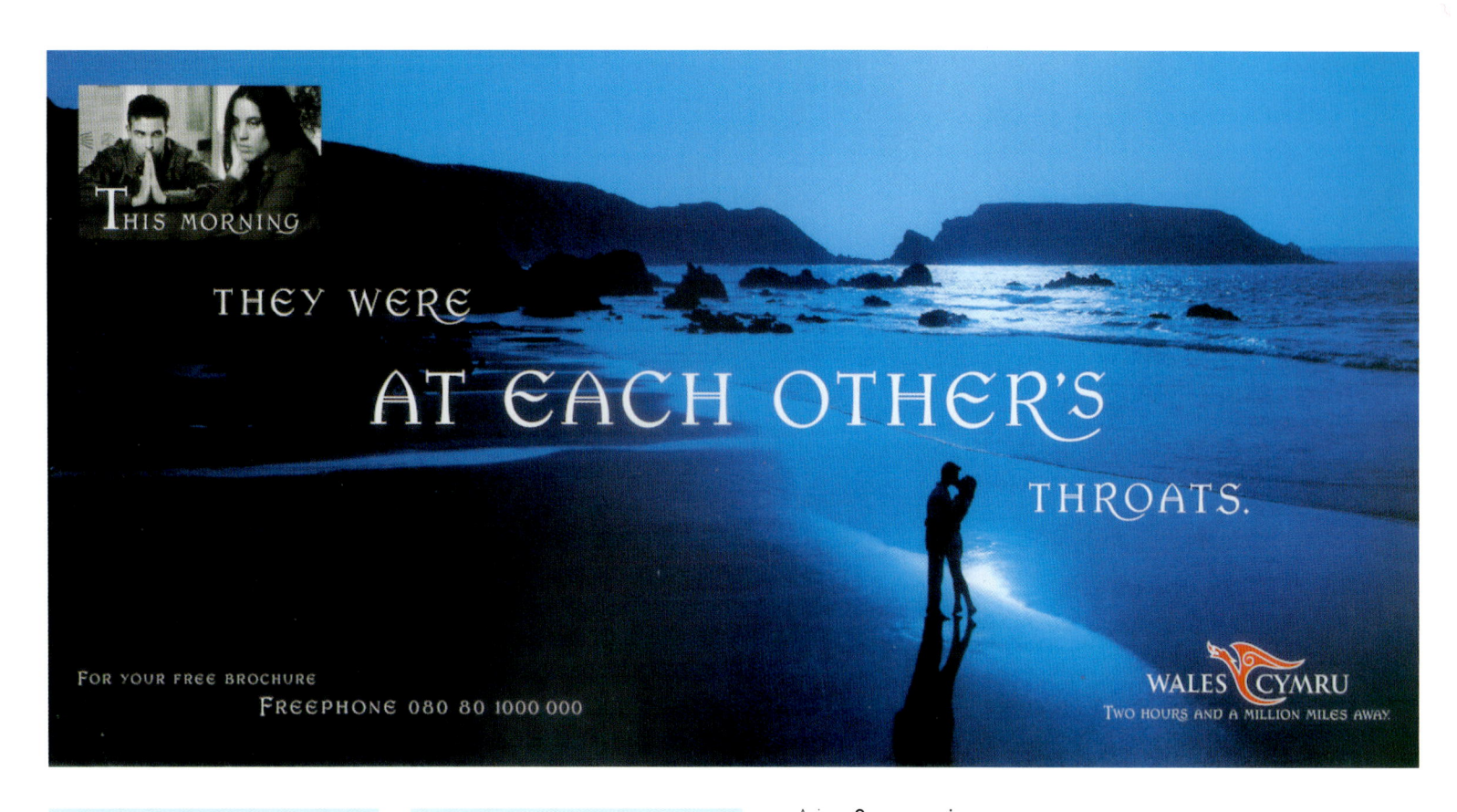

Acima: **O que uma viagem ao País de Gales poderia fazer por seu estado mental? Os azuis noturnos, frios e calmos deste pôster ajudam as palavras.**

Acima: **A cerveja preta irlandesa favorita serve a sua própria identidade corporativa: o corpo escuro distintivo e a parte superior cremosa fornecem um motivo imediatamente reconhecível. Os pictogramas nesta série de anúncios da AMV.BBDO simbolizam as qualidades da bebida de matar a sede.**
Agência: AMV.BBDO
Diretor de arte: Jeremy Carr
Ilustrador: Jon Rogers

À direita: **Este pôster, feito para uma mostra na Real Academia de Artes, chamou a atenção dos viajantes habituais do metrô de Londres com tipos grandes multicoloridos sobre um fundo rosa quente (magenta). As cores não só tornam o cartaz impossível de ignorar, mas sugerem que a mostra, em si, será tudo, menos sombria.**
Design: Heard

A COR DAS MARCAS Há muitas cores debaixo do sol, mas não chegam nem perto da quantidade de corporações multinacionais. Com apenas um número limitado de esquemas nos quais circular, a escolha de cada companhia é feita mais por um processo de eliminação do que por experimentação numa tela vazia. Ainda assim, a combinação certa de cor e forma pode ser totalmente distintiva.

À esquerda: O vermelho, o amarelo, o verde e o azul representam a vasta maioria dos logotipos. O vermelho é forte e atrevido, significando tudo e nada, mas sempre parecendo sólido e convidativo. O azul expressa autoridade e eficiência, mas precisa de seu complemento, o amarelo, para fazê-lo de modo amigável. O vermelho e o azul juntos - fundindo o quente e o frio, agitação e sobriedade - são patrióticos em alguns países, e autoritários em todos. O verde indica natureza e saúde, sejam essas qualidades logicamente associadas com os produtos que representam, ou não.

Acima: **O logotipo original da Apple Computer, do designer Rob Janoff, é dos símbolos corporativos mais carinhosos do mundo. Seu padrão de arco-íris combinava com o espírito dos anos 1970, mas foi retirado silenciosamente no final dos anos 1990, deixando em seu lugar uma forma monocromática. O mais recente sistema operacional da Apple, o Panther, exibe uma versão cromo brilhante. "É excelente pegar uma imagem e revisá-la sempre, tornando-a melhor. Sou totalmente a favor disso," diz Janoff, que já não está mais na empresa.**

Acima: **A BT trocou seu logotipo em 2003 para refletir sua "natureza multifacetada" e "estar sintonizada com a era multimídia". A nova identidade, conhecida como "mundo conectado", usa seis cores primárias e secundárias, comparadas a apenas vermelho e azul no logotipo anterior. Sabe-se que foi originalmente desenvolvido para uma divisão de banda larga da internet, mas expressava valores que - julgou-se mais tarde - se aplicavam a toda a empresa.**

À esquerda: **A MSN, o serviço on-line personalizado da Microsoft, é outra marca que optou por um logotipo multicolorido. A empresa precisava de uma marca que fosse imediatamente reconhecível, mesmo em tamanhos pequenos, pois seria usada para marcar conteúdos recomendados da internet. A borboleta é, efetivamente, uma adaptação do familiar logotipo Microsoft Windows, que é feito de quatro formas nas mesmas cores.**

PARTE 03. DESENHAR COM CORES
CAPÍTULO CINCO

A COR NA WEB

Os designers da Web têm uma incrível paleta de cores à disposição, embora devam ser cuidadosos para não explorá-la com entusiasmo exagerado, se quiserem que suas criações sejam apreciadas pelo maior número de espectadores (*ver cap. 04.04*). Então, em teoria, a Web deveria estar cheia de exemplos de designs empolgantes e inovadores. Por ser uma mídia absolutamente nova, em que as empresas estão lutando para ter presença, leva a pensar que os melhores artistas gráficos da área a teriam tornado seu próprio território, ao forjar novos paradigmas de experiência visual.

Mesmo surfando de maneira superficial e rápida, essas esperanças foram frustradas. A proliferação inicial de especialistas em tecnologia da informação (TI) evidenciou seus poucos conhecimentos de técnicas de design de interface, já obsoletas para a internet, estabelecendo algumas expectativas curiosas na mente dos usuários. Botões de efeito 3-D não eram parte da concepção original da Web.) Depois, uma onda de designers profissionais da área de impressão decidiu mudar-se para o monitor, e tinham menos treino ainda na interação do usuário e pouquíssimo conhecimento do que era realmente a internet. O resultado foi uma epidemia de sites cujo peso tornava impossível a navegação, animações empoladas e decorações inúteis, e o uso indiscriminado da cor, que frustrara o início do desktop publishing (DTP) uma década antes.

Felizmente as coisas começaram a melhorar. Hoje há grande disponibilidade de softwares infalíveis para ajudar usuários orientados para o design a criar sites básicos que funcionam adequadamente, enquanto os sites tecnicamente mais sofisticados são produzidos por organizadas equipes técnicas e criativas. Enquanto muitos sites comerciais ainda confiam em uma aplicação simples das cores corporativas a um modelo-padrão, outros usam a cor de modo mais inteligente, para criar atmosfera e ajudar a navegação.

Muitos dos melhores designers devotam pelo menos parte de seus esforços a sites puramente experimentais. Esse alcance externo do design on-line ainda é a melhor fonte de inspiração, mesmo quando se trabalha para o cliente mais conservador. Ideias sobre como os usuários interagem com os sites (em oposição a revistas, outdoors e assim por diante), como as regras convencionais de composição podem precisar ser modificadas, e como o impacto das cores, no monitor e impressas, diferem, ainda não foram amadurecidas. Qualquer pessoa que procure paradigmas estabelecidos verá que uma mente aberta é, a esta altura, a ferramenta mais valiosa.

À direita: **Este site da Web, desenhado para o fabricante de mobília Knoll pelo NB:Studio, usa um esquema de cor diferente para cada seção. Os tipos enormes, visualmente impressionantes, combinados às cores, criam um sentido gráfico forte, mesmo quando não há imagens - e sem que seja necessário um download gigantesco de dados.**

Knoll

Products

Profile, History, Philos

Knoll

© Service

Knoll

Products

Knoll

© Service

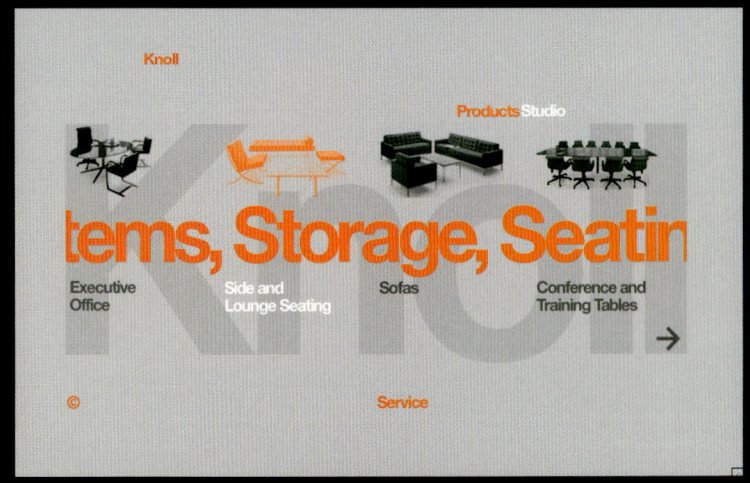

Knoll

Products Studio

tems, Storage, Seatin

Executive Office

Side and Lounge Seating

Sofas

Conference and Training Tables

© Service

ARTE PELA ARTE Não surpreende que alguns dos melhores desenhos gráficos da Web sejam encontrados em sites de indivíduos e organizações que estão no negócio de arte e design. Enquanto outros podem se interessar superficialmente pela cor, sem saber direito o que fazer com ela, estes inovadores já a dominaram e podem, agora, explorar todo o seu potencial em uma nova mídia.

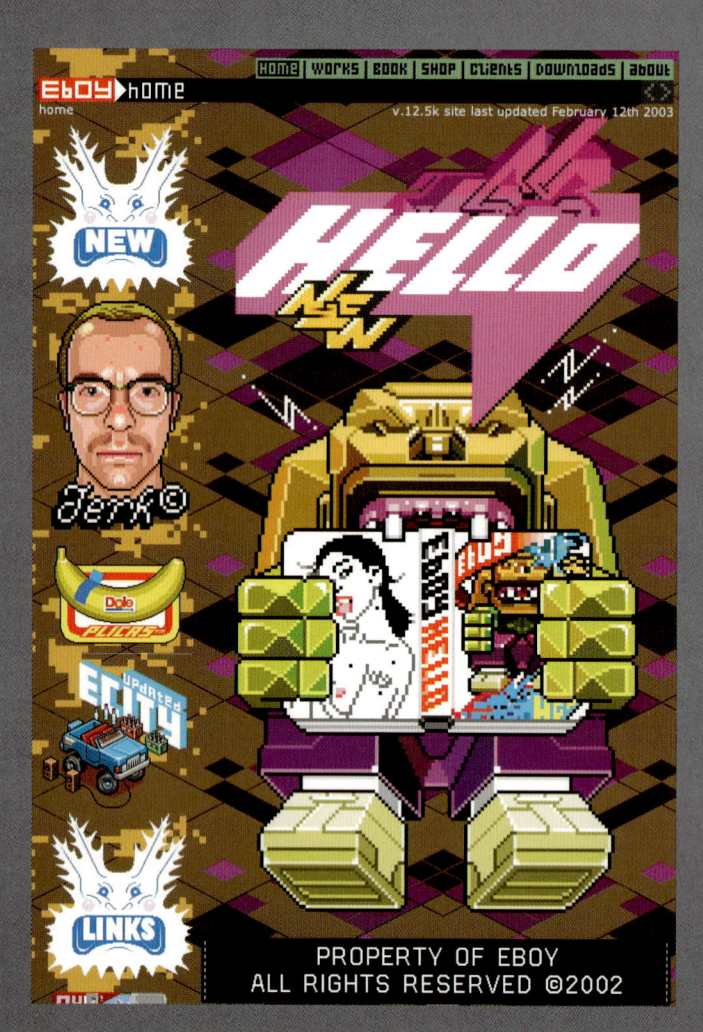

Acima: **A agência de design da Web 2advanced Studios opera um site autopromocional cujos redesenhos periódicos são esperados ansiosamente pelos aficionados. O esquema de cores complementares separados desta última encarnação é típico da sofisticada abordagem da equipe. Cada pixel parece ter sido cuidadosamente construído e dúzias de elementos animados trazem vida à página conforme o usuário move o mouse por ela. Esta "interface avançada do usuário" tem um custo: a velocidade de download em qualquer conexão que não seja super rápida será lentíssima.**

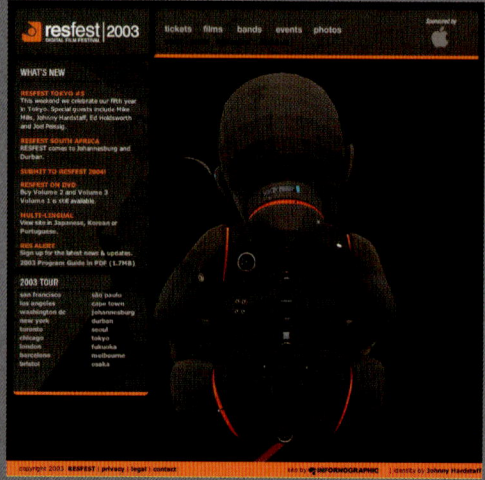

Acima: O site eBoy, de um grupo de desenhistas gráficos americanos e europeus, oferece conteúdo desafiador em cores desafiadoras. Inspirados pela diversidade - e perversidade - da vida contemporânea, eles listam suas influências como "*shoppings*, supermercados, tevê, comerciais de brinquedos, Lego, jogos de computador, noticiário, revistas...".

À direita: O mesmo princípio foi aplicado, com efeito muito diferente, para anunciar um ícone cultural mais avant-garde, o festival de filmes digitais Resfest. Desenhado pela agência novaiorquina Infornographic, com identidade produzida pelo diretor britânico Johnny Hardstaff, o site simula a entrada em um cinema escuro. Borrifos de laranja e ciano são as únicas cores.

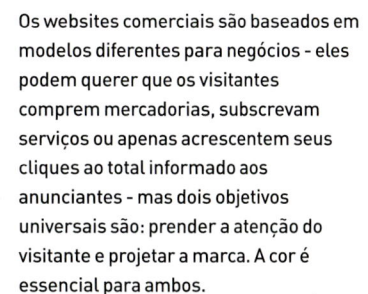

Os websites comerciais são baseados em modelos diferentes para negócios - eles podem querer que os visitantes comprem mercadorias, subscrevam serviços ou apenas acrescentem seus cliques ao total informado aos anunciantes - mas dois objetivos universais são: prender a atenção do visitante e projetar a marca. A cor é essencial para ambos.

Acima à esquerda: A Barnes & Noble cobre a maior parte de seu site com blocos coloridos, deixando uma faixa estreita de branco, no alto. Azuis e verdes dão ao conteúdo atmosfera repousante.

À esquerda e à esquerda, embaixo: Os homens são de Marte, as mulheres, de Vênus, e suas paletas de cores preferidas são separadas por milhões de quilômetros, a julgar pelos sites destas revistas. Ambos empregam a mesma parte do espectro, mas o título feminino, *Cosmopolitan*, usa tonalidades mais suaves. A revista masculina, *Maxim*, usa cores mais atrevidas, apresenta fotografias de contraste mais alto e marcado, e toda a composição salta aos olhos do visitante.

Abaixo: A Fundação Collage não quer vender nada: é uma organização de caridade. Entretanto, quer atrair a atenção do público e expressar seu *ethos*. Este website, feito pelo webdesigner inovador Joshua Davis, tem uma aparência única, alimentada por cores vibrantes.

Acima: O website da Apple é, na maior parte, monocromático e dominado pelo branco. Como no desenho impresso, isso dá a sensação de sofisticação. Entretanto a página, que promove seu sucesso comercial iTunes (download musical), usa a cor com força, para seduzir os usuários.

À esquerda: O Museu Whitney de Arte Americana usa texto branco e tonalidades escuras, para dar uma aparência distintiva e séria a seu site. Tipos modernos e imagens variadas impedem que a página fique pesada demais.

A COR DIGITAL

DESENHAR PARA A TELA

Só foi graças a um pequeno número de pensadores independentes, e algumas coincidências fortuitas, que a cor e os computadores se uniram. No início dos anos 1970, Richard Shoup, engenheiro do Laboratório de Ciências Computacionais Parc, da Xerox, construiu um sistema chamado Superpaint, que podia manipular quadros de vídeo coloridos. Juntamente com um amigo artista, Alvy Ray Smith, ele desenvolveu o Superpaint a ponto de seus desenhos gráficos psicodélicos da moda chamarem a atenção da mídia local. Seus superiores reagiram retirando os subsídios do projeto, que viam como uma tergiversação do desenvolvimento de computadores para negócios. A mesma atitude impregnou a indústria por mais de uma década.

Smith se afastou e foi trabalhar em uma empresa de efeitos cinematográficos fundada pelo diretor de *Star Wars*, George Lucas. Enquanto isso, o advento dos computadores pessoais ao alcance de muitos permitiu que outros fizessem experimentos com desenhos gráficos digitais. O Macintosh da Apple, lançado em 1984, não era colorido: de fato, não podia nem mesmo exibir gradações de cinza, só preto e branco. Ainda assim, ele começou a revolução do *desktop publishing*, auxiliado pela tecnologia de descrição de página PostScript desenvolvida por outros dois ex-funcionários da Parc, Chuck Geschke (1939-) e John Warnock (1940-), que chamaram sua empresa de Adobe. Os usuários compunham páginas na tela, imprimiam-na com a impressora a laser recém-inventada e acrescentavam imagens coloridas pelos meios tradicionais.

No final dos anos 1980, Thomas Knoll começou a programar rotinas de processamento de imagens no Mac, que logo ganhariam cores. O irmão de Knoll, John, reconheceu alguns dos princípios de processamento de imagem explorados em seu local de trabalho: a Industrial Light and Magic, de George Lucas. Juntos, os irmãos completaram um programa de edição de imagens, finalmente chamado Photoshop, que venderam à Adobe. Ele foi lançado como produto comercial em 1990, e permanece sendo o mais popular software profissional para desenho gráfico colorido até hoje.

O processamento da imagem não é a única abordagem ao desenho gráfico colorido. A Adobe também desenvolveu um programa de desenho, o Illustrator, baseado no PostScript, que manipulava geometricamente elementos definidos. O Illustrator não trabalhava com fotografias, mas dava aos artistas e designers uma tela limpa sobre a qual eles poderiam criar desenhos a partir de formas coloridas. Como cada forma podia ser editada e reproduzida com precisão, o método era ideal para a ilustração técnica. A distinção entre o processamento de imagens e programas de desenho persiste, e os programas gráficos são, assim, divisíveis em edição em bitmaps e campos de desenho em vetores, embora cada um deles, atualmente, tome emprestado o "arsenal" do outro.

No início do desenvolvimento dos computadores pessoais a cor não era prioridade, e considerava-se que os pioneiros do desenho gráfico colorido estavam desperdiçando tempo, brincando com tecnologias pouco práticas. O Photoshop, o programa de manipulação de imagem que, talvez mais do que qualquer outro produto digital, revolucionou o modo pelo qual a cor é manipulada pelos designers, se originou não de uma empresa importante, mas de dois irmãos num quartinho dos fundos. Sua evolução de simples ferramenta de edição (à esquerda) para um aplicativo imensamente complexo e poderoso (abaixo) seguiu a tendência ascendente do poder de processamento do computador.

VETOR *VERSUS* BITMAP   As imagens vetor e bitmap possuem qualidades muito diferentes. Qualquer imagem capturada do mundo real - normalmente por meio de uma câmara fotográfica ou de um escâner - será um bitmap, consistindo de quadrados coloridos, ou pixels (da expressão inglesa "*picture elements*" - elementos da imagem), arranjados em uma grade. Quanto mais pixels houver em cada centímetro quadrado da imagem, mais detalhada e realista será sua aparência. Assim, os bitmaps dependem da resolução. Uma vez que a imagem seja criada ou armazenada com determinado número de pixels, ela só pode ser reproduzida em tamanho maior pela ampliação. Isso rapidamente começa a reduzir a clareza da imagem e dar-lhe uma aparência de mosaico, ou "pixelada".

Na tela iluminada do computador não se notam os pixels, mesmo com baixa resolução de imagem. Quando os monitores coloridos se tornaram lugar-comum, exibiam cerca de 72 pontos por polegada (dpi), ou seja, 72 pixels horizontais e verticais em cada polegada. Hoje, isso subiu para cerca de 96 dpi. Assim, as imagens para uso em websites são criadas nessa resolução. Entretanto, na impressão, é mais fácil distinguir os pixels, e nossa expectativa de clareza é maior. As imagens coloridas são, por consequência, reproduzidas em torno de 300 dpi, embora resoluções de aproximadamente 150 dpi possam ser usadas em impressões inferiores, tais como jornais coloridos.

As imagens ocupam grande quantidade da memória do computador e, quanto maior for sua resolução, mais tempo se leva para processá-las. Assim, a resolução deve ser alta o bastante para manter a qualidade do output, mas também deve ser baixa o bastante para ser eficiente. Esse equilíbrio é uma constante preocupação na edição de imagens.

A arte baseada em vetores, por outro lado, é feita de objetos que são matematicamente escaláveis e, portanto, independentes de resolução. Embora as imagens em vetor sejam, no final, bitmapeadas ou rasterizadas quando visualizadas ou impressas, o artista pode mudar o tamanho dos objetos à vontade sem qualquer alteração na qualidade. Como o mesmo número de coordenadas descreve qualquer forma dada, não importa quão grande possa parecer, as imagens em vetor normalmente ocupam muito menos memória que bitmaps e são muito mais rápidas de processar.

Isso não implica que os vetores sejam mais eficientes; apenas são apropriados para um tipo diferente de imagem. Embora você possa converter uma fotografia em vetores por meio de

A imagem fotográfica (acima à esquerda) é armazenada como uma grade de pixels. Ampliá-la demais só vai aumentar o tamanho dos pixels, conferindo-lhe aparência de mosaico. Uma imagem em vetor (acima à direita) é criada como um conjunto de formas geometricamente definidas e pode ser ampliada para qualquer tamanho, mas as imagens nesse formato não podem ser capturadas do mundo real.
Imagem: Steve Caplin

um processo automático chamado tracing, os resultados são altamente estilizados. É possível, contudo, criar imagens foto-realísticas em vetor partindo do zero, produzindo resultados que lembram arte em aerografia. O último software que desenha em vetor combina bitmaps com vetores para efeitos mais avançados e, assim fazendo, renuncia às vantagens de rapidez e tamanho.

A imagem em vetor é apropriada para animação, e como arte 2-D - do tipo tradicionalmente visto em desenhos animados - pode ser armazenada com eficiência: as mudanças entre um quadro e o seguinte podem ser conseguidas ajustando-se algumas coordenadas, em lugar de milhares de pixels. A Macromedia Flash, uma tecnologia baseada em vetores, tornou-se ferramenta-padrão para a arte animada na Web.
O software plug-in gratuito necessário para vê-la agora está incluído em browsers da Web, como o Microsoft Internet Explorer e o Apple Safari.

À esquerda: **As imagens bitmapeadas podem ser automaticamente convertidas em vetores por meio das rotinas de um software autotracing. Os resultados são inevitavelmente imperfeitos, mas, com os ajustes certos, pode-se produzir um efeito artisticamente estilizado.**

Acima: **Embora as imagens exibidas com aproximadamente 70 a 100 dpi no monitor possam parecer mais bem definidas, essa resolução não é suficiente para imprimir. Compare a mesma imagem impressa com 300 dpi (no alto) e 72 dpi (embaixo).**

COMO OS COMPUTADORES REPRESENTAM A COR O mundo real é caracterizado por variações infinitas, mas no computador a variação deve ser quantificada com precisão, dividindo o sinal de input em seções de tamanho fixo, depois medindo e armazenando o valor de cada seção. A fidelidade do resultado ao original depende de dois fatores: o número de seções e a precisão com que o valor de cada seção é mensurado. Já vimos que as imagens digitais são divididas em seções chamadas pixels, e que o número de pixels por polegada determina a clareza da imagem. O segundo fator é a fidelidade da cor de cada pixel, que depende da profundidade de seu bit.

Pense na memória do computador como uma série de interruptores. Eles podem armazenar números binários (base 2) e realizar operações matemáticas. Um par de dígitos binários, ou bits, pode representar quatro números binários, o que seria escrito em algarismos como 00, 01, 10 e 11 - e no caso de processamento de imagem, 00 representa preto e 11 representa branco. Quatro bits (0000 como preto e 1111 como branco) podem representar dezesseis números (de 0 a 15), e oito bits podem representar 256 (de 0 a 255), com 00000000 como preto, 11111111 como branco e 254 tonalidades intermediárias de cinza. Um grupo de oito bits é chamado pelo termo, agora familiar, "byte". Nesse nível de complexidade, a imagem apresenta o que se chama de tonalidade contínua. Enquanto praticamente nenhuma imagem é realmente contínua - mesmo as fotografias tradicionais são feitas de pequenos pontos coloridos - o termo é usado aqui com referência a imagens que parecem ser assim quando vistas em tamanho normal, a olho nu. Mas como uma imagem contínua cinzenta se torna colorida?

A maior parte das imagens digitais é armazenada em 24 bits, cor RGB. Isso significa que cada pixel é descrito por 24 bits agrupados em três bytes, cada um dedicado aos componentes primários vermelho, verde e azul, também chamados canais. (Vimos no capítulo 01.02 como as cores primárias vermelho, verde e azul podem ser combinadas para criar qualquer cor visível.) Há, portanto, 256 possíveis valores para cada canal de cor, e

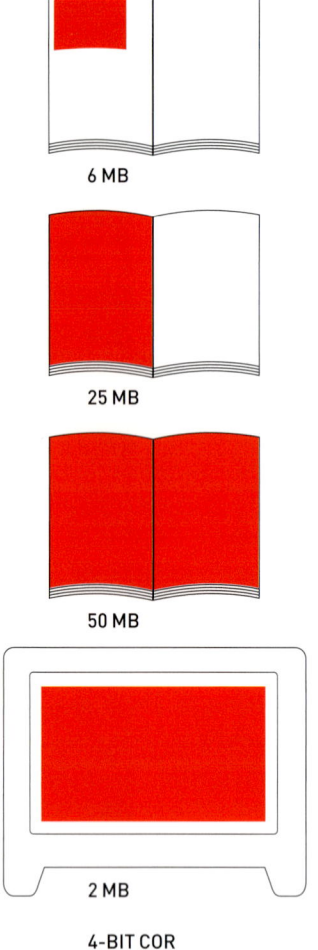

6 MB

25 MB

50 MB

2 MB

multiplicando-os (256 x 256 x 256) obtemos um total de 16,7 milhões de cores possíveis, - mais do que o olho humano pode distinguir.

Uma aritmética simples lhe dirá quanto de memória de computador é necessária para armazenar uma imagem bitmap de determinada resolução e profundidade de bit. Por exemplo, uma foto de 15 cm x 10 cm, tirada com 300 dpi de resolução para impressão, ocupará 15 cm x 10 cm x 300 x 300 pontos x 3 bytes = 6.480.000 bytes, ou 6.18 megabytes. Um kilobyte (KB) tem 1.024 bytes, e um megabyte (MB) tem 1.024 kilobytes.

Agora deveria estar claro que a cor é uma das razões pelas quais os desenhos em vetor ocupam espaço bem menor. Um retângulo do tamanho A4, por exemplo, seria armazenado em formato vetor como uma instrução para desenhar um retângulo, quatro conjuntos de coordenadas definindo seus ângulos e um único valor cromático - apenas alguns bytes no total. Em um editor bitmap como o Photoshop, contudo, trabalhando em 300 dpi, o mesmo retângulo consistiria de 8.699.850 pixels, cada um deles com um valor cromático, totalizando 25 MB de dados.

1-BIT COR

2-BIT COR

4-BIT COR

8-BIT COR

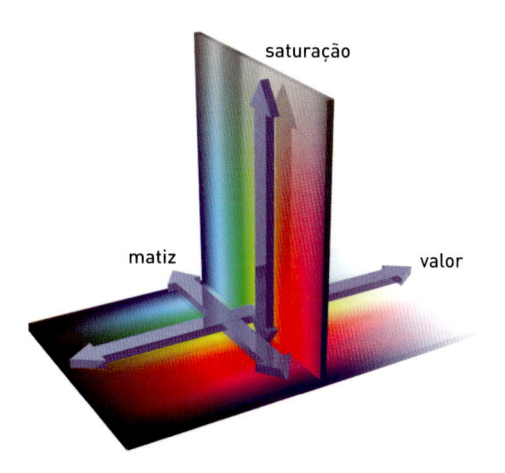

Abaixo: O HSV (também chamado HSL ou HSB) é um modelo cromático alternativo ao RGB. H (*hue*, "matiz", em inglês) descreve o matiz do pixel – sua posição no espectro. S (saturação) dita quão forte é a cor, com valores de zero criando cinzentos. V (valor) vai do escuro ao claro.

saturação

matiz · valor

Acima: Cada pixel em uma imagem bitmap tem um valor cromático. Geralmente, isso é especificado como proporções de vermelho, verde e azul, as cores primárias da mistura aditiva. Em 24-bit cor, o formato mais comumente usado, cada cor primária é representada por oito dígitos binários, dando um total de 256 possíveis valores (de 0 a 255).

Acima: Em softwares gráficos como o Photoshop, você pode especificar as cores digitando valores numéricos, ou escolhê-los em uma amostra visual.

16-BIT COR

À esquerda: As imagens com pouca profundidade cromática são armazenadas com uma lista dos valores cromáticos encontrados em seus pixels. Uma imagem 8-bit, por exemplo, pode ter, no máximo, 256 cores. Quanto menos cores houver, menor será o arquivo da imagem.

ESPAÇOS DIGITAIS COLORIDOS Embora o modelo RGB se origine naturalmente do modo como percebemos a cor, não é a única maneira de ela ser representada digitalmente, nem é tão simples como pode parecer. Vamos voltar um passo. Como vimos no capítulo 01.03, para definir as cores significativamente, precisamos adotar algum tipo de sistema que represente o espectro visível.

Nesta página: **Um arquivo 8-bit de uma imagem colorida,** convertido usando uma paleta adaptativa, que inclui tantas cores, ali existentes, quanto possível, pode ser quase indistinguível do original. Se uma tabela de cores predefinidas for utilizada, como a paleta Web-safe ou o sistema paleta de determinado sistema de computador, a qualidade será muito reduzida. Isso, hoje, raramente é necessário.

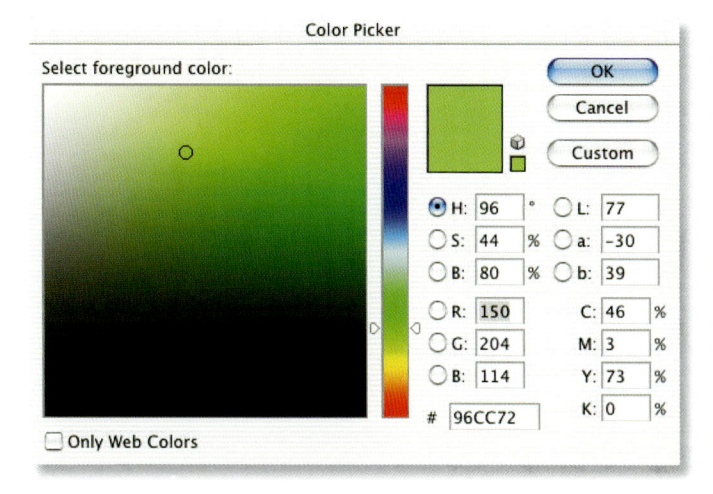

À esquerda: **Os Color Pickers da maior parte dos softwares gráficos permitem que você use o modelo de cor que preferir. A conversão entre eles é feita automaticamente.**

À direita: **O sistema HSV torna a mistura mais intuitiva. Tendo selecionado um matiz do espectro, sua saturação e brilho podem ser ajustados independentemente. A cor Lab, que se relaciona ao processo oposto na visão humana (*ver p. 25*) não é muito fácil de compreender, e é usada com menor frequência na especificação de cores, embora possa ser útil para processar imagens nesse modo (*ver p. 198*).**

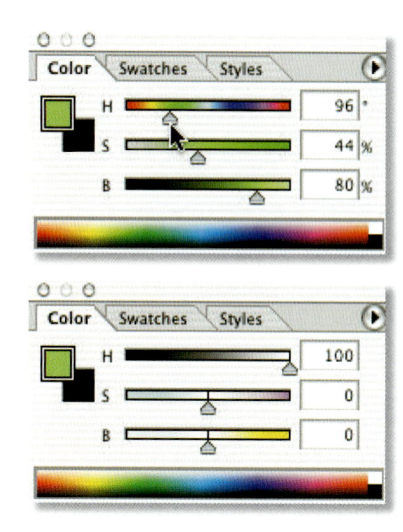

No início da computação colorida, os engenheiros de cada sistema apareciam com seus próprios sistemas "bons o bastante". As coisas eram mais simples, na época, porque a memória era escassa e, em lugar de definir precisas receitas RGB para cada pixel, um limitado número de cores era usado para definir os pixels.

Normalmente, um byte era alocado para cada pixel, resultando em um total de 256 valores possíveis. Esses valores não representavam uma cor real, mas uma posição na lista de cores predefinidas - chamada color look-up table, ou Clut - já armazenada na memória. A tabela de cores padrão, construída dentro do computador, era a paleta do sistema. Idealmente, os usuários poderiam substituir a paleta por outras, diferentes, à vontade, de modo a poder aplicar as cores incluídas na imagem exibida. (Os usuários descobriram rapidamente que também poderiam criar empolgantes efeitos de ondulação mudando de paletas rapidamente.)

Com 16,7 milhões de cores para brincar, os espaços coloridos que agora usamos são modelos matemáticos complexos, e é necessário um sistema mais sofisticado. O modelo de espaços cromáticos é CIE-Lab, proposto inicialmente pela Comissão Internacional para a Iluminação (CIE) em 1960, e publicado em 1976. Trata-se de uma transformação do espaço CIE-XYZ (*ver p. 47*) em que, em lugar de combinar as três cores primárias, as cores são definidas por valores chamados L, a e b. O L representa o brilho ou a luminosidade, enquanto a e b podem ser descritos como vermelho-esverdeado e amarelo-azulado.

A cor Lab tem por objetivo ser perceptualmente uniforme, de modo que as relações matemáticas entre os valores cromáticos correspondem às relações visuais que vemos: "metade de preto", "duas vezes mais vermelho", e assim por diante. O principal problema da cor Lab é que é matematicamente intensa demais

Abaixo: **Um espaço cromático RGB consiste em um triângulo dentro do diagrama CIE da percepção humana da cor. Embora a gama de diferentes modelos RGB varie, uma grande parte do espectro visível é sempre excluída. Apesar disso, um espaço RGB é grande o bastante para abranger quase todas as cores que você vê em seu monitor ou são impressas.**

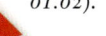

para um processamento eficiente da imagem digital. Essa é a razão pela qual voltamos ao RGB para o armazenamento e a manipulação diários. Um espaço cromático RGB é definido como um triângulo desenhado com três pontos (primários), dentro do diagrama CIE do espectro visível. O espaço cromático real de seu monitor, por exemplo, é chamado Monitor RGB. Mas outros espaços RGB podem ser definidos usando cores primárias arbitrárias, para cobrir uma gama de cores úteis. Os exemplos incluem sRGB e Adobe RGB (1998).

Como a maior parte das pessoas não pensa instintivamente sobre a cor em termos de combinações RGB, para não mencionar as inomináveis propriedades do Lab, outros tipos de espaço cromático foram inventados para permitir que as cores fossem definidas mais intuitivamente. HSV, algumas vezes chamado HSB, expressa a cor numericamente em termos de matiz (verde, amarelo, roxo ou o que quer que seja), saturação (quão não cinzento é) e valor (brilho). Estes correspondem às propriedades físicas do comprimento de onda dominante, percepção imediata e luminância (*ver cap. 01.02*).

O GERENCIAMENTO DA COR Vimos que as imagens podem ser armazenadas e manipuladas em qualquer número de espaços cromáticos definidos arbitrariamente. Segue-se que um valor cromático numérico não é suficiente, em si, para dizer a um aparelho digital ou a um programa de software que cor um pixel ou uma forma de vetor deveria ter. O aparelho, ou programa, também precisará saber a que espaço cromático esse valor se refere, e estar equipado com uma fórmula para converter daquele espaço ao que ele próprio está usando.

A mínima informação que se requer é uma indicação do tipo de espaço cromático usado: RGB, Lab, HSL, e assim por diante. Os formatos de arquivos gráficos ou incluem essa informação com cada imagem, ou manuseiam apenas um tipo. Portanto, desde que o modelo relevante possa ser interpretado pelo hardware ou software, ele fará com que os dados façam sentido. Para reproduzir as cores exatamente, entretanto, são necessárias informações precisas sobre o espaço cromático específico em que a imagem foi criada.

Passando essa informação adiante, e usando-a para converter com precisão de um espaço cromático a outro, é tarefa de um sistema de gerenciamento de cor (CMS, da denominação em inglês *color management system*). O padrão da indústria para CMSs, estabelecido pelo Consórcio Internacional da Cor (ICC, da denominação em inglês *International Colour Consortium*) em meados dos anos 1990, usa arquivos de software chamados perfis ICC para definir espaços cromáticos. Os perfis existem tanto para espaços arbitrários, como Adobe RGB, como para os espaços cromáticos reais de produtos como monitores, escâneres e impressoras.

Abaixo: **Em um sistema de cor gerenciado, cada aparelho digital usado tem um perfil cromático. O sistema de software utiliza-o para converter as cores da imagem corretamente entre um aparelho e outro, seja esse espaço cromático aditivo (RGB), seja subtrativo (CMYK). Todas as conversões são feitas através do "espaço de conexão" CIE, evitando a necessidade de tabelas de conversão específicas para cada par de aparelhos.**

O que um perfil define, na realidade, é a relação entre um modelo cromático dado e os espaços CIE-XYZ e CIE-Lab, que são usados como modelo de referência ou espaço de conversão de perfil (PCS) - da denominação em inglês *profile conversion space*. Isso significa que dados cromáticos podem ser traduzidos de qualquer espaço cromático para outro, desde que tenha sido instalado um perfil para cada um deles.

Os sistemas de gerenciamento da cor ICC são construídos na maior parte dos computadores. Como membro fundador do ICC, a Apple foi pioneira lançando seu próprio CMS, chamado ColorSync, que é parte do Mac OS. A Microsoft fez o mesmo com suporte ICC em versões recentes do Windows, embora prefira promover sua própria forma de gerenciamento cromático, que é simplesmente usar o espaço cromático

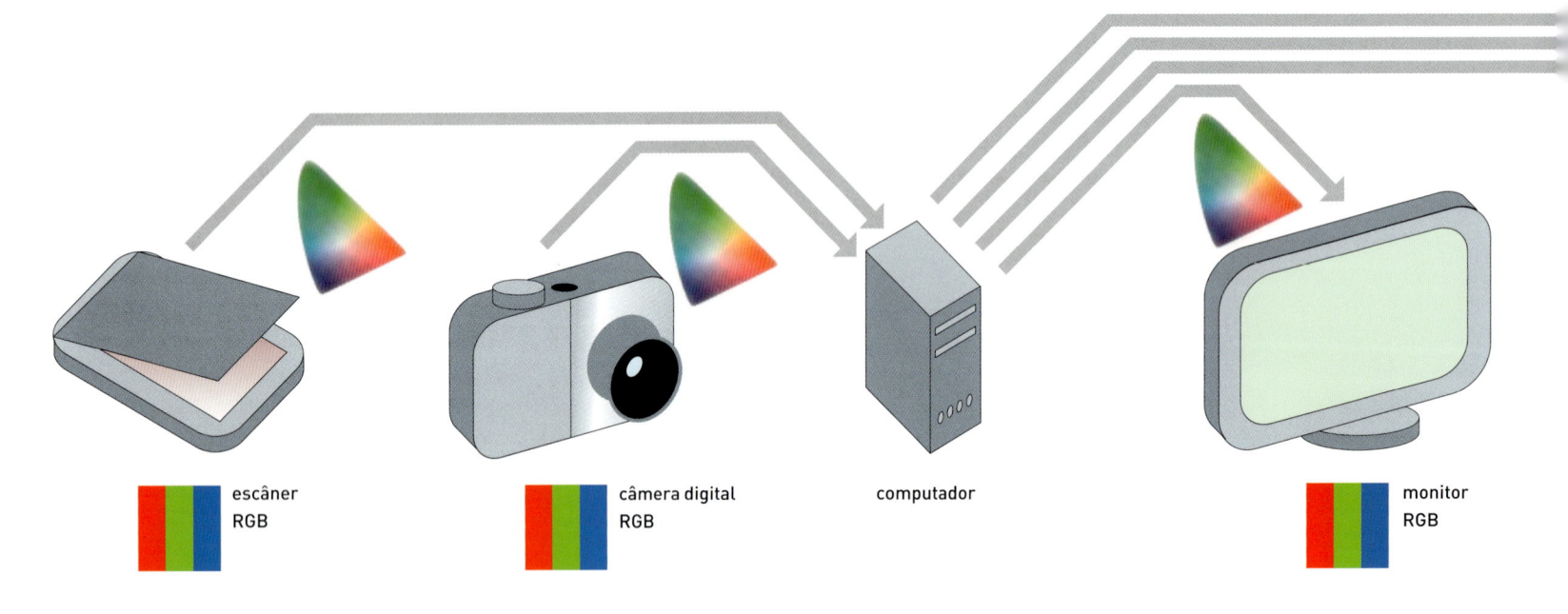

escâner
RGB

câmera digital
RGB

computador

monitor
RGB

sRGB para tudo. Infelizmente, o sRGB tem uma gama pobre, tornando-o inapropriado para uma utilização séria, e particularmente para o artista, o fotógrafo ou o designer consciente da cor. Por causa disso, os produtos de imagem profissionais provavelmente nunca se tornarão padronizados para sRGB. De qualquer modo, um único espaço cromático não pode satisfazer todas as necessidades, e assim que mais de um for incluído no trabalho, será necesasário um CMS para administrar as conversões.

Por conseguinte, embora o gerenciamento da cor ICC possa parecer complicado de compreender no início, aplicá-lo em todo o sistema é o único modo de assegurar que as cores aparecerão como você espera que apareçam no trabalho concluído.

Acima: **Se o gerenciamento da cor for implementado corretamente, a imagem capturada por sua câmera deveria ser transferida fielmente para o software e reproduzida com precisão no monitor. Na prática, haverá sempre algum grau de discrepância: o objetivo é reduzi-la tanto quanto possível, sem gastar grandes quantidades de tempo ou dinheiro.**

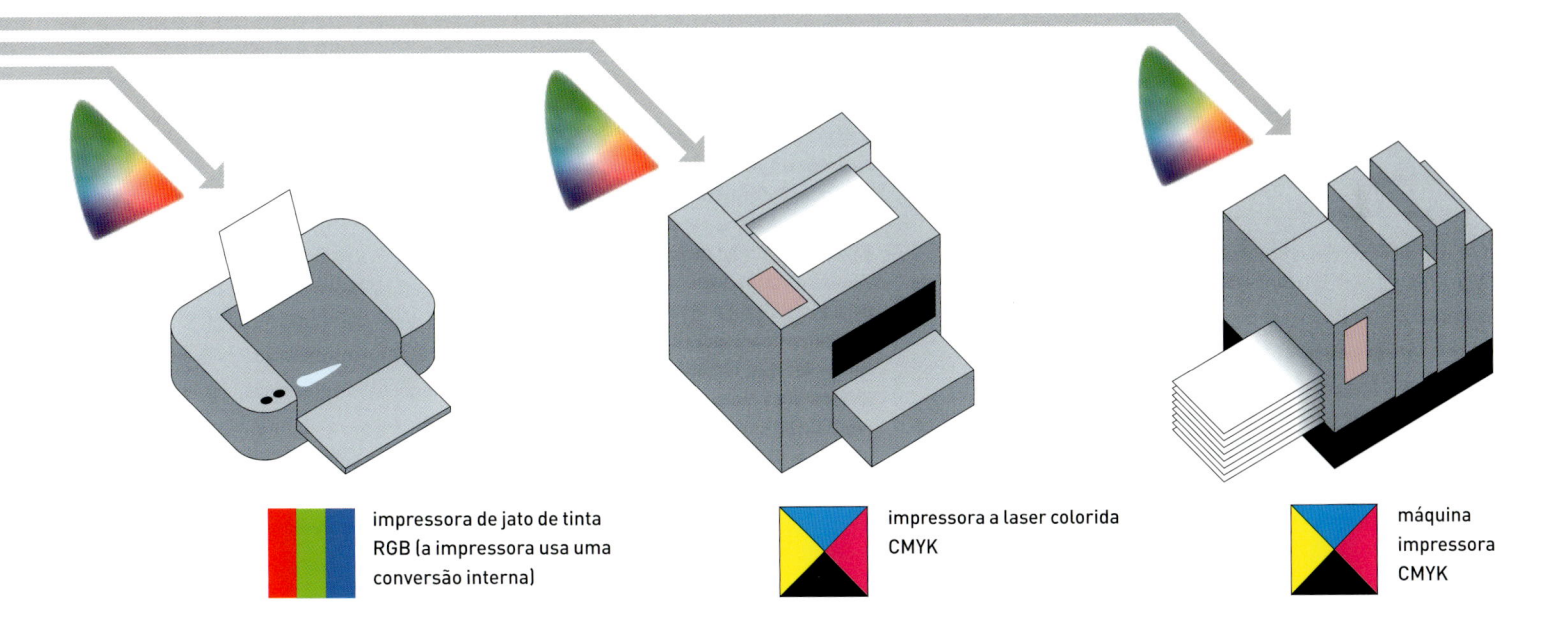

impressora de jato de tinta RGB (a impressora usa uma conversão interna)

impressora a laser colorida CMYK

máquina impressora CMYK

CALIBRAR E PERFILAR

Os perfis ICC fornecidos com o hardware de imagem são predefinidos, ou enlatados: eles descrevem o comportamento da cor especificado no desenho daquele aparelho em particular. Na realidade, é impossível saber se a máquina corresponde àquela especificação - e se ainda corresponderá depois de seis meses de uso - a menos que você teste o aparelho. O processo de teste, conhecido como calibragem, sempre é seguido pela geração automática de um novo perfil ICC que corresponde ao desempenho do aparelho testado. Em alguns casos, serão feitos ajustes também no próprio hardware, para otimizar seu desempenho cromático.

A calibragem é opcional, e o hardware e software de que você necessita para fazê-la não são padrão: você terá de gastar muitas centenas ou milhares de reais. Se não pode arcar com essa despesa, você pode administrar a cor usando apenas perfis enlatados, e conseguirá, ainda assim, obter resultados consideravelmente melhores do que sem um CMS. Mas a calibragem regular e o perfilar renderão uma reprodução colorida mais confiável e precisa.

Os escâneres estão entre os aparelhos mais fáceis de calibrar, porque os dados que geram podem ser analisados diretamente pelo computador. Nenhum outro hardware é necessário: o kit de calibragem inclui software e a cor-alvo, que consiste em um pedaço de papel fotográfico (ou transparência, para verificar escâneres de transparências) impressos com centenas de manchas coloridas. A maior parte dos alvos é conforme a uma especificação chamada IT8. Para calibrar, você escaneia o alvo "cru" - com o gerenciamento cromático desligado - e importa a imagem escaneada para o software de calibragem, que compara os resultados com uma tabela predefinida de valores corretos.

Acima: O espectrofotômetro, com um braço para escanear automatizado, é usado para ler valores de quadros de cores feitos pela impressora. O software, então, compara essas cores com uma tabela preestabelecida de valores para produzir um perfil para a impressora. Mesmo as máquinas impressoras podem ser calibradas, reduzindo fortemente a margem de erro na reprodução em cores.

É, então, gerado um perfil ICC, com base nas discrepâncias. Há muitas abordagens matemáticas diferentes para isso, e sua relativa complexidade e eficácia explica, em parte, a enorme diferença no preço de produtos de calibragem de baixo e alto nível.

Calibrar uma impressora é mais difícil, porque o resultado final está no papel, e não no computador. Alguns produtos permitem calibrar o output da impressora com o escâner, mas a maior parte dos escâneres, mesmo previamente calibrados, realmente não tem precisão o bastante para desempenhar bem essa tarefa. Ao contrário, é preferível investir em um espectrofotômetro ou colorímetro, aparelhos para medir cores. Os colorímetros leem valores de uma cor-alvo, fornecida como arquivo de imagem, que você coloca na impressora a ser calibrada.

Um aparelho que realmente deve ser calibrado é o monitor. Novamente, você pode usar um colorímetro. Os modelos de empresas como a GretagMacbeth estão disponíveis por preço menor do que um programa para edição de imagens, e trabalham com a maior parte das telas de tubo de raios catódicos (CRT, do inglês *cathode ray tube*) e apresentação visual em cristal líquido (LCD, do inglês *liquid crystal display*). Alternativamente, você pode comprar monitores profissionais que vêm com seu próprio software de colorímetro e calibragem, tais como o Sony Color Reference System. Se nenhuma dessas opções cabe em seu orçamento, a melhor coisa a fazer é calibrar seu monitor subjetivamente, usando ou o Apple Display Calibrator (só para Mac OS) ou o Adobe Gamma (fornecido com o Photoshop tanto para o Mac como para o PC).

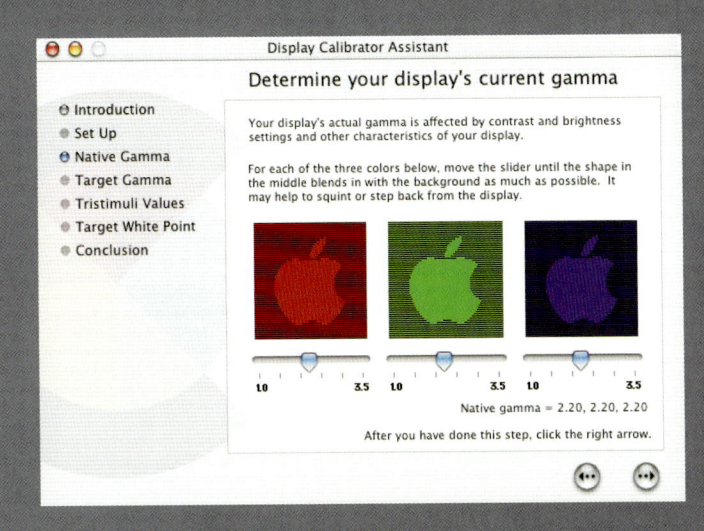

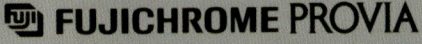

Acima: **Os monitores podem ser calibrados a olho para melhorar a fidelidade da cor, sem qualquer despesa extra.**

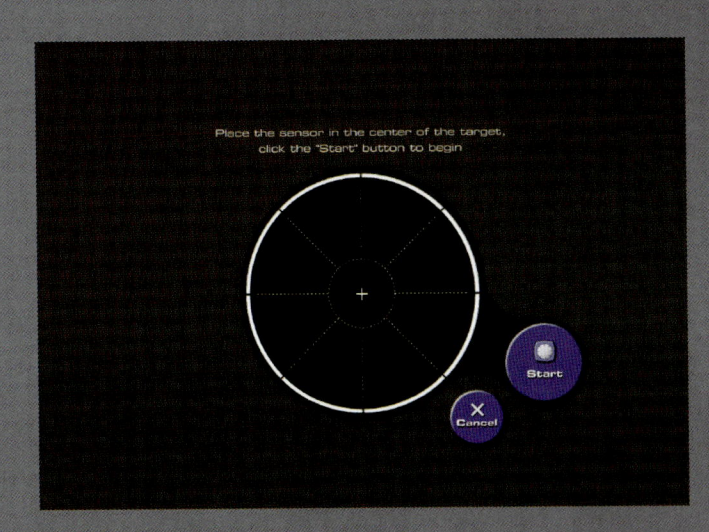

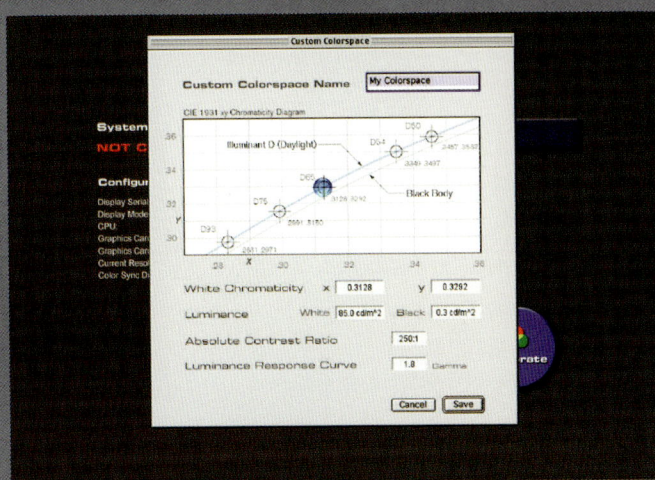

À esquerda e embaixo:
Os monitores profissionais, como o Sony Color Reference System, vêm com os sistemas de gerenciamento da cor integrados. Um colorímetro é anexado à tela para permitir a calibragem automática, que deveria ser atualizada a cada poucas semanas.

Acima: **Os alvos de cor IT8 são** frequentemente usados na calibragem, para gerenciamento da cor. As tabelas são fornecidas como fotos impressas ou transparências para escâneres e câmeras fotográficas, e como arquivos digitais para impressoras.

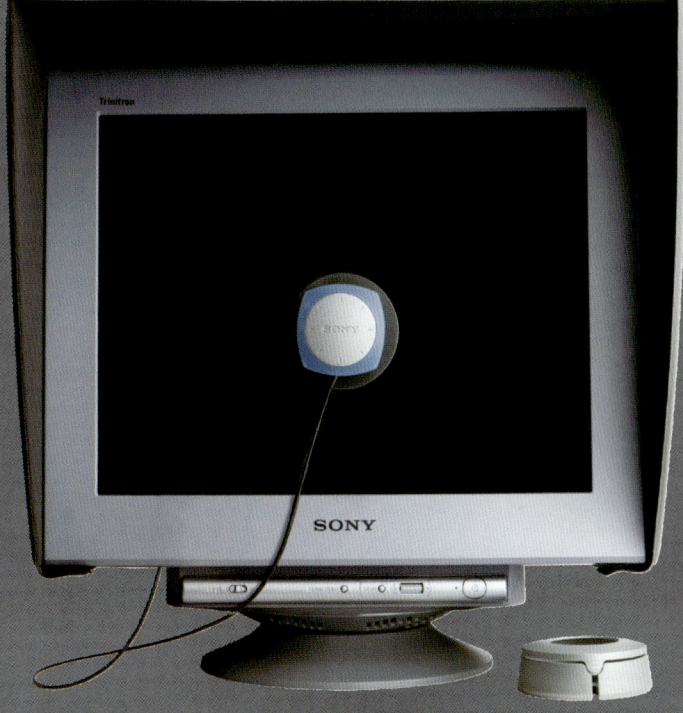

PARTE 04. A COR DIGITAL
CAPÍTULO DOIS

CAPTURA DA COR

Em outubro de 1969, os físicos americanos do Bell Labs, em Nova Jersey, esboçaram um novo semicondutor que chamaram dispositivo de carga acoplada (CCD, do inglês *charge-coupled device*). Elemento-chave na imagem digital, o CCD é, muitas vezes, comparado a um conjunto de baldes numa correia transportadora. Quando a luz, em forma de fótons, cai no chip CCD, são gerados elétrons livres. Estes se reúnem em milhões de minúsculos pacotes de carga elétrica - os baldes - que podem então ser movidos, uma fileira de cada vez. No final da correia transportadora, os baldes são esvaziados em uma memória separada. O número de elétrons em cada balde corresponde ao brilho da luz que caiu naquela área do chip, de modo que todos os dados desenvolvem uma imagem completa.

Os chips CCD são divididos em três tipos principais: full--frame, interline e linear. Os CCDs full-frame reúnem elétrons pelo tempo que a luz cair sobre eles e assim, como nos filmes, só registrarão uma imagem com sucesso se a exposição for limitada mecanicamente por um obturador. Uma vez que o obturador se feche, todos os dados são imediatamente desviados, o que leva uma significativa fração de segundo. Os CCDs interline têm componentes adicionais - baldes extras - em que os dados podem ser transferidos a qualquer momento, registrando assim a quantidade de luz que caiu sobre o chip até então, e atuando como um obturador virtual. Isso permite atualizações muito mais rápidas, mas significa que o próprio sensor fica comprimido em menos que a metade do espaço a ele alocado no conjunto, limitando a qualidade da imagem. Os chips lineares são usados em escâneres, capturando pequenas quantidades de dados e movendo-se muito depressa.

Todos os CCDs são monocromáticos - eles podem detectar somente a quantidade de luz que bate neles, não sua cor. Assim, as imagens coloridas são capturadas por meio de um conjunto de filtros de cor (CFA, do inglês *color filter array*), que é colocado sobre o CCD durante o processo de fabricação. Ele bloqueia todas as cores primárias menos uma de cada célula do conjunto, de modo que alguns registram apenas o vermelho, alguns só o verde e alguns só o azul. O resultado são três canais de cores, cada um com buracos onde estão os pixels de outras cores; os buracos são, então, preenchidos por interpolação, para completar a imagem.

Embora os CCDs predominem, algumas câmeras digitais usam sensores de imagem baseados em tecnologia de complementação do semicondutor metal-óxido (CMOS, do inglês *complementary metal-oxide semiconductor*) - semelhante aos transistores usados no interior dos computadores - e alguns escâneres têm componentes de contato de sensor de imagem (CIS, do inglês *contac image sensor*) em lugar de CCDs. Nos dois casos, os benefícios estão na economia de custo e espaço, mas não em melhor qualidade. Por outro lado, muitos escâneres drum, usados por casas reprográficas, são baseados na tecnologia mais velha do tubo fotomultiplicador (PMT, do inglês *photomultiplier tube*). Os PMTs são mais precisos que os CCDs, mas o maquinário que os circunda é complicado.

Um conjunto de filtros cobre os milhões de células fotossensitivas em um dispositivo de carga acoplada (CCD). Os chips são usados em câmeras digitais e escâneres para converter luz em sinais digitais, trazendo as imagens do mundo real ao computador.

O USO DE ESCÂNER DE MESA

O escâner de mesa pode não estar presente em muitas listas das maiores inovações tecnológicas do século XX, mas seu desenvolvimento foi extraordinário. No início dos anos 1990, era um luxo caríssimo para grandes agências criativas e editoras. Hoje, os preços baixaram tanto que os mais baratos, começando com cerca de US$ 50, são quase descartáveis - e ainda assim oferecem resoluções de até 1.200 dpi em velocidades razoáveis. Os modelos de qualidade profissional agora estão disponíveis por menos de US$ 1.500.

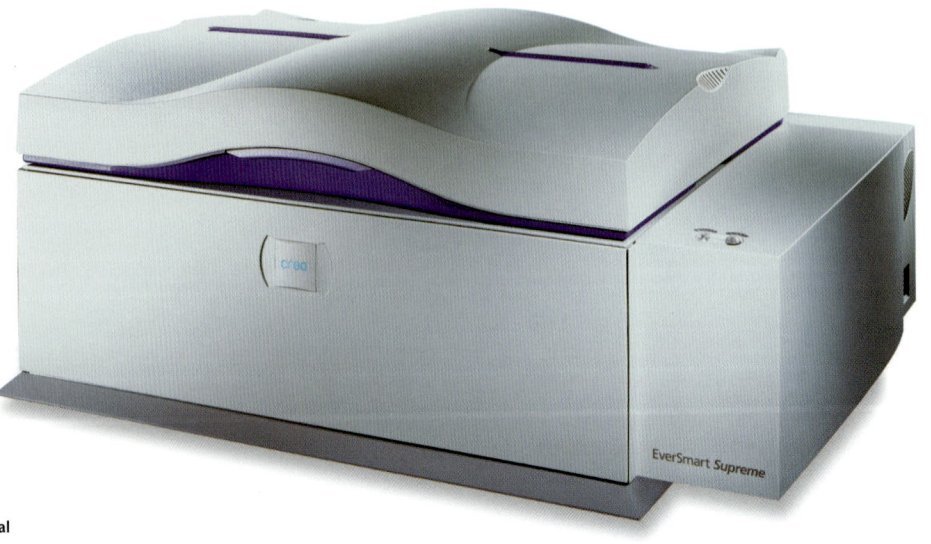

Por que um leque tão grande de preços? A resolução é uma pista meio falsa, neste caso: você pode comprar uma máquina de 4.800 dpi por menos de US$ 500 e, ainda assim, uma máquina para especialistas, custando três vezes esse preço, pode oferecer menos. Lembre-se de que a qualidade da imagem é determinada não só pelo número de pixels, mas por quão precisamente a cor de cada pixel é mensurada. A maior parte dos escâneres, agora, disponibiliza memória extra para cada pixel, usando 36 ou 48 bits em lugar de 24. Contudo, isso nada diz sobre como o hardware captura, inicialmente, a cor. Uma indicação de fidelidade é a gama dinâmica. A densidade óptica é medida em uma escala de 0 (branco puro) a 4 (preto puro) e a faixa de medição dinâmica de um escâner é expressada pelo número que representa a proporção dessa faixa que pode distinguir. Um escâner barato pode ser avaliado tão baixo quanto 2,4, enquanto um modelo de alta qualidade poderia receber 3,8.

Isso certamente não nos conta a história toda e, para entender o resto, temos de olhar sob a tampa. A imagem a ser digitalizada é colocada com a face para baixo sobre o vidro. Abaixo disso, o sensor de imagem (CCD ou CIS) está montado sobre um braço motorizado juntamente com uma lâmpada, em um conjunto chamado carro leitor. Depois que você fecha a tampa e começa a escanear, a lâmpada é ligada e o sensor de imagens começa a registrar uma linha de pixels na largura do vidro. Como um sensor com a largura total é caro e difícil de manejar, um complicado conjunto de lentes e espelhos é usado para direcionar a luz de seções sucessivas para o sensor, que envia os dados para

Acima: **Os escâneres de mesa coloridos podem, agora, ser comprados por bem menos do que US$ 150 e produzir resultados razoáveis, embora não sejam satisfatórios para os profissionais. Ao contrário das impressoras baratas, eles não incorrem em quaisquer custos de manutenção.**

Abaixo: **Os escâneres desktop profissionais como a Creo Eversmart custam uns milhares de dólares, mas justificam o preço pela precisão significativamente mais alta e pela fidelidade à cor.**

a memória. Tendo completado a largura, o carro leitor se move uma fração de polegada no comprimento do vidro e o processo recomeça. Dada a alta velocidade em que tudo isso é feito e o minúsculo tamanho do sensor de imagens, a qualidade das lentes e dos espelhos - a óptica - pode ter um efeito significativo no resultado final, tanto quanto a da eletrônica. De fato, esses componentes mecânicos são difíceis de fabricar e montar com precisão absoluta: daí o alto preço dos escâneres de mesa de melhor qualidade.

O método de escanear na largura e comprimento também dá origem aos números de dupla resolução dados para escâneres de mesa, como 2.400 x 4.800 dpi. O número menor é uma função do sensor de imagem, enquanto o maior se refere ao menor passo que o carro leitor pode dar. Antes que a imagem seja enviada ao seu computador, são interpolados mais pixels para trazer a largura à proporção da altura. A interpolação também pode ampliar a imagem toda, mas não dá melhores resultados do que fazê-lo em seu editor de imagens - e qualquer reivindicação de fabricantes por resolução interpolada deve ser ignorada.

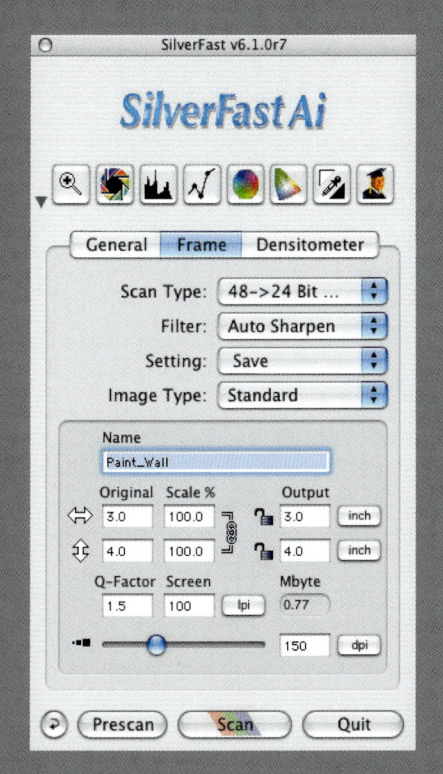

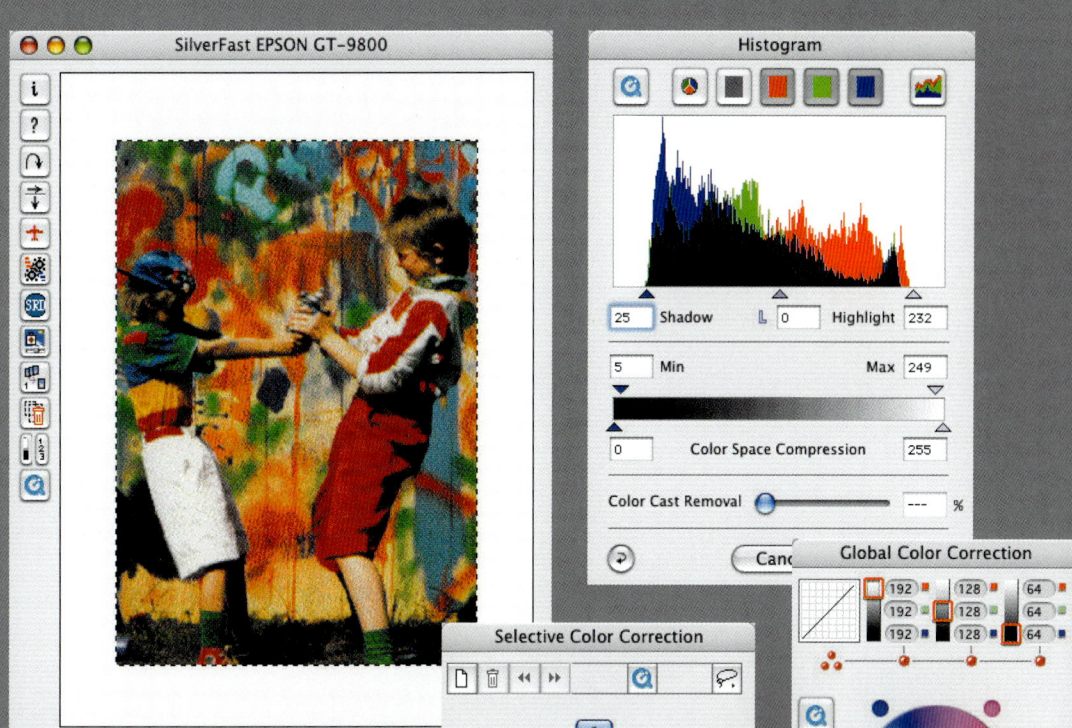

Nesta página: O software de captura de imagens fornecido com seu escâner mostrará uma pré-imagem do que está no vidro, juntamente com várias opções para controlar a maneira pela qual será digitalizada. Os modos de resolução e cor são os que todo mundo precisa conhecer a fundo. Os controles de tonalidades devem ser deixados no automático, mas podem-se fazer alguns ajustes, para corrigir imagens individuais ou adaptar o desempenho geral do escâner para a preferência do designer ou o estilo visual de determinado trabalho. Pode-se aplicar uma definição de imagem para compensar a leve suavização que a digitalização inevitavelmente faz; o descreening remove interferências de imagens escaneadas de originais em meios-tons (como jornais). Gera-se primeiro uma pré-imagem, que leva alguns segundos; puxe o retângulo para a janela de pré-visualização para capturar a área dentro dela; faça os ajustes necessários, baseado na aparência da pré-imagem, e finalmente clique Iniciar digitalização. Os escaneamentos de resolução muito alta podem levar vários minutos.

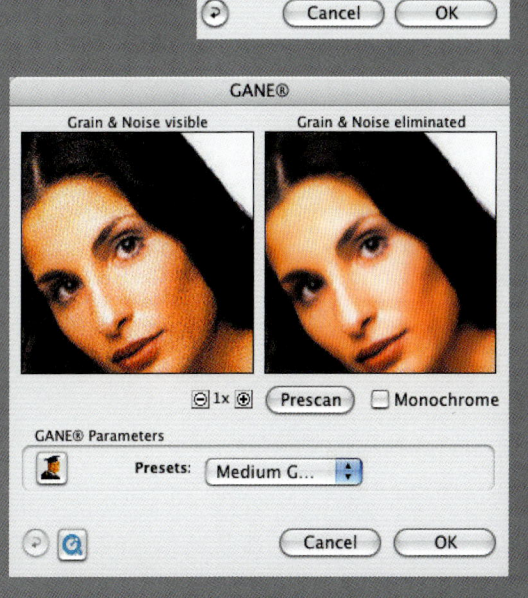

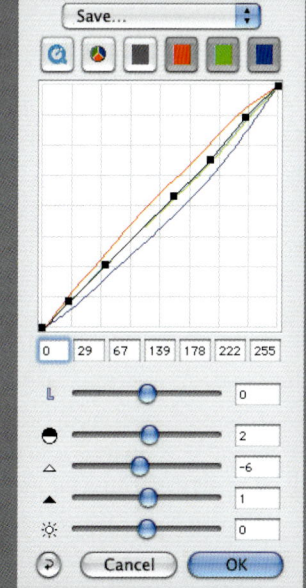

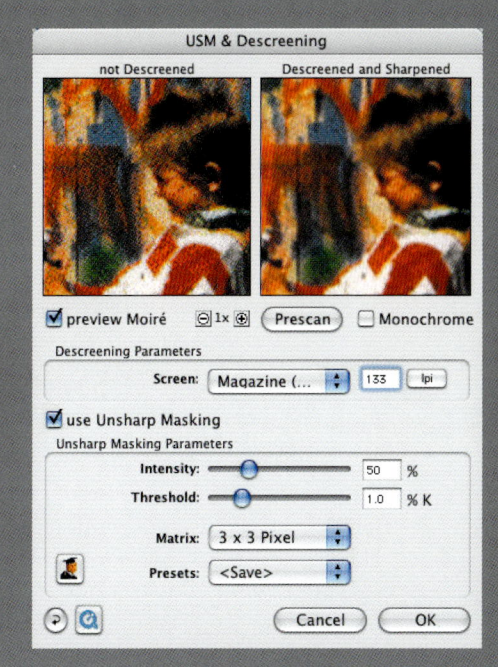

O USO DE CÂMERA DIGITAL Depois de muitos inícios enganosos, que fizeram com que os fotógrafos as ignorassem, como novidades muito caras, as câmeras digitais estão, finalmente, começando a competir seriamente com o filme. No começo de 2003, as compactas de boa qualidade estavam disponíveis por menos de US$ 400, e por cerca de US$ 800 você podia comprar um modelo SRL (do inglês *single-lens reflex*) apropriado, pelo menos, para uso semiprofissional. O formato Quatro Terços, estabelecido no final de 2003, usa CCDs muito maiores para obter melhor qualidade da imagem, e estabelece padrões para componentes e acessórios desenhados especificamente para câmeras digitais, em lugar de usar aqueles emprestados da tecnologia da câmera de filmar.

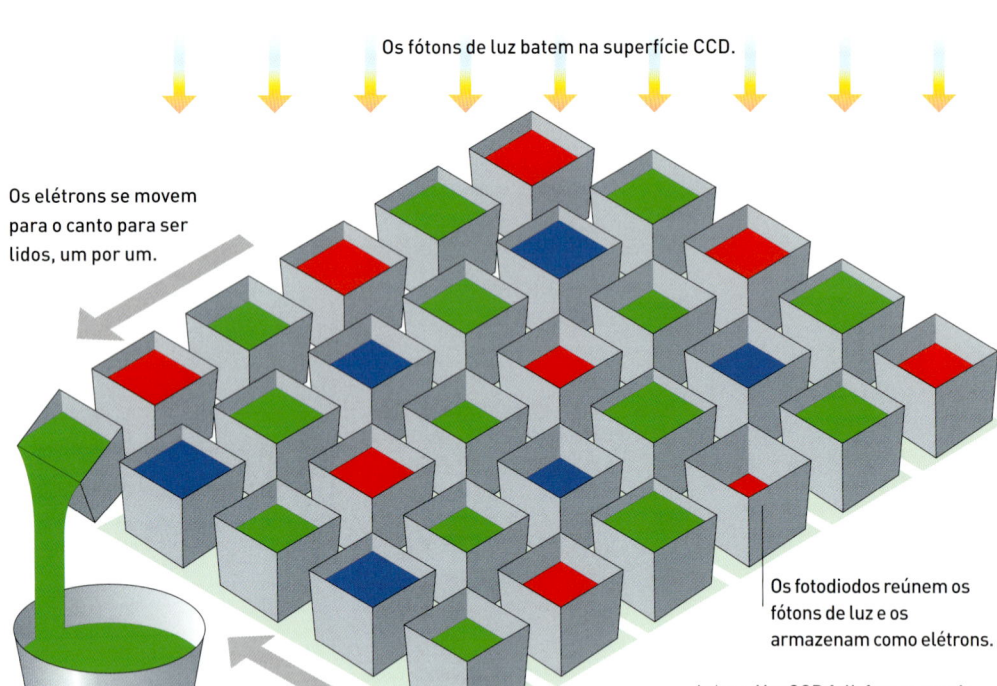

Os fótons de luz batem na superfície CCD.

Os elétrons se movem para o canto para ser lidos, um por um.

Os fotodiodos reúnem os fótons de luz e os armazenam como elétrons.

a resolução, conduzirá a uma maior precisão cromática, que, por sua vez, pode ajudar quando se interpolarem imagens. Quando for importante comparar pixels, note que o número total de pixels no sensor de imagem não é o melhor indicador da resolução da imagem. A verdadeira razão para isso é que alguns pixels nas bordas estão cobertos com uma tinta preta, e a leitura feita assim é usada para calibrar a imagem. Isso pode explicar por que o número de pixels realmente registrados é até 10% mais baixo do que o total. Uma razão menos legítima para discrepâncias maiores é que os fabricantes podem construir um CCD existente em um modelo de câmera menos eficaz, desabilitando os pixels que não podem ser registrados porque, por exemplo, a lente é menor. Verifique sempre o número de pixels registrados ou pixels efetivos. Assim como com os escâneres, cuidado com as opções de tamanho de imagens citadas, que se referem a resultados interpolados.

É claro que, quanto mais alta a resolução, mais memória é necessária para armazenar as fotografias. A maior parte das câmeras aceita cartões em formatos padrão como SmartMedia, CompactFlash e Memory Stick, que agora são bastante baratos, em tamanhos que vão de 16 MB a 256 MB. Você pode levar consigo quantos cartões quiser, e ir trocando conforme precisar. Quando se requer mais armazenamento, as melhores câmeras suportam discos rígidos Micro Drive, minúsculas unidades plug-in com capacidades para muitos gigabytes (milhares de megabytes). Quando você voltar ao computador, pode transferir imagens da câmera

A resolução continua sendo a maior limitação para se comprar uma unidade a um preço razoável. O tamanho da imagem é cotado em megapixels, uma unidade inventada que pode significar ou 1.048.576 pixels, como ditaria a aritmética binária, ou 1 milhão de pixels, como alguns fabricantes preferem pensar. Assim, uma foto de 15 cm x 10 cm em 300 dpi - 1.800 por 1.200 pixels - precisaria de 2 megapixels. No final de 2003, as câmeras de menos de US$ 1.000 estavam limitadas a um máximo de 5 a 6 megapixels - mal suficientes para encher uma página de 20 cm por 25 cm em resolução de impressão, para não mencionar o atendimento à necessidade de ampliar ou cortar rentes as bordas das fotografias, o que multiplica o número de pixels necessários. No entanto, as especificações deveriam continuar a melhorar rapidamente. Por exemplo, a Foveon® desenvolveu um conjunto de sensores em que três fotossensores são embutidos verticalmente no wafer de silicone, no lugar de cada pixel. Embora isso não afete diretamente

Acima: **Um CCD full-frame, usado em câmeras digitais profissionais, continua a receber luz enquanto o obturador está aberto, como nos filmes. As células, então, leem um por um - daí o retardamento a que tendem as câmeras digitais. Os CCDs interline, usados em câmeras mais baratas, são menos eficazes, mas se atualizam continuamente para pré-visualizações LCD ao vivo.**

À esquerda: **O padrão GRGB é normalmente usado em conjuntos de filtros coloridos CCD. Para construir uma imagem completa, a câmera interpola os pixels faltantes de cada cor.**

por meio de um cabo USB, ou remover o cartão de memória e inseri-lo em um aparelho anexo que lê cartões (também geralmente por meio de USB) para o computador.

Para minimizar a necessidade de armazenamento, a maior parte dos usuários de câmeras usa a compactação de arquivo JPEG (*ver p. 202*), o que significa que a qualidade da imagem já ficou comprometida antes que você coloque a fotografia no computador. Os modelos melhores oferecem a alternativa de formato compactado TIFF, o que economiza algum espaço sem afetar os pixels. Mas a melhor opção de todas é RAW, que preserva todos os dados registrados e assegura que a cor seja interpretada corretamente quando a imagem for descarregada no computador. Isso requer software específico para a câmera, que normalmente é fornecido com ela como programa autônomo, mas também pode ser encontrado como plug-in do Photoshop.

As câmeras digitais são, de longe, o tipo de aparelho mais capacitado para calibrar a cor, pois a cor registrada em qualquer ocasião será fortemente afetada pela temperatura da cor da fonte de luz. A menos que você seja fotógrafo de estúdio, que precisa obter com precisão determinada cor - em oposição a usar uma câmera digital só para gerar material bruto, que será retrabalhado criativamente no computador -, as ferramentas, habilidades e o tempo requerido para uma calibragem séria provavelmente não valerão o esforço. Se você quiser calibrar sua câmera, produtos e orientação estão disponíveis em empresas como a Integrated Color Corporation (www.integrated-color.com).

À direita: **As câmeras digitais compactas, como a série Canon Ixus, incluem muita tecnologia em uma caixa minúscula, mas normalmente lhes faltam os controles manuais que muitos fotógrafos desejam.**
Abaixo: **As câmeras digitais profissionais foram geralmente baseadas em componentes já existentes de câmeras SLR para filmar, mas atualmente há uma tendência para formatos desenvolvidos apenas para serem digitais. Há disponibilidade de resoluções de até 13 megapixels.**

À direita: **Vários tipos de cartão de memória são usados para armazenar imagens na câmera. Se você está trabalhando com altas resoluções, mesmo um cartão de 128 MB logo ficará cheio. Algumas câmeras permitem anexar um disco rígido MicroDrive, de modo que você possa tirar gigabytes de fotografias sem ter de descarregar o cartão com frequência no computador.**

À esquerda: **Este gráfico compara as dimensões do pixel e o tamanho da reprodução física das imagens da câmera de 0,3 a 4,3 megapixels.**

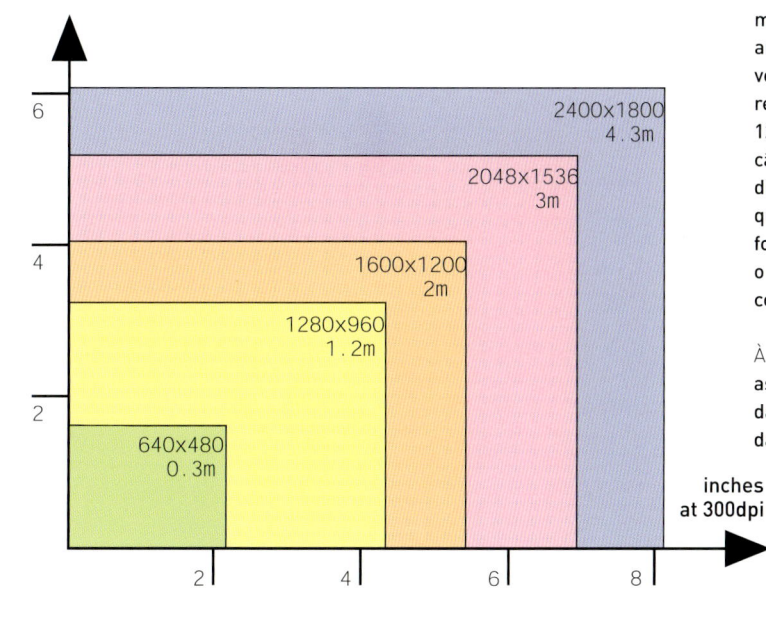

PARTE 04. A COR DIGITAL
CAPÍTULO TRÊS

A IMPRESSÃO DA COR

Enquanto um monitor emite luz, permitindo a mistura aditiva de frequências de vermelho, verde e azul, imprimir a arte nos leva de volta ao reino dos pigmentos e das misturas subtrativas da luz refletida. Portanto, as cores primárias são ciano, magenta e amarelo. Como vimos no capítulo 01.04, elas são misturadas no processo de impressão, não pela combinação de pigmentos antes de aplicá-los à página, como nas técnicas tradicionais de pintura, mas dividindo imagens em números proporcionais, ou tamanhos de pontos de cada tinta.

A impressão colorida baseada em tintas desses matizes é chamada de ''processo'' ou ''CMYK'' (*ver p. 27*). A quarta tinta é o preto (em inglês, *black*), chamada K para evitar confusão com azul (B, do inglês *blue*), embora a inicial também possa significar ''chave'' (em inglês, *key*), pois, em um trabalho de processo colorido, a chapa preta pode ser usada como referência para o alinhamento das outras três cores. As letras se referem à ordem em que as chapas são impressas, o que é significativo, porque as tintas usadas são translúcidas, e os pontos de cada uma podem se sobrepor. O ciano, a mais forte das três cores primárias, vai em primeiro lugar, porque será a menos comprometida por qualquer sobreposição de pontos das tintas subsequentes. O preto, por outro lado, vai por último, principalmente porque o texto e as linhas sólidas pretas podem ser impressos por cima, obliterando quaisquer tintas por baixo, sem necessidade de apagar as áreas correspondentes das chapas relevantes.

O progresso na fabricação de pigmentos resultou em tintas otimizadas para os melhores resultados possíveis. Mesmo assim, três problemas são inerentes à mistura subtrativa. O primeiro é gerar o preto: sobrepor 100% de todas as cores primárias nunca resulta em um preto absolutamente puro e sólido. O segundo é a linearização: porcentagens iguais de todas as cores primárias podem não resultar um cinza neutro. Esses dois problemas são resolvidos pelo uso da tinta preta. O terceiro problema é a gama: a proporção total do espectro visível coberta por combinações de tintas CMY é significativamente menor do que a da maior parte dos espaços RGB.

Aqui, novamente, a resposta é adicionar mais tintas. Podem ser usados pontos coloridos únicos para trabalhos que requerem só preto, e uma ou duas cores sólidas (em oposição a tonalidades contínuas, como em fotos), ou em conjunto com CMYK para reproduzir determinada cor que não pode ser conseguida no processo colorido. Essas tintas são especificadas com números de referência em uma paleta reconhecida, como a Pantone ou a Toyo. A capa de uma revista poderia usar CMYK mais pontos fluorescentes ou metálicos para o título. Uma tendência mais recente é usar pontos coloridos como cores primárias extra em processos coloridos de alta fidelidade. O sistema Hexachrome da Pantone, por exemplo, usa tintas laranja e verde vívidas com ciano, magenta e amarelo ligeiramente ajustados para resultar em uma gama bastante extensa.

Um processo de impressão colorida de uma imagem é feito de pontos em meios-tons. Enquanto o line screen - a distância entre o centro dos pontos - é suficientemente pequeno, vemos a imagem, não os pontos. Na prática, "rosetas" em meio-tom são facilmente visíveis em certas tintas. Tente olhar de perto para outras fotografias neste livro.

OS PRINCÍPIOS DA IMPRESSÃO COLORIDA

A litografia off-set é o método usado para imprimir a maior parte das revistas e dos livros ilustrados. Embora pareça complicado, na prática pode oferecer excelente qualidade a um preço razoável. O custo de montagem na impressora, entretanto, significa que tiragens pequenas acabam saindo muito caras. Impressoras digitais são, normalmente, a melhor opção nesses casos.

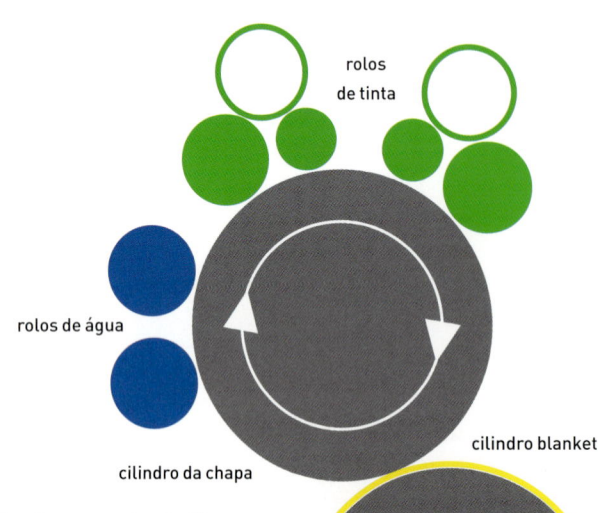

rolos de tinta

rolos de água

cilindro da chapa

cilindro blanket

papel a ser impresso

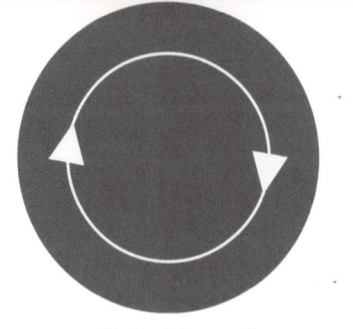

cilindro de impressão

As chapas são convencionalmente geradas da separação de filmes, folhas de acetato impressas com os componentes ciano, magenta, amarelo e preto. Os acetatos são produzidos por uma máquina chamada imagesetter. Mais recentemente, desde o advento da tecnologia CTP (*computer-to-plate*), as chapas são cada vez mais feitas por um platesetter, que usa lasers na criação das chapas. De qualquer maneira, um software chamado RIP (*raster image processor*) gera as separações de cores do trabalho digital original.

O método tradicional de preparar imagens para reprodução é screening em meios-tons (*ver p. 58*), e isso é simulado pelo RIP. Cada chapa é decomposta em pontos cujos centros são fixados a uma grade, mas seus tamanhos variam de acordo com a requerida quantidade de cor. O tamanho da grade, ou line screen ruling, é cotado em linhas por polegada (lpi, do inglês *lines per inch*). Um valor comum para impressão colorida de alta qualidade, como a usada em revistas, é 133 lpi.

Um outro passo é necessário para o output digital: os pontos em meio-tom devem ser convertidos em um bitmap de resolução fixa. Para fornecer resolução suficiente de modo a obter os pontos em meio-tom claramente, os imagesetters trabalham em torno de 2.400 dpi. Quaisquer campos coloridos sólidos, como um texto vetor e um desenho a traço, não necessitam ser em meio-tom e são rasterizados diretamente a essa alta resolução, produzindo bordas nítidas.

Onde é que a resolução da imagem a 300 dpi recomendada para a impressão (*ver p. 158*) entra nisso tudo? Já que apenas 133 pontos discretamente coloridos por polegada podem ser formados em uma tela a 133 lpi, a resolução de uma imagem de 133 dpi pareceria adequada. Na prática, entretanto, os pixels não se alinharão precisamente com a tela. Como resultado, aumentar a resolução melhora a qualidade da impressão, mas só até entre duas vezes e duas vezes e meia a linha da tela: daí a norma de 300 dpi para um output de 133 lpi.

A abordagem um tanto indireta de dar meios-tons à imagem, e depois fazer um bitmap dos meios-tons, foi adotada pelos primeiros sistemas de pré-impressão principalmente porque as técnicas de impressão convencional eram baseadas em chapas de meios-tons. Uma abordagem mais direta é rasterizar cada chapa usando uma forma de dithering. Isso é chamado de frequência modulada (FM), ou estocástica, pois trabalha variando o número de pontos, em

À esquerda: A tecnologia mais comum para a impressão comercial em cores é a litografia off-set. Uma chapa de alumínio ou plástico é produzida a partir da arte, com as áreas sem imagem tratadas quimicamente para repelir a tinta. A chapa é, então, enrolada em torno de um cilindro que roda em contato com um rolo de tinta e um cilindro de borracha, ou blanket. A tinta cobre as áreas da imagem e é transferida ao blanket que, por sua vez, rola sobre o papel. O processo é repetido para cada uma das quatro (ou mais) cores, muitas vezes em apenas um passo, com o papel passando entre os cilindros para cada cor de tinta.

Imagem original →

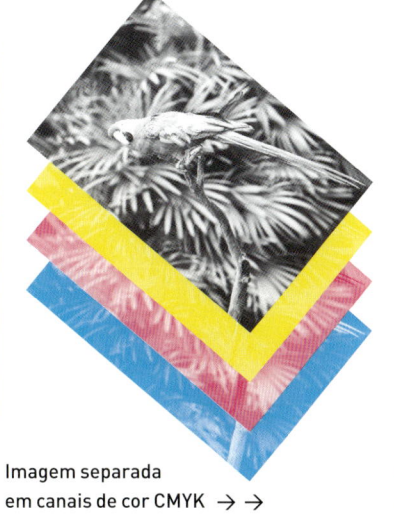

Imagem separada
em canais de cor CMYK → →

Canais em meios-tons
para filme → → →

Meios-tons CMYK
combinados na impressão

oposição à amplitude modulada (AM), em que o tamanho dos pontos varia. O sistema FM tem inúmeras vantagens. As linhas na tela de separações em meios-tons devem ter ângulos precisos em relação às outras para evitar o moiré, um efeito indesejado de ondulações em larga escala, formado pela interferência entre os padrões regulares. Isso é desnecessário com o sistema FM, pois o arranjo dos pontos é aleatório. Os processos em cor de alta fidelidade, como o Hexachrome, dependem do screening FM, porque não há ângulos não conflitantes suficientes para cobrir todas as chapas, e também é a norma em impressoras desktop de jato de tinta.

Como os pontos não têm de ser comprimidos em um padrão meio-tom, o screening FM pode produzir impressões mais uniformes. Uma das manhas, entretanto, é que a colocação completamente aleatória arrisca que os pontos se agrupem, por isso são usados métodos de programação pseudorrandômicos, ou algoritmos, para otimizar a qualidade.

Acima: **O screening meio-tom, ou AM (centro), começou como um método óptico de dividir as imagens em pontos imprimíveis. Agora que a tecnologia de computadores nos permite decompor as imagens do modo que queremos, o screening FM, ou estocástico (à direita, monocromático para maior clareza) parece a melhor maneira, na maioria dos casos.**

Acima: **Uma vez que os dados de cor de uma imagem são convertidos de RGB para CMYK, cada pixel tem valores ciano, magenta, amarelo e preto. Separando-os, obtêm-se quatro canais cromáticos, imagens acinzentadas de que se fazem as chapas impressoras, ou diretamente a partir do computador, ou antes imprimindo em filme de acetato. Depois que as chapas são usadas para imprimir cada separação na tinta apropriada, a imagem é reproduzida.**

A TECNOLOGIA DA IMPRESSÃO COLORIDA

A opção mais versátil para a impressão digital colorida do dia a dia é o jato de tinta. As impressoras, disponíveis por menos de US$ 100, podem produzir páginas que rivalizam com qualquer revista de luxo, assim como fotos quase indistinguíveis de um original. Os modelos mais caros oferecem algumas vantagens a mais.

O tamanho é uma delas: enquanto as impressoras feitas para tamanhos de papel normal são suficientes para o uso em negócios, o artista gráfico frequentemente trabalha em escala maior. As impressoras A4 full-bleed estão disponíveis por cerca de US$ 300, enquanto os aparelhos A3 começam com um pouco mais do que o dobro desse preço.

A fidelidade à cor é um outro fator diferencial. As impressoras de jato de tinta de baixo custo são desenhadas para produzir resultados que agradem em geral, muitas vezes saturando as cores demais e sacrificando a precisão. As máquinas desenhadas para reprodução fiel da cor administrada por ICC, entretanto, começam por cerca de US$ 700. Elas revolucionaram as provas, a tarefa de produzir output impresso que simula o que vai aparecer, sem ter de imprimir para produzir uma prova de prelo.

Até alguns anos atrás, as provas em cor precisas só podiam ser geradas usando sistemas de transferência químicos baseados em filmes com marcas como Cromalin e Matchprint, de

Acima à esquerda: **As impressoras de jato de tinta desktop podem ser adquiridas a preços muito baixos, e mesmo as mais baratas produzem cores razoáveis. A armadilha está no fato de que o custo das tintas pode ultrapassar o preço de compra do aparelho em um ano.**

Acima à direita: **As impressoras de jato de tinta de grande formato, agora, são comuns em lojas de impressão e estúdios de design, e podem trabalhar com uma série de mídias imprimíveis para produzir gráficos admiráveis.**

propriedade de empresas de imagesetting, e não de designers, a um custo total para o cliente de cerca de US$ 50 por página. As impressoras de jato de tinta podem agora fornecer resultados comparáveis em sua própria área de trabalho por um décimo daquele preço, graças, em parte, aos processos de seis tintas, cuja gama excede a da impressão CMYK. Um pré-requisito para a qualidade da prova é um bom RIP, construído na impressora ou fornecido como pacote de software para o seu computador. Aparelhos de jato de tinta mais básicos não têm RIP e não podem interpretar PostScript, dependendo, ao contrário, de seu software gráfico para rasterizar páginas.

A tecnologia do jato de tinta também está presente em um número crescente de impressoras digitais, que competem por trabalhos de baixa tiragem, em que o custo relativamente alto por página e a baixa velocidade são compensados pelos custos da confecção de chapas e montagem do lito. Em lugar de contratar uma empresa de imagesetting para produzir separações de filmes, você pode simplesmente enviar um arquivo digital à gráfica, normalmente em formato PostScript ou PDF. Entretanto, esse arquivo deve ser criado corretamente, com todos os settings apropriados - trabalho bem complicado para qualquer um que não conheça bem reprografia. Sua gráfica deveria ter condições de oferecer instruções específicas.

À direita: **A impressão a tom contínuo permite que a quantidade de tinta aplicada varie sem screening, mas, na prática, poucas tecnologias o permitem.**

À direita: **A impressão CMYK transforma cada canal de cor em meios-tons usando um diferente ângulo screen. Tintas suaves tendem ao branco, porque os pontos muito pequenos desaparecem.**

Abaixo: **As impressoras digitais tornaram-se lugar-comum nos últimos anos. As tecnologias usadas e as tiragens mais econômicas variam entre os modelos, mas todas tendem a ser mais fáceis de operar e manter do que as impressoras off-set lito. Como na lito, mais de quatro tintas podem ser usadas para estender a gama de cores reprodutíveis.**

À direita: **Algumas impressoras de jato de tinta adicionam tintas ciano e magenta às quatro cores usuais. Isso ajuda a preencher as brechas, resultando tintas mais suaves e salvando as áreas claras.**

As impressoras digitais incorporam gerenciamento cromático ICC, assim como RIPs, mas o que acontece depois que as chapas entram numa impressora lito é outra coisa. Tradicionalmente, a impressora seria calibrada usando o próprio sistema do fabricante, e um operador especializado verificaria as primeiras páginas de um trabalho contra uma prova fornecida, antes de fazer quaisquer ajustes necessários. Ainda assim, é de se esperar um grau de variação. Algumas impressoras atualmente usam feedback de sensores para recalibrar automaticamente o output durante o trabalho, ajudando a manter a cor mais consistente. Se a precisão da cor for essencial, discuta isso com a gráfica.

As tecnologias alternativas para output colorido incluem impressão a laser, tinta sólida, sublimação da tinta dye sublimation e impressão de fotografias laser-exposed. Os preços das impressoras a laser coloridas para a área de trabalho são, atualmente, mais razoáveis, menos de US$ 700, mas ainda são escolhidas pela velocidade - tipicamente em um contexto de escritório - e não pela qualidade da imagem. As impressoras a tinta sólida, disponíveis quase que exclusivamente na marca Tektronix da Xerox, esguicham cera liquidificada sobre o papel para criar uma imagem. Embora não sejam caras, não são tão atraentes como as de jato de tinta para a maior parte dos usuários, não obstante as impressoras a tinta sólida possam lidar com um leque de tipos de papéis mais amplo.

A sublimação da tinta dye sublimation permite que a quantidade de tinta varie continuamente sobre a página, sem necessidade de screening, mas a impressão tende a ser lenta e os materiais caros; as impressoras de fotografias dedicadas, que são conectadas diretamente a câmeras digitais, são sua encarnação mais comum. Finalmente, o método da exposição a laser, usado principalmente em lojas de processamento de fotos, constrói uma imagem digital no lugar de um negativo. Ela é, então, reproduzida por processamento fotográfico convencional, permitindo que as tradicionais foto impressas sejam geradas a partir da câmera digital ou de outros arquivos de imagem.

04.04

A APRESENTAÇÃO VISUAL DA COR

Produzir arte para ser publicada na tela - seja num site da Web ou em um local físico como um quiosque interativo - é totalmente diferente de desenhar para imprimir. Não só você pode escolher qualquer uma daqueles milhões de cores, como também pode trabalhar diretamente na imagem final. Em lugar de passar por processos como meios-tons, que estão além de seu controle direto, sua arte permanece exatamente como você a criou.

O problema da resolução na apresentação tem implicações bem diferentes do da produção impressa. Quando você vê uma imagem que planeja imprimir em bitmap, não há um tamanho real. Se sua imagem se destina à tela, entretanto, você pode trabalhar com a mesma resolução, sobre os mesmos pixels que sua audiência verá. Um dos benefícios disso é que você pode trabalhar em detalhes extremamente requintados. Letras muito pequenas e sombras muito leves não sobreviverão ilesas ao processo de impressão. Na tela, você pode desenhar uma linha pontilhada consistindo de pixels espaçados, sabendo que tudo permanecerá intacto.

As imagens para impressão não necessitam de um tamanho preciso, pois faz pouca diferença se o output final tiver 300 dpi ou, digamos, 287 dpi. No entanto, na tela o número de pixels dita o tamanho físico, por isso em algum momento você precisa alterar o tamanho de sua imagem para as dimensões requeridas.

Como isso envolve reamostragem (*ver p. 158*), modificar o tamanho pode perturbar os pixels de modo semelhante à impressão, portanto isso deve ser feito antes de trabalhar os detalhes mais sutis. Por outro lado, os filtros e efeitos são mais bem aplicados antes de reduzir o tamanho - com a imagem no dobro da resolução final ou mais alta - de modo que qualquer nível de problema com os pixels será resolvido na reamostragem.

Os gráficos de vetor permanecem independentes da resolução, sejam eles impressos ou expostos (*ver p. 158*), mas tal vantagem não se limita ao trabalho na tela. Em lugar de explorar a alta resolução do imagesetter, a qualidade de um gráfico de vetor é limitada pela intensidade dos pontos na tela, e qualquer ligeira imprecisão na rasterização será mais visível do que na impressão. Devido à sua baixa resolução, os bitmaps para exposição ocupam muito menos memória do que aqueles para impressão. Assim, o benefício da eficiência dos vetores fica reduzido. Além disso, o espectador precisa de um software mais complexo para interpretar os gráficos de vetores. Como consequência, a maior parte das imagens imóveis para exposição é em bitmaps; mesmo a arte produzida em pacotes de desenho vetorizado é convertida para bitmap antes de ser incorporada a um website ou CD-ROM. Todavia, o vetor é muito popular para animação - o formato Macromedia Flash é usado na maior parte do conteúdo animado da Web.

AS TECNOLOGIAS DA EXPOSIÇÃO DA COR
A maior parte dos computadores está equipada com monitores baseados em um tubo de raios catódicos (CRT, do inglês *cathode ray tube*), a mesma tecnologia usada em aparelhos de tevê. Comparada com a elegante eletrônica interna do computador, com semicondutores sólidos, o CRT é uma engenhoca pesada que resiste a todas as tentativas de miniaturização. Apresenta, porém, excelente qualidade de imagem, principalmente em virtude de seu alto brilho.

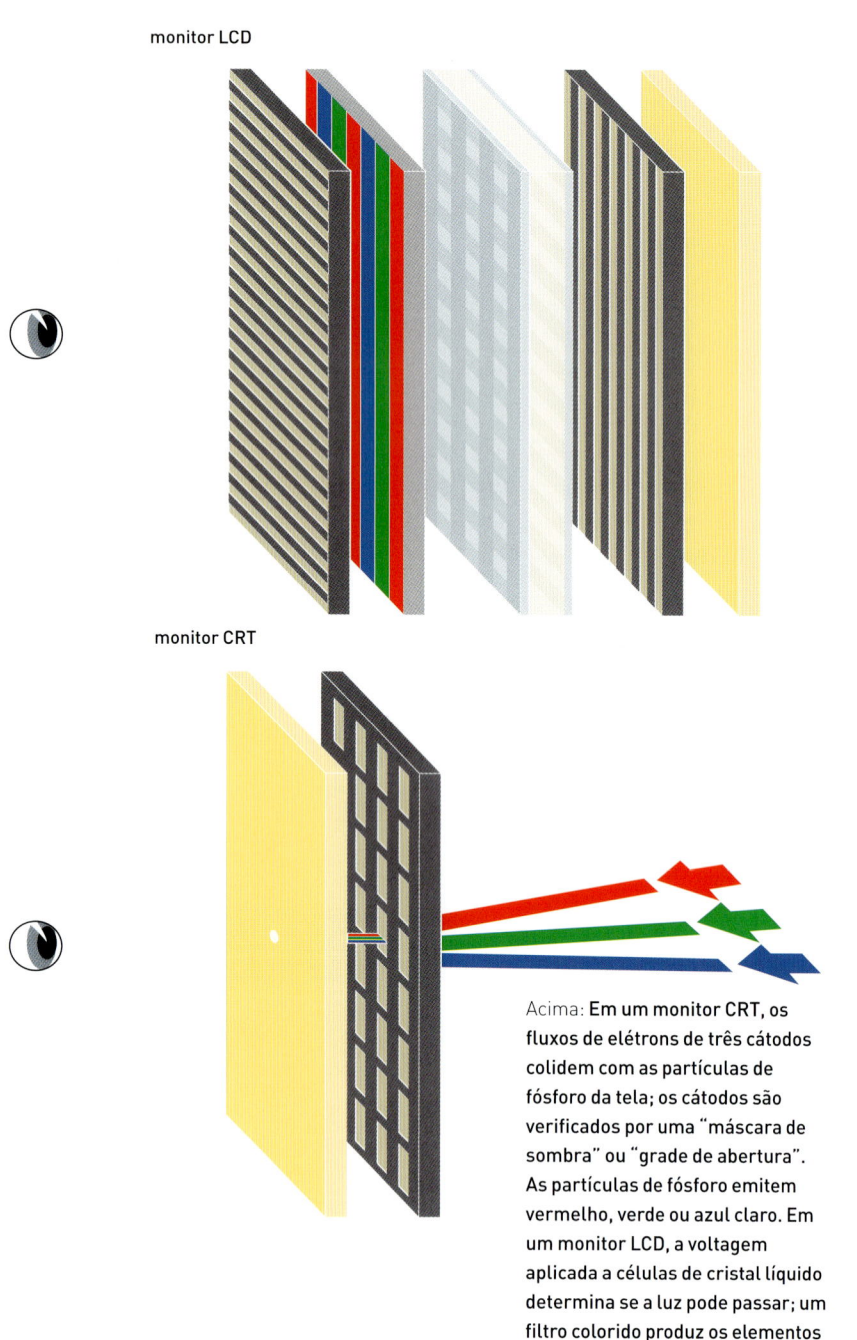

monitor LCD

monitor CRT

Acima: **Em um monitor CRT, os fluxos de elétrons de três cátodos colidem com as partículas de fósforo da tela; os cátodos são verificados por uma "máscara de sombra" ou "grade de abertura". As partículas de fósforo emitem vermelho, verde ou azul claro. Em um monitor LCD, a voltagem aplicada a células de cristal líquido determina se a luz pode passar; um filtro colorido produz os elementos RGB de cada pixel.**

Na reprodução da cor, este é um fator-chave, porque a diferença entre preto (nenhuma iluminação) e branco (iluminação máxima) dita o sortimento de tonalidades total do que se expõe. Como o monitor não pode gerar preto mais escuro do que a cor com que a tela foi fabricada, precisa tornar o branco tão luminoso quanto possível.

O LCD (*liquid crystal display*), a tecnologia de monitor de semicondutores sólidos de maior sucesso, luta para competir com o brilho do CRT. A iluminação é fornecida por um conjunto de lâmpadas que iluminam a tela inteira por trás, e a luminância de cada ponto é determinada pela opacidade variável de uma célula de cristal líquido na frente. Esse arranjo não só tende a limitar o brilho, mas significa que a luminância percebida varia, dependendo do ângulo da perspectiva. Esse efeito pode ser detectável até mesmo na área da tela, de modo que as cores nas bordas parecem diferentes das do meio. Os melhores monitores LCD atualmente oferecem brilho e consistência comparáveis a CRTs e estão sendo adotados, cada vez mais, por profissionais do desenho gráfico.

Os monitores oferecem muitos controles ao usuários: os dois mais conhecidos são brilho e contraste. É o controle do contraste que dita o nível máximo de luminância, ou o que, em linguagem comum, poderíamos chamar brilho. Agora, se torna óbvio que reduzir o contraste limita o leque de tonalidades exibidas, e que o controle do contraste deveria, portanto, estar normalmente colocado no máximo. O controle do brilho governa o ponto preto: quanto mais alto o ajuste, mais luminância é aplicada a áreas nominalmente pretas. Assim, se o ajuste for alto demais, os pretos ficarão suaves demais, reduzindo, efetivamente, o leque tonal; se estiver baixo demais, as cores escuras ficarão ajustadas por clipping ao preto máximo. Os LCDs não têm controle de brilho, pois seu ponto preto é fixo.

Um controle importante não fornecido, normalmente, no monitor, mas controlável pelo computador a que está ligado, é o gama. O gama descreve a relação entre o valor da cor recebida pelo monitor e o grau de iluminação que o monitor gera. Uma relação linear simples deixaria áreas mais escuras indistintas e borradas. A correção gama faz com que o brilho aumente

rapidamente conforme os valores da cor aumentam a partir de zero, depois se estabilizam à medida que se aproximam do máximo. Um valor mais alto salienta, assim, detalhes nas sombras e meios-tons, sem comprometer os realces. Entretanto, se for alto demais, a imagem toda ficará pálida e desbotada.

Um outro aspecto-chave da reprodução da cor no monitor é a temperatura da cor, que governa o equilíbrio total do display, definindo o matiz gerado em áreas brancas, onde se aplica a máxima iluminação. A escala se refere às cores geradas pelo aquecimento de um corpo preto, como um elemento elétrico de

Acima, no sentido horário, a partir do alto, à esquerda: Uma imagem vai parecer melhor quando seu espaço cromático nativo for traduzido para a gama tonal mais larga, com o menor clipping. Com o contraste do monitor reduzido, a gama tonal disponível fica menor, e a imagem parece sem vida. Dado o contraste máximo, o brilho também precisa ser ajustado corretamente. Se for alto demais, as áreas escuras ficarão mais claras, reduzindo a gama tonal. Se for baixo demais, serão ajustados por clipping, perdendo detalhes das sombras. Como erros no ajuste do brilho e do contraste podem fazer com que a imagem não tenha contraste, você pode não estar certo sobre qual deles ajustar, mas a resposta é simples: sempre aumentar totalmente o contraste, e depois alterar o brilho.

fogão. Assim, o calor médio é vermelho; se mais quente, amarelo; e o quentíssimo é azul.

Como todos esses controles são pré-ajustados de várias formas pelos fabricantes, e podem ser ajustados à vontade pelos usuários, é um fato infeliz que cada monitor exiba a cor de modo diferente. O gerenciamento da cor (*ver p. 164*) pode aumentar muito a consistência, mas poucos usuários fora da indústria gráfica o fazem. Isso significa que, não importa quão eficaz seja seu gerenciamento da cor, você não pode confiar que as cores de sua arte se reproduzam fielmente no monitor dos espectadores.

Imagem original em 300 dpi. Está reduzida a 64 x 64 pixels à direita, e foi adicionada uma borda pontilhada para comparar os efeitos da compactação.

Compactação: Nenhuma (TIFF)
Tamanho do arquivo: 628 K
Download - modem de 56 K: 90 s

Compactação: GIF 16 cores
Tamanho do arquivo: 1.129 K
Download - modem de 56 K: 1 s

Compactação: GIF 32 cores
Tamanho do arquivo: 1.772 K
Download - modem de 56 K: 1 s

Compactação: JPEG baixa
Tamanho do arquivo: 0.91 K
Download - modem de 56 K: 1 s

Compactação: JPEG média
Tamanho do arquivo: 1.356 K
Download - modem de 56 K: 1 s

Compactação: JPEG alta
Tamanho do arquivo: 2.615 K
Download - modem de 56 K: 1 s

Compactação: JPEG 100%
Tamanho do arquivo: 7.617 K
Download - modem de 56 K: 2 s

Acima: **Comparação do tamanho dos arquivos, usando vários algoritmos de compactação. Todos criam arquivos significativamente menores do que o original, mas a diferença** pode ser vista na qualidade. Nas imagens maiores, o efeito dos tempos de download pode ser importante. Portanto, quando salvar para a Web, é importante examinar suas opções.

Abaixo: **Em websites comerciais, a cor pode ser usada para criar uma atmosfera (à esquerda) ou fornecer estrutura para navegar (à direita).**

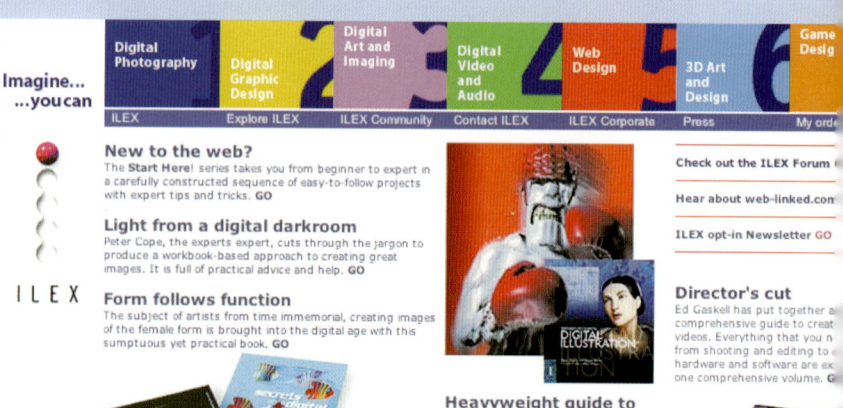

A COR NA WORLD WIDE WEB

A proximidade do design para a tela é apreciada com mais entusiasmo na Web, onde você pode carregar sua arte e torná-la acessível a milhões de espectadores momentos depois de ter sido terminada. Não que necessariamente tenha de ser considerada terminada: ao contrário de um arquivo enviado à gráfica, a página da Web pode ser alterada à vontade, e você raramente está comprometido com o resultado por grande espaço de tempo. A Web, entretanto, impõe suas próprias restrições.

Quando trabalha para imprimir, suas preocupações são todas com a reprodução; on-line, você também precisa considerar a entrega. Imagine um universo paralelo, em que os designers para impressão têm de levar em conta o peso da tinta: se eles empregarem cores demais em uma área grande demais, os livreiros verão as prateleiras das livrarias se curvarem, as peruas dos distribuidores ficarão mais lentas e os leitores abandonarão os livros porque será esforço demais virar as páginas.

Isso ilustra os efeitos da largura da banda na internet. Como vimos (*ver p. 158*), cada imagem em bitmap consiste em número fixo de pixels, cada um com quantidade fixa de dados para representar sua cor. Todos estes dados devem ser transportados do servidor - o computador em que o website é armazenado - para o usuário que está tentando vê-los. A conexão entre o servidor e a internet manuseia apenas determinada quantidade de dados; seu proprietário, o provedor de serviços da internet (ISP), operará uma escala de preços para limitar a quantidade que seu cliente transfere. Portanto, quanto mais "pesado" for seu website, mais cara será sua manutenção.

A conexão do usuário será limitada ainda mais firmemente. Com uma conexão via modem, a velocidade está limitada a cerca de 5 K (5 kilobytes) por segundo. A conexão de banda larga, por meio de um cabo de tevê ou linha de telefone digital de assinante DSL (*digital subscriber line*), normalmente oferece cerca de dez vezes essa velocidade. De qualquer maneira, quanto mais dados forem incluídos em uma página da Web, mais tempo o usuário terá de esperar para que ela apareça. Como uma imagem que preenche a menor janela típica do mecanismo de busca da Web, 544 por 376 pixels, ocupa cerca de 600 K, o tamanho da imagem é significativo para os usuários.

Há muitas maneiras de reduzir a quantidade de dados da imagem. Uma delas é evitar o uso de imagens, mas no ambiente on-line de hoje isso é, geralmente, inaceitável. Uma outra é limitar as imagens a tamanhos razoavelmente pequenos, e uma olhada pela Web mostra que isso é prática geral. Felizmente, também há soluções técnicas. A mais simples é reduzir o número de bits por pixel. O formato de arquivo GIF, que usa cor de 8 bits em lugar de 24 bits, é largamente utilizado para esse propósito. Uma tabela cromática (*ver p. 162*) está armazenada com cada imagem e é, normalmente, otimizada para representá-la tão minuciosamente quanto possível. Um Clut padrão chamado paleta de cor Web-safe foi popular por algum tempo, mas agora é raramente usado, exceto em sites especificamente desenhados para funcionar em aparelhos que não suportam display de 24 bits.

Uma abordagem mais versátil é a compactação de dados. Em métodos de compactação sem perdas, como LZW (usado no formato de arquivo TIFF), o software analisa os dados da imagem e a codifica com maior eficiência - substituindo 20 pixels da mesma cor por uma instrução que dá a cor e o número de repetições, por exemplo. Os arquivos são frequentemente reduzidos de 30% a 50%. Os métodos "perdedores", como JPEG, não preservam valores individuais de pixel, mas decompõem a imagem em campos que são minuciosamente representados, o bastante para enganar os olhos e o cérebro. Os arquivos podem ser reduzidos por praticamente qualquer fator, à custa da qualidade. O JPEG atualmente é usado largamente na Web para imagens fotográficas, enquanto o GIF ainda é a melhor opção para desenhos gráficos em que cada pixel conta, como em linhas divisórias e detalhes decorativos.

Abaixo: **A compactação agressiva dos dados pode comprimir virtualmente qualquer coisa em um website, sem que seja necessária uma banda muito larga, desde que você esteja preparado para sacrificar a qualidade da imagem. A homepage do canal Five de TV usa um vídeo em movimento como background, com gráficos por cima, em cores análogas.**

A MANIPULAÇÃO DA IMAGEM

Os programas de edição de bitmaps, como o Photoshop, oferecem muitas maneiras diferentes de manipular fotografias digitalizadas. Todas elas funcionam pela alteração dos valores da cor dos pixels.

Enquanto trabalha, você deveria adquirir o hábito de consultar a paleta de Informações do Photoshop. Ela mostra o valor da cor quando você segura a seta do mouse sobre a imagem. Quando você abrir uma caixa de diálogo para fazer um ajuste, a paleta de Informações mostrará como ficará o valor da cor que não estiver ajustada, depois do ajuste. Isso permite que você verifique o efeito de um ajuste antes de fazê-lo.

A paleta de cores de Informações não só mostra as especificações de cor no modo em que você está trabalhando - normalmente RGB -, como também pode mostrar que valores serão produzidos quando a imagem é convertida para um espaço cromático diferente, como CMYK, usando seu gerenciamento cromático (*ver p. 206*). Se o valor tiver de ser ajustado para que possa ser trazido para aquele espaço cromático, aparece um ponto de exclamação perto dele. Por exemplo, se você aumentar a saturação de uma imagem, ela pode parecer mais vibrante em RGB, mas pode não ser possível reproduzir o efeito em papel impresso. Observando a paleta de Informações, você pode evitar esse problema.

O Photoshop pode, opcionalmente, funcionar com bits de 16 cores por canal, em lugar dos 8 bits usuais (*ver p. 160*). O primeiro é, de longe, mais preciso e menos propenso à perda de dados durante os ajustes. Entretanto, é discutível se essa característica realmente beneficiará a maioria dos usuários, e ela pode fazer as coisas andarem mais devagar. Os maiores benefícios serão vistos com imagens originalmente abertas em 48 bits, seja de um escâner, de uma câmera digital ou de um arquivo fornecido por outro usuário. Verifique em Mode no menu Image para ver se a imagem tem 8 bits por canal ou 16.

À direita: **A câmera pode não mentir, mas depois que descarregar a fotografia no computador, você pode fazer com que ela diga o que você quiser. Aqui, uma simples mudança de matiz foi aplicada no Photoshop para dar às lambretas uma pintura instantânea.**

Embaixo: **A paleta de Informações fornece uma referência cromática constante, mostrando as especificações do pixel sob o mouse.**

O BÁSICO SOBRE O AJUSTE DE TONALIDADE
Qualquer pessoa que já tenha mexido com os controles de brilho, contraste e cor de seu aparelho de tevê tem alguma experiência na manipulação da tonalidade de uma imagem. Para trabalhar imagens fotográficas com sucesso, entretanto, e produzir resultados de qualidade profissional, você precisa familiarizar-se com ferramentas melhores do que essas.

Como vimos, a imagem digital consiste de uma grade de pixels, cada um com um valor cromático. A maior parte das ferramentas de software para manipular imagens funciona pela aplicação de uma fórmula matemática a todos os valores cromáticos de uma imagem. As operações mais simples são lineares, afetando todos os valores igualmente. Esse é o caso dos controles de Brightness e Contrast fornecidos com o software. Seus efeitos não correspondem diretamente àqueles dos botões da tevê ou do monitor (*ver p. 182*), mas eles ainda são confortavelmente familiares. Pena que raramente melhorarão uma imagem, e há a probabilidade de que percam as informações cromáticas pela compactação de valores em uma gama mais estreita, ou clipping, próximos do final da escala, de modo que os pixels, que antes eram diferentes um do outro, gerando detalhes na imagem, terminam com o mesmo valor.

Os ajustes tonais não lineares podem, inicialmente, ser mais difíceis de aprender, mas proporcionam resultado muito melhor. Você pode ter uma ideia mais clara de seus efeitos olhando para um gráfico de barras ou histograma da gama tonal de uma imagem. A maior parte dos programas de edição de imagem pode gerar histogramas, e a última versão do Photoshop pode exibi-lo continuamente, de modo que você pode ver os efeitos de qualquer mudança. O histograma marca o valor (de escuro para claro) da esquerda para a direita contra a contagem de pixels (de poucos para muitos), do alto para baixo.

Abaixo: **Histograma típico de imagem com boa gama de tonalidade e equilíbrio. A distribuição de valores é bastante uniforme por todo o gráfico, do escuro ao claro (da esquerda para a direita). Cerca de metade da área está preenchida com as barras pretas, indicando que o gráfico não foi distorcido pelo grande número de pixels agrupados em torno do mesmo valor. A forma "corcunda" do gráfico mostra a contagem de pixels baixando com relativa uniformidade em direção ao fim de cada escala, indicando que os pontos altos e as sombras não foram ajustados por clipping.**

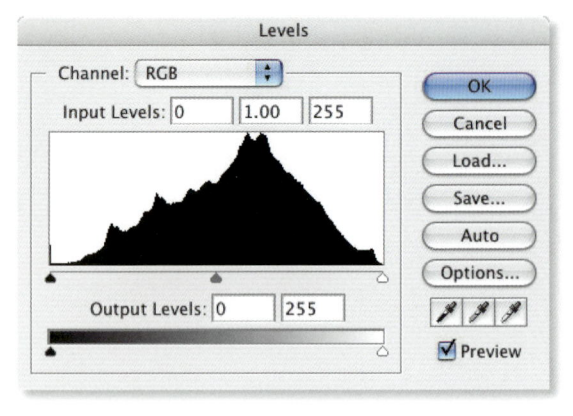

Acima: **A caixa de diálogo Levels fornece os controles tonais mais versáteis. Como as outras ferramentas principais de correção, é encontrada em Adjustments, no menu Image do Photoshop. O histograma é mostrado com o preto (sombra), branco (realces) e meios-pontos marcados por um controle que desliza. Arrastar o deslizador preto para a direita empurra as sombras para o lado escuro da escala; os valores à esquerda desse ponto serão ajustados por clipping ao preto. O deslizador do claro funciona de modo semelhante. Mover o deslizador de meios-pontos ajusta a gama (*ver p. 183*), tornando a imagem toda mais escura ou mais clara, sem afetar as sombras ou os realces. Você pode relembrar da última regulagem que aplicou segurando a tecla Alt (chamada Option em alguns teclados Macintosh) enquanto seleciona o comando do menu, ou usando o atalho do teclado (Command-L no Mac, Ctrl-L no PC). O mesmo truque funciona com outros ajustes.**

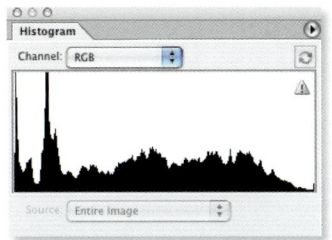

Acima: Esta fotografia parece muito boa, e seu histograma confirma a impressão. Uma sombra ligeiramente excessiva é revelada pelos picos no lado escuro (esquerdo) da escala, indicando grande número de pixels nesses valores.

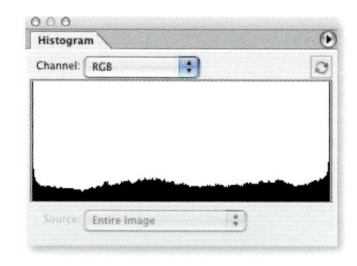

Acima: Aumentar o contraste faz a fotografia parecer mais atrevida, por conta do realismo. Note as pontas no alto da escala em cada lado, mostrando que grande número de pixels foi ajustado por clipping aos mesmos valores. Isso deixa menos pixels entre um e outro, para dar a variação tonal.

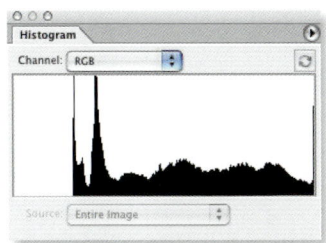

Acima: Aumentar o brilho da imagem pode parecer o meio óbvio de revelar detalhes obscurecidos pela sombra. De fato, todos os valores de pixel são compactados para o alto, em direção ao lado mais claro do histograma, reduzindo o leque tonal de toda a imagem, e fazendo a imagem parecer "lavada".

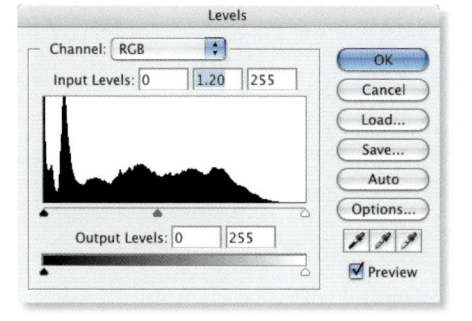

Acima: Ajustar os níveis é o melhor método. O deslizador branco é arrastado para o último valor ocupado à direita. O deslizador cinza (gama) é arrastado levemente para a esquerda para iluminar os meios-tons. Não há clipping, e o histograma é melhorado.

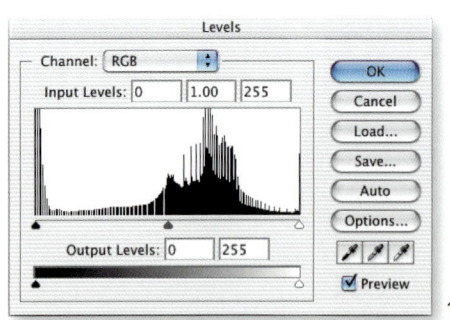

1

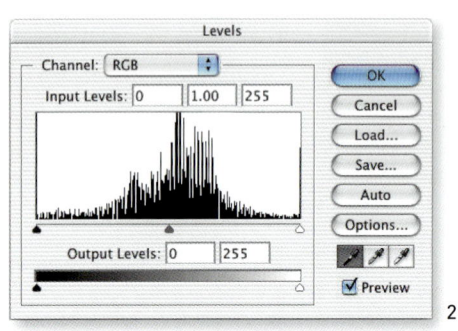

2

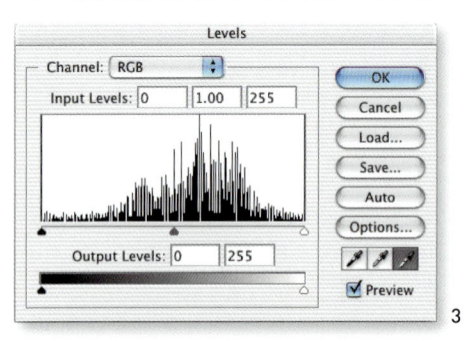

3

CURVAS

A caixa de diálogo Curves (abaixo) fornece uma forma diferente de controle sobre a gama tonal. Aqui, o input é traçado no eixo horizontal e o output no vertical, sendo a relação entre os dois representada por uma curva. Inicialmente essa é uma linha diagonal, indicando a correspondência direta entre input e output - sem mudar a imagem. Mudando a forma da linha, você pode variar o resultado. Clique sobre a linha para acrescentar um ponto, depois arraste-o, e a linha se curvará, seguindo-o.

Arrastar um ponto para cima gera um output mais alto para determinado input, iluminando meios-tons em torno daquele ponto. Isso pode revelar detalhes em uma fotografia tirada com pouca iluminação, mas que não está apenas escura demais. Aqui, algumas áreas já estão iluminadas, mas precisamos realçar outras.

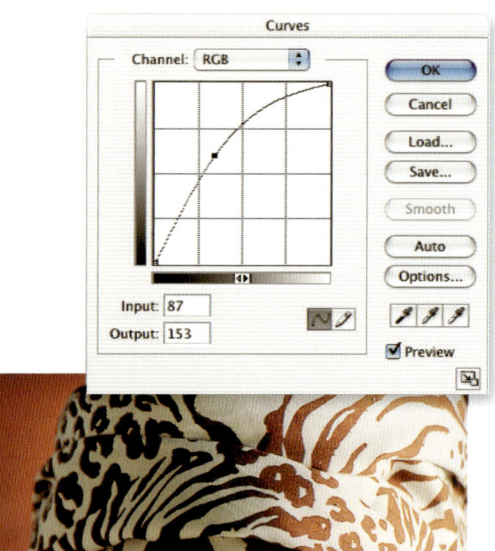

ESTABELECER O PRETO, O BRANCO E OS MEIO-PONTOS

A caixa de diálogo Levels (acima) também tem três ferramentas conta-gotas, que podem colher valores de dentro de uma imagem para usar como pontos pretos, cinzas e brancos. Isso pode ser muito eficaz quando não é óbvio para onde mover os deslizadores para melhorar uma fotografia (1). Clique no conta-gotas preto, depois clique sobre a sombra mais escura da imagem (2). Clique no conta-gotas branco e depois clique sobre o realce mais luminoso (3). O meio-ponto é mais difícil de selecionar, porque precisa ser um cinza neutro para dar o equilíbrio cromático correto; você pode achar mais fácil ajustar o gama usando o deslizador cinza. Tente escolher diferentes pontos para ressaltar o contraste ou a cor correta. Os fotógrafos podem incluir um cartão de teste mostrando amostras de puro preto, cinzento e branco em uma foto, depois passar o conta-gotas nelas para corrigir a imagem automaticamente.

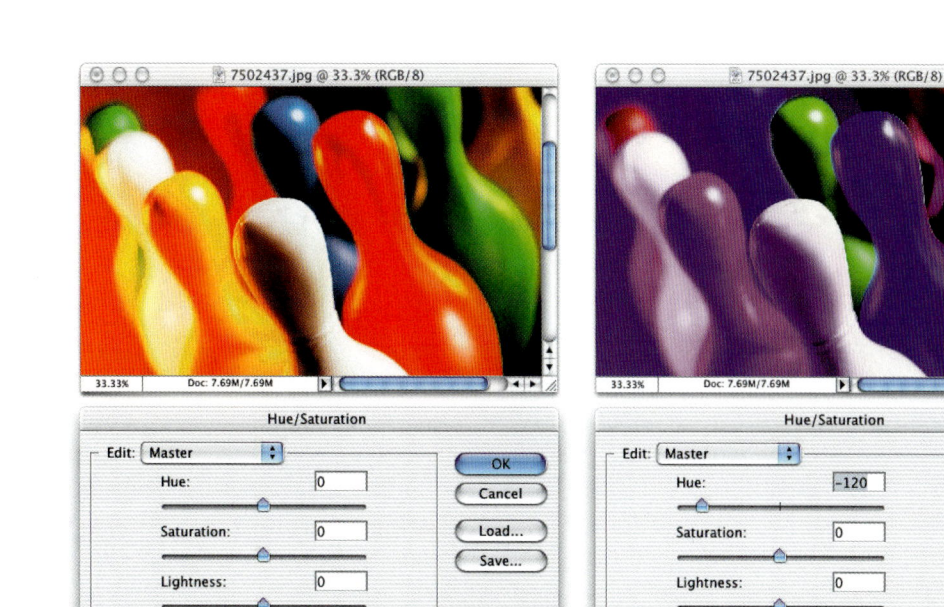

MATIZ/SATURAÇÃO

Você pode ajustar as três propriedades fundamentais da cor usando a caixa de diálogo Hue/Saturation (acima). O matiz está numa escala linear que representa a circunferência de um círculo cromático, de modo que os ajustes mais baixos dão o mesmo resultado que os mais altos. Arraste o deslizador para qualquer lado para modificar os matizes da imagem, mudando, digamos, objetos vermelhos para verdes. Você pode ampliar ou reduzir a saturação para tornar as cores mais ou menos vibrantes do que a imagem original. Na Lightness, como na Brightness, normalmente é melhor não mexer, porque reduz o leque dinâmico da imagem.

Se você escolher Colorize, a imagem é convertida à escala cinza, e o matiz selecionado, a saturação e a luminosidade são, então, aplicados, dando o efeito de uma tinta colorida. O resultado não é tão sofisticado como o duotone (*ver p. 199*), mas pode ser um efeito útil, e a imagem será otimizada com bastante eficiência.

SOMBRAS/REALCES

O Photoshop CS tem uma nova função Shadow/Highlight (à direita) que efetivamente ajuda muito nas correções que envolvem as bordas da escala tonal. Os ajustes *default* muitas vezes dão resultados úteis de imediato, mas clicando em Show More Options, você pode exibir uma série de deslizadores, para um controle preciso. Usando esses deslizadores, pode melhorar significativamente as imagens com problemas tonais, que não respondem bem aos ajustes de Levels ou Curves.

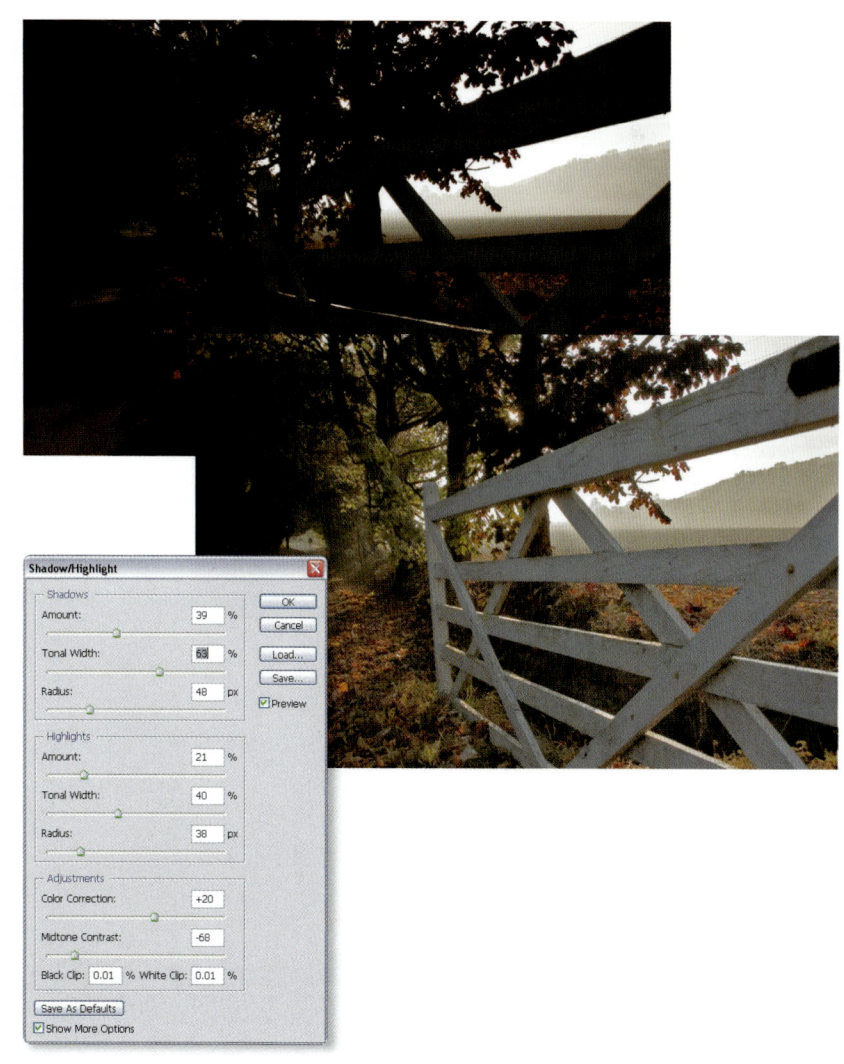

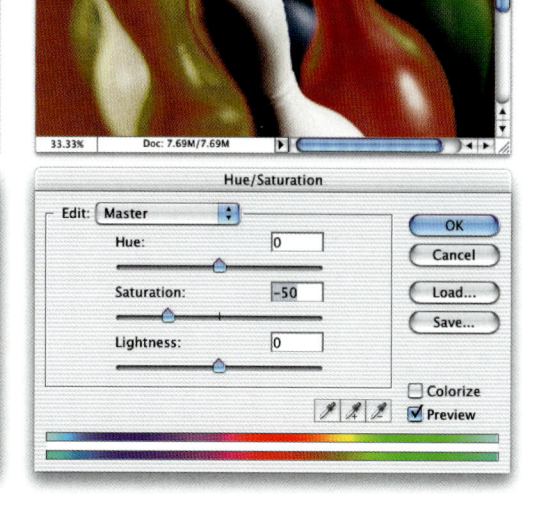

CORREÇÃO DA COR EM TODA A IMAGEM Algumas fotografias têm a cor engessada: apresentam uma tendência geral em direção a uma parte do espectro. Esse engessamento é tipicamente causado por iluminação incomum - de tungstênio ou fluorescente internamente, ou luz do sol passando por mudanças de cor, perto da aurora ou do pôr do sol - mas também pode ser apresentada pelo estoque de filmes ou pela calibração malfeita de uma câmera digital, ou deliberadamente, por lentes filtrantes.

Você pode tentar neutralizar o engessamento da cor mudando o Hue (*ver p. 191*), mas o efeito é, geralmente, complexo demais para ser solucionado dessa forma. As sombras, os meios-tons e realces podem necessitar de diferentes quantidades de correção, fornecidas pela caixa de diálogo Color Balance do Photoshop.

Muitas vezes alguns objetos de uma fotografia são favorecidos pela iluminação da cena, enquanto outros aparecem sombrios e sem vida. Corrigir um engessamento de cor pode melhorar certas áreas, mas piorar outras. Seria útil conseguir ajustar certas áreas sem tocar em outras. O Photoshop fornece

Abaixo: **O engessamento da cor afeta o impacto psicológico de uma fotografia. Essas duas fotos compartilham uma composição quase idêntica: ainda assim, os alimentos à direita parecem muito mais apetitosos. A iluminação azul-esverdeada da outra cena poderia ser apropriada para outros objetos, mas é, gastronomicamente, um fracasso.**

À direita: **Quando você está ajustando o equilíbrio da cor para efeitos subjetivos, e não por "correção", a Variations do Photoshop pode ajudar. Encontrada no pé do menu Image/Adjustments, a Variations mostra o efeito de inúmeras possíveis regulagens do Color Balance ao mesmo tempo, de modo que você pode comparar os efeitos.**

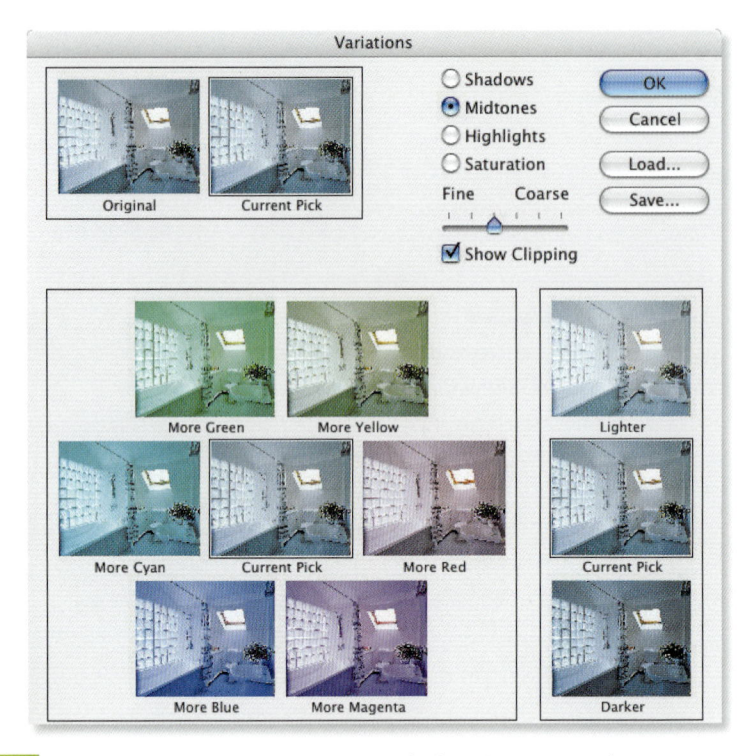

várias maneiras de fazer isso, que exploraremos mais tarde. Entretanto, é preciso fazê-lo com cuidado, para evitar criar efeitos pouco naturais e que as imagens pareçam obviamente manipuladas - mesmo quando é difícil estabelecer o porquê.

Quando fizer ajustes totais, você pode precisar priorizar certos elementos e aspectos da imagem, em detrimento de outras. Uma face em primeiro plano será, muitas vezes, mais importante que um objeto no fundo. Pode haver um objeto específico que precisa ser luminoso e claro, ou combinar com uma especificação cromática predeterminada. No último caso, use a paleta de Informações para monitorar valores enquanto faz os ajustes, rolando o mouse sobre as áreas de meio-tom do objeto, em lugar de sombras ou áreas claras.

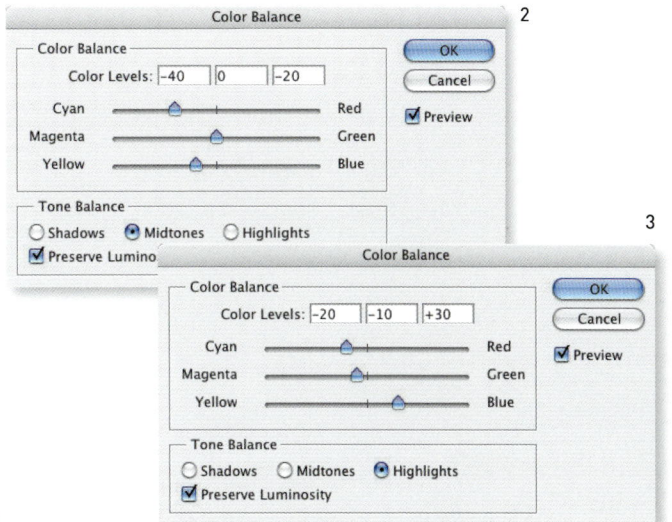

2

3

O EQUILÍBRIO DA COR

A caixa de diálogo Color Balance do Photoshop (acima à direita) divide o leque tonal da imagem em sombras, meios-tons e realces, e permite que você ajuste a cor de cada um movendo os deslizadores entre cores primárias opostas (complementares): ciano/vermelho, magenta/verde e amarelo/azul. Clicar na opção Preserve Luminosity assegura que a imagem não fique totalmente mais clara ou mais escura.

1. O fotógrafo complementou a expressão paternal deste homem com uma luz bem quente. Isso é aceitável em si, mas em outras imagens o gesso vermelho poderia parecer estranho.

2. Os deslizadores de Color Balance afetam a região tonal selecionada sob a caixa de diálogo; você pode ajustar um de cada vez antes de clicar OK, e aplicar todas as correções de uma vez. O primeiro passo, geralmente, é ajustar os meios-tons. Nesse caso, o excesso de vermelho é removido colocando o primeiro deslizador em direção ao ciano. O terceiro deslizador é, então, movido para o amarelo, de modo que a tonalidade não fique fria demais.

3. Nos realces, o vermelho não é tão dominante, e um pequeno ajuste é feito para o ciano. Entretanto, já há amarelo demais, de modo que o terceiro deslizador é movido em direção ao azul. Ajustes contrários em diferentes regiões tonais podem, muitas vezes, ajudar a preservar ou salientar a profundidade e o realismo.

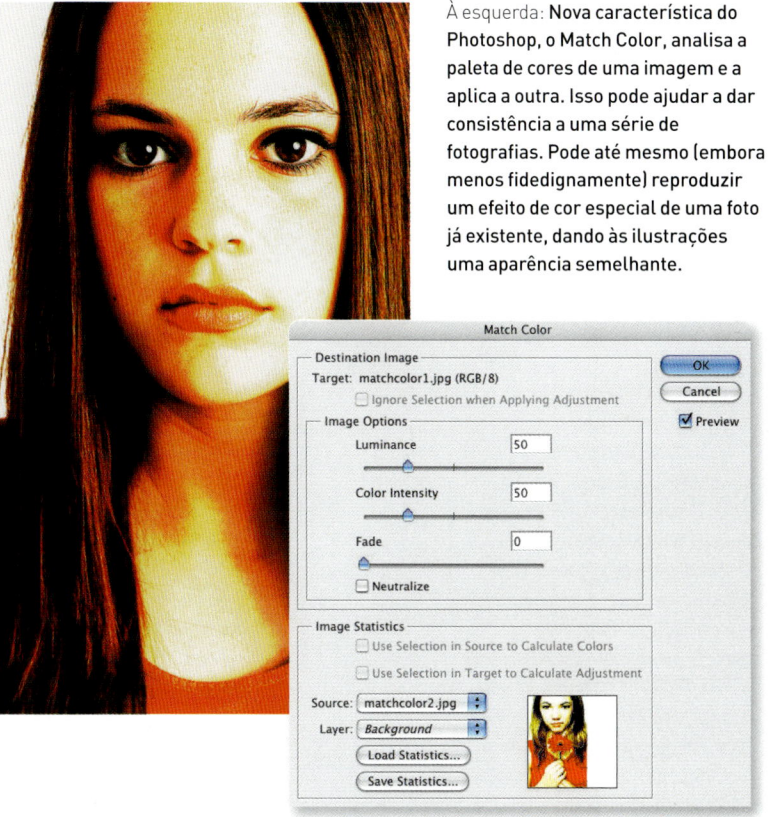

À esquerda: **Nova característica do Photoshop, o Match Color, analisa a paleta de cores de uma imagem e a aplica a outra. Isso pode ajudar a dar consistência a uma série de fotografias. Pode até mesmo (embora menos fidedignamente) reproduzir um efeito de cor especial de uma foto já existente, dando às ilustrações uma aparência semelhante.**

CORREÇÕES DE COR SELETIVAS Os programas de edição de imagem oferecem várias ferramentas para selecionar partes de uma fotografia, incluindo as ferramentas Marquee, Lasso e Magic Wand. A seleção é mostrada com o contorno de pontos piscando. Quaisquer ajustes que você aplique, então, terão efeito apenas dentro da área selecionada. A seleção é armazenada como um canal alfa, uma imagem em escala de cinza em que o preto representa áreas selecionadas, o branco representa áreas não selecionadas (ou vice-versa) e as tonalidades de cinza indicam seleção parcial, de modo que aquelas áreas serão afetadas apenas até certo ponto.

É bastante difícil e consome tempo fazer seleções precisas, que darão resultados sem emendas. Se seu objetivo é ajustar tudo que está dentro de uma gama de cores, em lugar de um único objeto, o Photoshop oferece várias maneiras de selecionar só a parte do espectro que se requer.

2. Quando a máscara estiver terminada, clique no canal RGB para editar a imagem. A Quick Mask permanece no lugar, e quando se aplica um ajuste Hue/Saturation, apenas as áreas pintadas são afetadas. Note que a Quick Mask é exibida em itálico na paleta Channels: isso indica que é temporária e desaparecerá quando você clicar Q para sair do modo Quick Mask. Para salvar a máscara como canal alfa, arraste o nome dela para o ícone New Channel (parecido com uma página virada) no pé direito da paleta.

Acima: **Quick Mask** é uma maneira simples de fazer uma seleção no Photoshop. Aperte Q ou clique no botão embaixo à direita da paleta Tools. Depois use a ferramenta Brush para pintar a área que você quer mascarar. Para áreas maiores, você pode simplesmente pintar em torno da borda, depois usar a ferramenta Paint Bucket para encher a área. A máscara é exibida como uma tinta vermelha superposta à fotografia.

1. Depois dos ajustes no equilíbrio cromático do rosto da moça, as flores pareciam sem graça e tinham um leve gesso verde. Para ajudar a corrigir isso, pintou-se uma Quick Mask sobre elas. Como neste caso é mais fácil pintar as flores do que o resto da imagem, o modo Quick Mask foi primeiro trocado (usando as Quick Mask Options na paleta Channel do menu de opções), de modo que as áreas pintadas fossem selecionadas, em lugar de mascaradas.

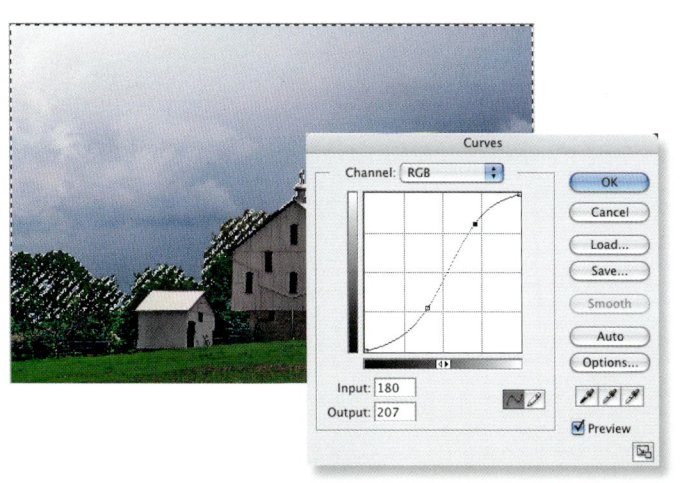

À direita: Já vimos (*p. 191*) como Hue/Saturation pode alterar a cor de toda a imagem. O menu que abre no alto dessa caixa de diálogo também permite ajustes em um leque de cor específico. Aqui, mudando de Master para Blues, você ajusta o matiz dos tons azuis, sem afetar o resto da imagem. Se necessário, você pode mover os deslizadores no espectro de cor para expandir ou contrair o leque de cores selecionado.

À esquerda: Criar um canal alfa permite que você faça mudanças sutis apenas em áreas selecionadas.

1. Nesta fotografia, as ferramentas Magic Wand e Lasso foram usadas para criar uma seleção do céu. Isso foi salvo como um canal alfa chamado Sky, usando os comandos Select/Save Selection.

2. Clique no canal alfa na paleta Channels para exibir seu conteúdo. Você pode editar esta imagem em escala de cinza, usando a maior parte das ferramentas básicas do Photoshop. Por exemplo, se você notar um retalho preto (não selecionado) no céu, pode pintá-lo com o Eraser.

3. Para carregar o canal alfa como seleção, clique no ícone do círculo pontilhado no pé à esquerda da paleta Channels. agora aplique um ajuste Curves para intensificar a cor do céu sem afetar a paisagem.

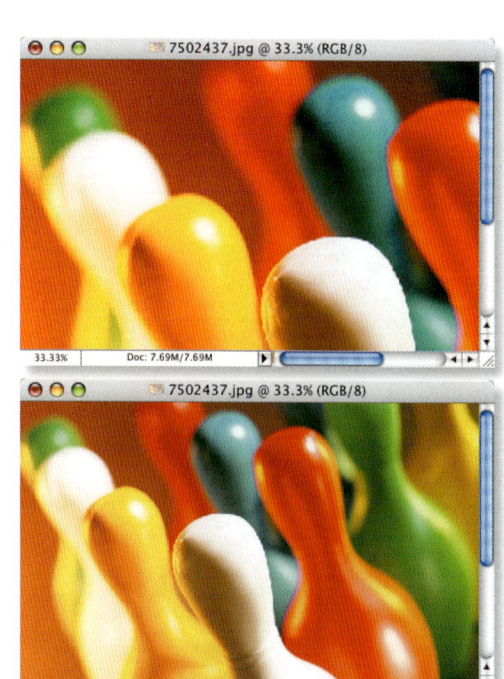

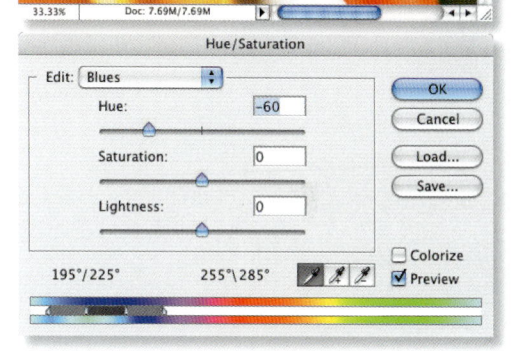

Embaixo, à esquerda: **O recurso Replace Color do Photoshop integra seleção e correção. Aqui, o *blue jeans* da modelo desvia a atenção do interior da sala. Com a caixa de diálogo Replace Color aberta (dos comandos Image/Adjustments), um conta-gotas aparece quando o mouse é colocado sobre a pré-visualização da seleção ou sobre a própria imagem. Clique para escolher a cor que será substituída e aumente a regulagem de Fuzziness para incluir uma área maior, de cor semelhante. Você também pode usar os conta-gotas + e - para adicionar ou subtrair cores, por exemplo, pegando tanto as sombras como as partes iluminadas do *jeans*. Hue, Saturation e Lightness do item Replacement regulam a cor da seleção exibida na amostra Result. Clique nessa amostra para acionar um selecionador de cor com seu próprio conta-gotas, que você usará para selecionar uma cor da imagem. Aqui, uma amostra foi tirada da almofada do sofá, para mudar os *jeans* para uma tonalidade neutra semelhante.**

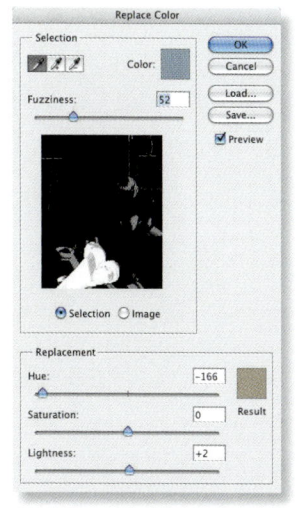

COMBINAÇÃO DE IMAGENS Um recurso poderoso dos softwares para edição de imagens atuais é a habilidade de sobrepor imagens de muitas maneiras diferentes para fazer montagens - em que elementos de muitas fotografias são cortados e unidos para fazer uma nova composição - e para manipular fotografias individuais.

CAMADAS E MODOS DE MISTURA

Qualquer documento no Photoshop (e em outros editores de imagens avançados) pode conter múltiplas camadas, sendo cada uma delas por si só uma imagem colorida. Olhar para uma imagem em camadas é como fazer uma pilha de muitos slides fotográficos (transparências) e segurá-los contra a luz ao mesmo tempo: cada imagem é parcialmente visível, filtrada por aquelas que estão na frente. Mas você pode ajustar a opacidade de cada uma e mudar a forma como cada uma filtra a próxima, aplicando diferentes modos de mistura. Você também pode usar modos de mistura em várias operações de ajuste.

Ao contrário de imagens únicas fixas, as camadas também têm propriedade de transparência. Além da cor, cada pixel tem um valor de transparência que determina o quanto ele afeta a cor na camada inferior. Em áreas completamente transparentes a camada inferior não é afetada. Cada camada também pode ter uma máscara de camada - um tipo de canal alfa que dita quais partes são visíveis. Isso permite que você corte partes de uma montagem, enquanto a própria fotografia continua intacta, de modo que, mais tarde, as modificações possam ser feitas.

As camadas de ajuste são camadas especiais, que não contêm qualquer dado de imagem. Ao contrário, elas representam uma operação de ajuste, assim como Levels ou Color Balance. Em vez de aplicar ajustes diretamente na imagem, você os adiciona como uma camada, que poderá ser calibrada ou retirada mais tarde, deixando intacta a imagem original.

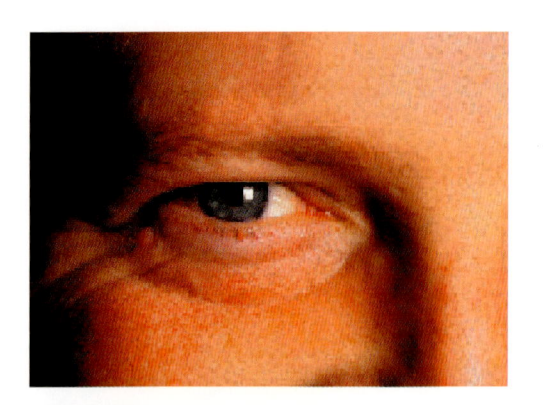

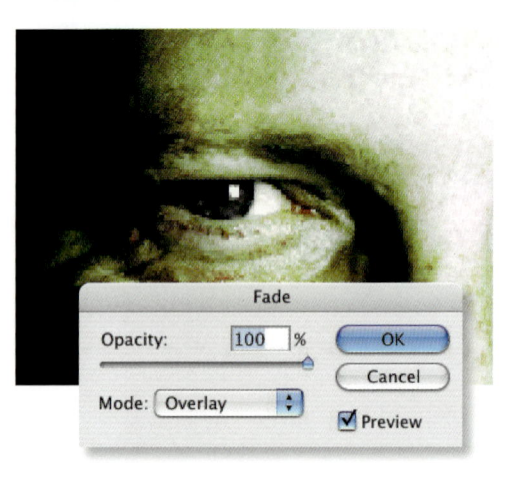

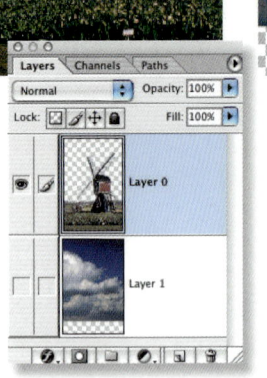
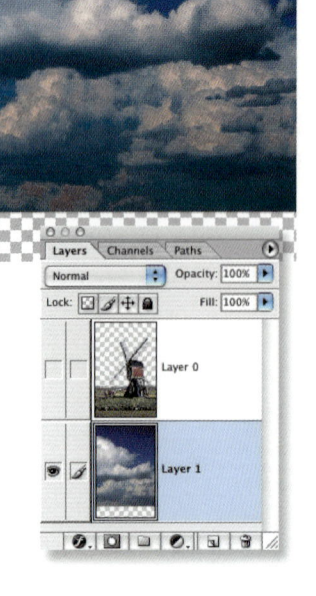

Acima e à direita: **Esta montagem é composta de duas camadas, uma contendo a imagem do moinho e a outra, o céu. Na foto do moinho o céu original foi selecionado, depois apagado para transparência pressionando-se a tecla Backspace. O ícone olho, à esquerda de cada camada na paleta Layers, torna-a visível ou invisível. Note como, quando você olha um único canal, as áreas transparentes são exibidas como um padrão xadrez.**

Acima: **A caixa de diálogo Fade permite modificar o ajuste que você acabou de aplicar. Na verdade, o resultado do ajuste é combinado com a imagem original. Neste exemplo, Hue/Saturation foi usado para trocar a cor da imagem pelo seu complemento. Nessa operação com Fade, usando o modo Overlay, você pode combinar os dois esquemas de cor e chegar a uma imagem mais neutra.**

MODOS DE MISTURA

O Photoshop oferece uma enorme variedade de modos de mistura. Descrições técnicas de cada uma são fornecidas no manual do software, mas a experimentação e a experiência provavelmente serão tão úteis quanto a leitura, ao decidir qual servirá aos seus propósitos, sejam eles corretivos ou criativos.

As amostras seguintes indicam os resultados da aplicação de diferentes modos de mistura à camada superior de um documento.

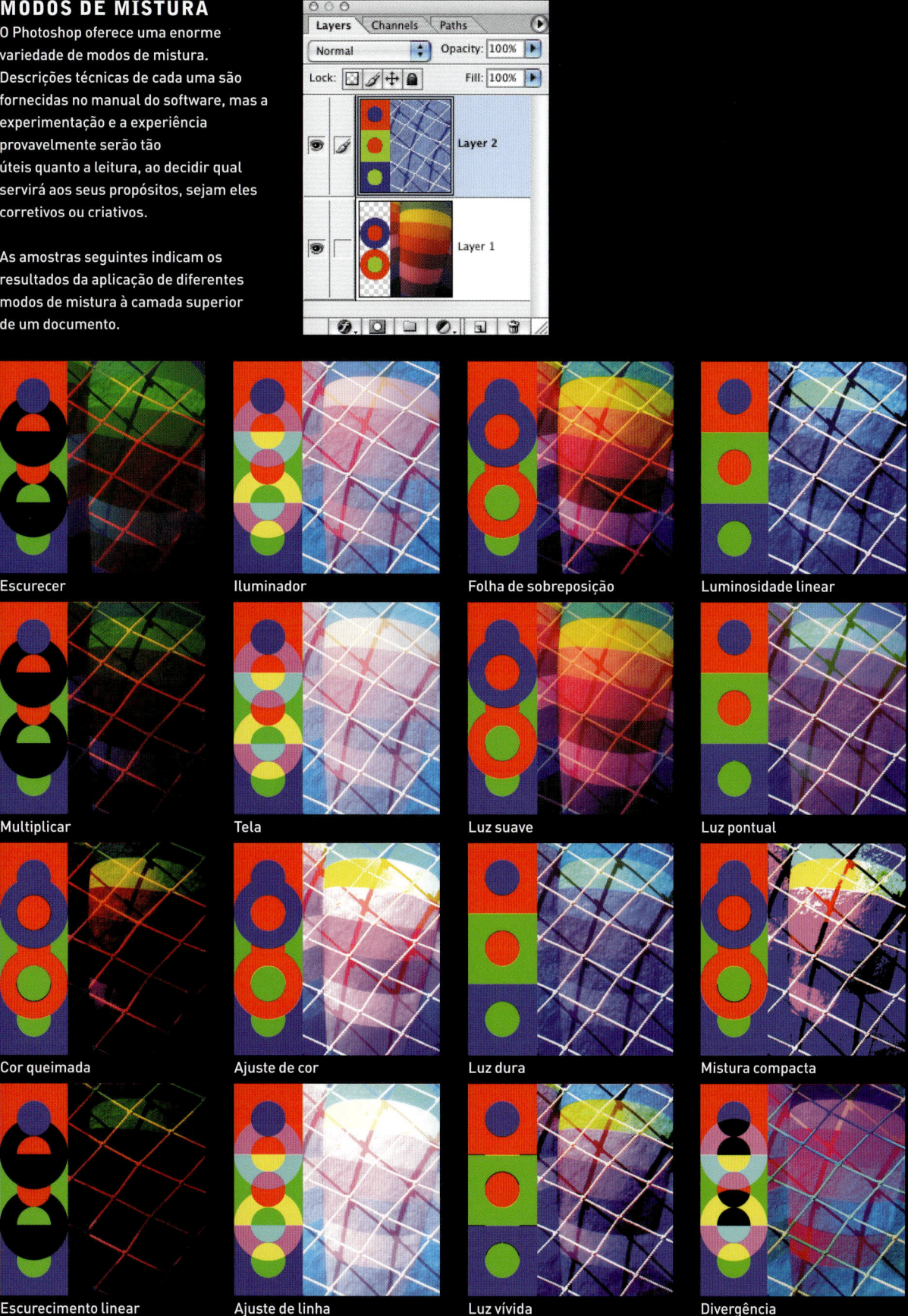

Escurecer

Iluminador

Folha de sobreposição

Luminosidade linear

Multiplicar

Tela

Luz suave

Luz pontual

Cor queimada

Ajuste de cor

Luz dura

Mistura compacta

Escurecimento linear

Ajuste de linha

Luz vívida

Divergência

TRABALHAR COM CANAIS DE COR

Todos os nossos exemplos, até agora, mostraram imagens armazenadas no espaço de cor RGB. Como explicado na p. 163, esse é o modo *default* para a manipulação da imagem, mas outros espaços cromáticos também são normalmente usados, em particular CMYK e Lab. Editar os canais cromáticos individuais, em qualquer modo, é outra forma de manipular a cor.

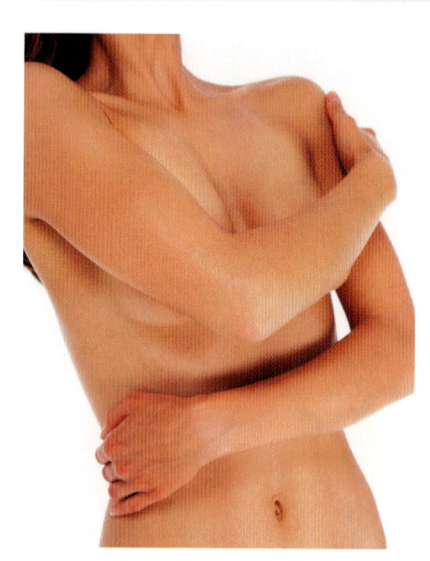
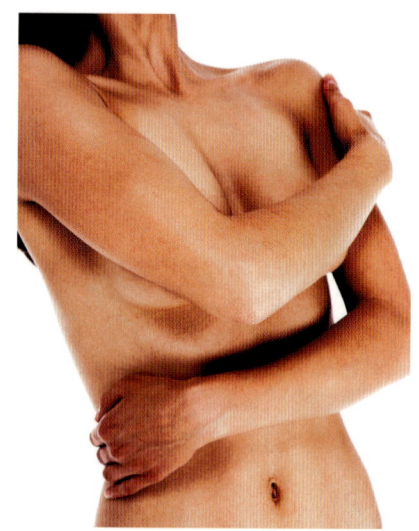

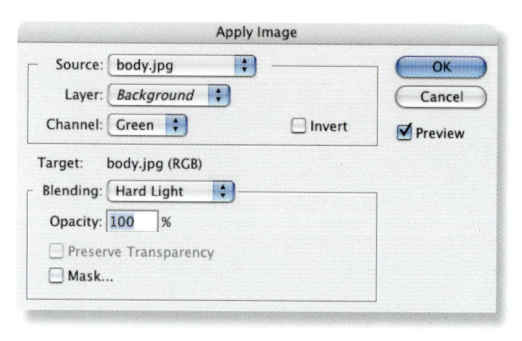

À esquerda: **Muitos ajustes tonais podem ser aplicados a um único canal, em lugar da imagem composta. Essa pode ser uma forma bastante controlável de corrigir engessamentos de cor. Aqui, uma fotografia com o que deveria ser um esquema cromático clássico – cores quentes de terra na parte inferior do primeiro plano, azul frio no alto, ao fundo – adquiriu um toque violeta. Aplicar uma curva em forma de S ao canal reduz a quantidade de azul perto da sombra, enquanto a aumenta ligeiramente nas áreas mais claras, deixando o feno amarelo e o céu azul.**

Embora os componentes vermelho, verde e azul sejam todos essenciais para a aparência geral da imagem colorida, ou composta, eles têm suas características próprias. O vermelho normalmente contém o leque de tonalidades maior e é importante para sombras e realces, mas frequentemente fornece poucos detalhes nos meios--tons. O verde, por outro lado, contém a mais detalhada alta-frequência, em que as áreas em torno diferem significativamente em valor. O canal azul geralmente contém o maior ruído (grãos randômicos causados pelo grão do filme ou erros de digitalização).

Aplicar ajustes monocromáticos a cada canal do modo devido pode produzir realces significativos: por exemplo, embaçar o canal azul reduz o ruído sem danificar significativamente os detalhes. Algumas vezes será útil converter a imagem para o modo Lab, em que os três canais servem a diferentes funções. O canal L (luminosidade) carrega os detalhes mais visíveis da imagem, enquanto os canais a e b contêm informação da cor. Ajustar o canal L pode, portanto, melhorar as características de tonalidade sem afetar a cor, e embaçar os canais cromáticos pode remover o ruído sem danificar os detalhes.

As imagens destinadas à impressão comercial são normalmente convertidas ao modo CMYK como passo final do processo de edição. A única razão para converter antes é se as cores da imagem devem ser precisamente igualadas a uma especificação predefinida ou a outras, na publicação. Aqui, é preferível trabalhar diretamente nos valores de tinta CMYK para evitar qualquer mudança de cor na conversão. Verificando a paleta Informações durante o ajuste, você pode certificar-se da exatidão da combinação.

Acima e à direita: **A operação Apply Image combina uma imagem com outra usando modos de mistura (*ver p. 197*). Apply Image pode, muitas vezes, ser útil para recombinar o canal de uma imagem com a composta. A fotografia acima é suave, principalmente porque o canal vermelho contém valores altos, com detalhes apagados. Adicionando uma cópia do canal verde – que contém a maior parte dos detalhes – à imagem composta, você pode salientar os detalhes e criar uma fotografia mais realista. Neste caso, foi usado o modo Hard Light**

À esquerda: **Duotone** é uma imagem monocromática impressa em duas cores, em lugar de só preto. O principal objetivo do duotone, como técnica fotográfica, é aumentar o leque tonal disponível, mas também pode ser usado apenas criativamente. Você pode imprimir um duotone criado na tela do Photoshop em CMYK - sem usar tintas spot nas cores duotone. Converta sempre primeiro a imagem para a escala cinza e depois para duotone (as duas opções estão no menu Mode). Também podem-se usar tritones e quadtones.

À esquerda e embaixo: **Cada uma** das chapas no duotone, tritone ou quadritone tem especificação de cor e curva. Ajustar as curvas controla a maneira como os dados da imagem são distribuídos entre as chapas. A primeira chapa (sombras) deve ser preta; se você usar uma cor diferente, o contraste será limitado.

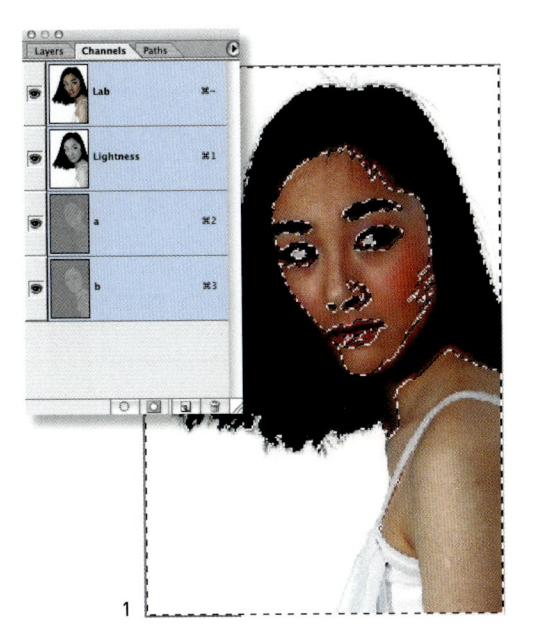

À esquerda e à direita: **Já vimos como** um canal alfa se parece com um canal de cor. Inversamente, você pode carregar qualquer canal de cor como máscara, pressionando Alt-Comando no Mac ou Ctrl-Alt no PC, enquanto digita o número do canal.

1. A imagem foi convertida ao modo Lab. O canal L foi carregado como seleção (Lightness).

2. Isso mascara as sombras e as áreas claras ficam mais afetadas por qualquer ajuste.

3. Um Gaussian Blur foi aplicado, dando um efeito que lembra uma foto pintada à mão.

1   2   3

À direita: **Se você usa tinta spot no processo** de impressão, pode adicionar qualquer número de canais cromáticos para acomodá-la, selecionando New Spot Channel na paleta Channels do menu de opções. Escolha a cor de tinta para cada canal de um sistema-padrão como o Pantone, e o Photoshop exibirá a imagem colorida composta como deve aparecer quando impressa. Gerar os dados da imagem apropriados para cada chapa, entretanto, é decisão sua. Use o comando Calculations (do menu Image) para combinar a informação tonal dos canais existentes. Aqui, para ressaltar uma imagem como dourado metálico, o canal amarelo foi combinado com o preto usando o modo de mistura Difference. O canal resultante (por *default*, um canal alfa) foi

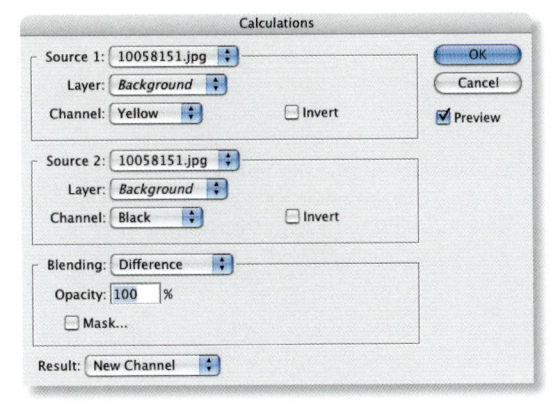

invertido, depois convertido para um canal de tinta spot, clicando-se duas vezes na paleta Channels e escolhendo-se uma referência de tinta da gama Pantone Metallic. O resultado é um brilho dourado realçando os tons da pele.

EFEITOS CROMÁTICOS Além dos controles para ajuste da tonalidade e da cor, editores de imagem como o Photoshop apresentam dúzias de filtros e efeitos adicionais que podem alterar radicalmente a caracterização cromática de uma fotografia. Eles podem ser suplementados por plug-ins vendidos separadamente.

EFEITOS BÁSICOS DE COR

Muitos efeitos simples de cor são comuns a quase todos os editores de imagem e podem ser usados criativamente ou com objetivos técnicos para facilitar outros ajustes. No Photoshop, você encontrará a maior parte deles no menu Image/ Adjustments. Eles funcionam em todos os modos de cor.

INVERT Transforma a imagem em negativo. O resultado depende do modo de cor; um negativo RGB é diferente de uma versão CMYK.

SOLARIZE Combina um negativo com um positivo. O efeito é semelhante ao de se superexpor brevemente um negativo, durante a revelação. (Controle do menu Filter/Estylize, não funciona no modo Lab.)

EQUALIZE Distribui os valores de pixel igualmente, do escuro ao claro. Muito útil para aplicar a camada ou canal que será usado para modificar outro.

THRESHOLD Todos os pixels mais escuros do que um valor específico se tornam pretos, e todos os pixels mais claros, brancos. Pode ajudar a produzir a máscara simplificada de um canal, muitas vezes seguido de um embaçamento.

POSTERIZE Reduz as tonalidades de cor da imagem. Bom para efeitos de pop-art e para transformar fotos em composições gráficas planas. Para mais sofisticação, utilize o menu Filter/Artistic/Cutout.

FILTER GALLERY Pré-visualiza os resultados dos vários filtros criativos do Photoshop, que manipulam a cor de diferentes maneiras, para sugerir qualquer coisa, do grão de filme ao neon. Embora as várias simulações da mídia de arte tradicional não sejam muito sofisticadas, elas podem ser surpreendentemente convincentes. Usando o botão embaixo à direita da caixa de diálogo, você pode acrescentar múltiplos efeitos, que são todos aplicados à imagem de imediato. Esses filtros só funcionam em RGB, com 8 bits por canal (cor de 24 bits).

FILTROS FOTOGRÁFICOS

O Photoshop recentemente introduziu o Photo Filters, imitando técnicas e efeitos fotográficos tradicionais. Por exemplo, o engessamento de cor pode ser aplicado de modo semelhante ao de se colocar filtros coloridos sobre as lentes da câmera (centro), e a opção Sepia lembra os filmes antigos (embaixo). Podem ser usados em qualquer modo de cor.

DIVISIONISMO

O Photoshop fornece vários filtros que decompõem a cor em campos separados. A maneira mais simples de fazer isso com qualquer imagem digital, claro, é reduzir sua resolução, tornando os pixels visíveis. Embora não precise de um filtro para fazer isso, você pode encontrar a maior parte dessas operações no menu Filter sob o título Pixelate.

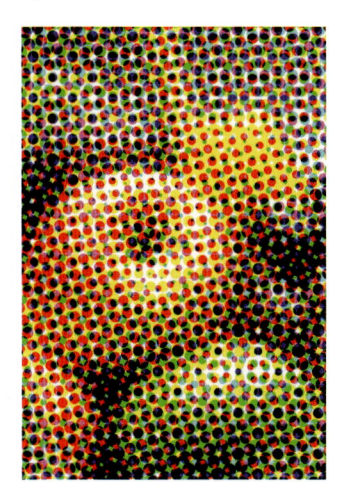

COLOR HALFTONE Simula o processo de meios-tons que ocorre quando você imprime uma imagem, mas com os pontos muito maiores. Os artistas pop, como Roy Lichtenstein (*ver p. 110*) tinham de pintar suas versões desse truque à mão.

MEZZOTINT Recria a exibição de pontos aleatórios, que resultaram de técnicas antigas de reprografia mecânica, em que as chapas impressoras eram transformadas em pontos pequenos, para decompor a cor.

POINTILLIZE Imita os métodos de pintura divisionista dos impressionistas (*ver p. 102*). Embora os resultados sejam interessantes, você não duvidará de que a técnica de Georges Seurat era mais do que mecânica.

STAINED GLASS Encontrado em Texture, divide a imagem em pedaços de formas irregulares, lembrando o vitral tradicional, feito com chumbo. Como muitos outros filtros de "efeitos especiais", o Stained Glass é engenhoso, mas talvez pouco útil.

FORMATOS DE ARQUIVO E COMPACTAÇÃO
O formato de arquivo "nativo" em que o Photoshop armazena seu trabalho (PSD) está bom para seu próprio uso, mas poucos programas podem lê-lo, e inclui muitas informações que são desnecessárias para imprimir ou para exibição on-line. Os arquivos de imagem são normalmente enviados em vários formatos-padrão da indústria.

GIF
O Graphics Interchange Format foi popularizado pelo serviço on-line Compuserve, e é largamente usado na Web para ícones, gráficos e blocos de texto pré-compostos. Usa compactação sem perda, mas devota apenas um byte (8 bits) de dados para cada pixel, dando 256 cores em lugar de milhões. Certos pixels podem ser transparentes: assim, o fundo de uma página da Web vai se destacar atrás de uma ilustração de forma irregular. Com o software adequado, você também pode armazenar muitas imagens em um arquivo, e um navegador da Web, por sua vez, irá mostrá-las, criando uma simples animação. Os GIFs animados são frequentemente encontrados em *banners* de publicidade on-line.

JPEG
O método de compactação inventado pelo Joint Photographic Experts Group engenhosamente remove as informações de cor que você nota menos. Quanto mais compactação você aplicar, menor o arquivo - vai para cerca de 1% - e mais visível a degradação. JPEG é excelente para desenhos gráficos da Web e para enviar imagens coloridas, de página inteira, para a impressão, sem fazer upload de dúzias de megabytes. Mas você nunca deve usar JPEG para armazenar imagens que ainda vai manipular, pois os artefatos de compactação - blocos e streaks - tornar-se-ão cada vez mais óbvios.

PNG
O Portable Networks Graphic surgiu como uma alternativa para o GIF, depois que o proprietário da patente do método de compactação GIF pediu *royalties*. A patente expirou em 2003, e o PNG parece que vai sumir.

RAW
O formato Camera Raw transmite os dados gerados pelo chip sensível à luz, em uma câmera digital, diretamente para o software. Isso significa que você pode controlar exatamente como a cor e a tonalidade são manipuladas, em lugar de começar por uma imagem que já foi processada para um formato como JPEG ou TIFF. O Photoshop CS pode ler os arquivos Camera Raw mais populares. Entretanto, versões anteriores do Photoshop precisam de um software plug-in ou do software fornecido com a câmera. O Camera Raw é o melhor formato de importação se a câmera tiver o recurso.

TIFF (OU TIF)
Os profissionais de desenho gráfico muitas vezes usam Tagged Image File Format (TIFF). O TIFF funciona com todos os bons programas gráficos, em todos os sistemas de operação. Os canais alfa podem ser armazenados e os programas podem incluir informações que são ignoradas por outros, que não as compreendem. Assim, por exemplo, o Photoshop pode armazenar e ler imagens em camadas como um TIFF, enquanto outros programas só veem uma imagem plana. Pode-se aplicar compactação sem perda de dados, embora nem todos os programas possam lidar com ela, e arquivos compactados ainda são bastante grandes.

À esquerda: **Nem todos os formatos de arquivo podem incorporar todos os tipos de informação que existem numa imagem Photoshop. As camadas e os canais extra são suportados apenas em alguns formatos. Quando você tenta salvar um documento complexo em um formato como JPEG, a caixa de diálogo Save As o avisa sobre elementos que não podem ser incluídos, e o força a salvar o documento como uma cópia, deixando o documento completo intacto na tela, de modo que você possa salvá-lo em formato PSD para editar mais tarde.**

À direita: ImageReady, o programa gráfico da Web fornecido como parte do Photoshop, fornece estas quatro cópias de imagem para comparar os efeitos da regulagem da compactação. Aqui, três diferentes níveis de JPEG são aplicados à imagem vista no alto à esquerda. Com um ajuste de alta qualidade (no alto à direita), a imagem é quase indistinguível do original, mas ocupa apenas 32 K, reduzidos de 501 K. Um ajuste mais baixo, embaixo à esquerda, traz esse tamanho para 16 K, mas a qualidade sofre visivelmente. No mais baixo dos ajustes (embaixo à direita), o pouco que se economiza em tamanho provavelmente não vale a pena, pela deterioração conspícua. Note como os tempos comparativos de download também são reduzidos (de 13 segundos para 5 segundos).

À esquerda e embaixo: **Quando você salva uma imagem Photoshop como GIF, as regulagens na caixa de diálogo Indexed Color controlam a conversão para uma paleta de não mais do que 256 cores. Uma paleta "local", criada para conveniência das tonalidades de dentro da imagem, deveria normalmente ser usada, para melhorar a qualidade visual. No ImageReady, você pode construir uma paleta "máster" a partir de um conjunto de imagens, assegurando que todas** serão exibidas de modo semelhante. O ajuste de dither controla como a conversão lida com a falta de sombras disponíveis. Sem dither, as áreas de graduação entre cores, ou do claro para o escuro, tendem a separar-se em faixas (embaixo, ao centro). Um dither de difusão entremeia aleatoriamente os valores de pixel, fazendo com que a imagem fique com mais grãos, mas algumas vezes mais aceitável para o olhar (embaixo à direita).

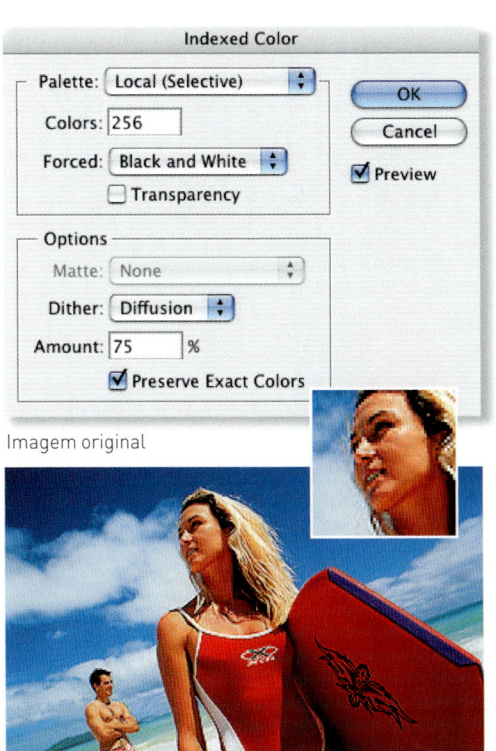

Imagem original

Imagem sem dither

Imagem com dither

IMPLEMENTAR O GERENCIAMENTO DA COR
Como vimos no capítulo 04.01, a calibragem e o gerenciamento da cor são importantes para todos os que lidam seriamente com a cor no computador. Se você não tiver hardware de calibragem, o primeiro passo é calibrar o monitor usando ferramentas de software.

CALIBRANDO SEU MONITOR

Os computadores Macintosh vêm com o Display Calibrator Assistant. Vá para Display em System Preferences e clique em Calibrate na etiqueta Color. Os usuários de PC precisam executar o Adobe Gamma - uma utilidade semelhante fornecida com o Photoshop - e escolher o método Wizard. Esses programas são apropriados tanto para telas CRT como para LCD; alguns dos passos não se aplicam a LCDs. Ligue seu monitor pelo menos meia hora antes de calibrá-lo, para estabilizar seu desempenho. Essa forma de calibragem não afeta o monitor em si (exceto por seus ajustes de luminosidade e contraste), mas muda a informação que o computador lhe envia. Isso é controlado por um perfil ICC, gerado no final do processo de calibragem, que é aplicado aos ajustes de gerenciamento de cor de seu sistema operacional.

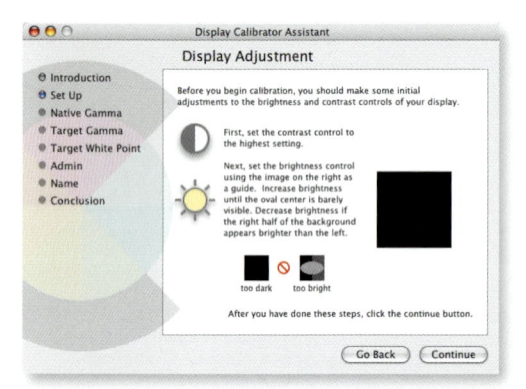 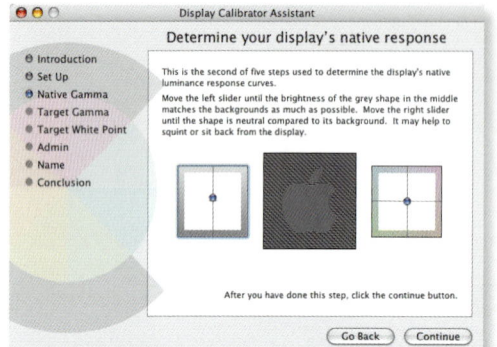 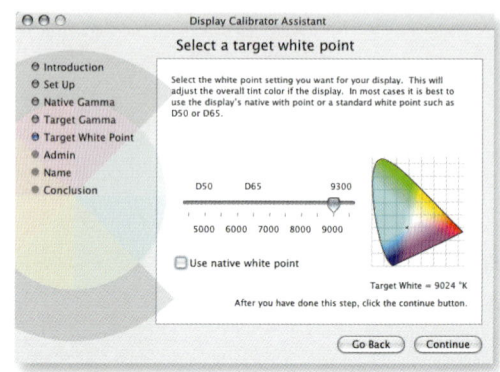

Macintosh

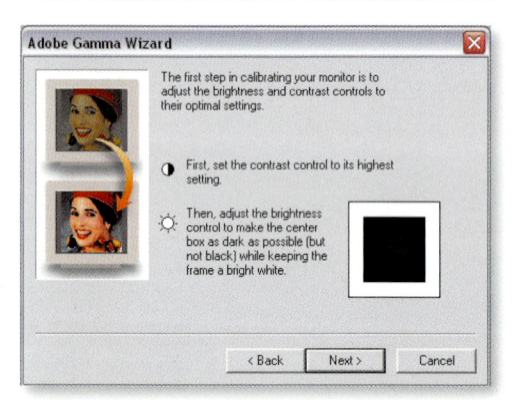  

PC

1. Você começa colocando o contraste do monitor no máximo, dando o maior leque tonal possível. O computador, então, lhe pede para ajustar o controle do brilho com referência a um gráfico exibido na tela. Isso cria a melhor regulagem de hardware, para calibrar uma fotografia tão precisamente quanto possível.

2. Para conseguir o ajuste do gama desejado (*ver p. 183*), o software primeiro precisa saber qual é o gama "nativo" da própria tela. Ele lhe pedirá que ajuste os deslizadores, até que blocos de cada cor primária combinem com fundos com tiras pretas. Você pode, então, escolher o ajuste gama que preferir. Os profissionais de impressão que usam PCs podem preferir trocar o Windows *default* 2.2 para o ajuste mais leve 1.8, normal nos Macs. Os designers de Web com Mac, por outro lado, podem trocar para 2.2, para ter uma ideia melhor de como as imagens parecerão nos navegadores da Web dos PCs.

3. Você também pode escolher a temperatura da cor ou ponto branco. A maior parte dos monitores *default* apresenta um valor muito alto (azul), mas um valor mais baixo (amarelo) representa melhor as cores, como aparecem em páginas impressas. De novo, as normas do Mac e do PC diferem, mas os designers para impressão deveriam escolher 6.500 K (também chamado D65), enquanto designers da Web podem ir até 9.300 K para imitar o cenário do usuário médio da Web, embora isso faça as imagens parecerem mais azuis do que deveriam.

Abaixo: **Com um perfil de impressão CMYK selecionado e o Proof Colors ligado, você pode ver que as cores não ficarão tão brilhantes quando impressas.**

Acima: **Esta imagem contém cores altamente saturadas, que parecem extremamente vibrantes na tela.**

Acima: **Ligue o Gamut Warning para realçar as cores que estão fora dos limites que o dispositivo selecionado abrange.**

CALIBRAGEM DO HARDWARE

Se você investir em um aparelho de calibragem, com software que se integra com seu sistema de gerenciamento da cor (CMS), o processo de calibragem será muito menos subjetivo. Em lugar de ter de selecionar o gama e o ponto branco que prefere, os ajustes são feitos de acordo com os requisitos do CMS, de modo que as imagens, quando exibidas, combinarão objetivamente aquelas especificações cromáticas. Se a calibragem for integrada com o monitor, o brilho e o contraste serão automaticamente ajustados, e não deveriam ser modificados pelo usuário.

SOFT PROOFING

Quando você exibe uma imagem em Photoshop - ou outros programas gráficos compatíveis com ICC - no monitor calibrado, a aparência dela será tão fiel quanto possível aos dados cromáticos no arquivo. Entretanto, algumas vezes você pode querer ver como a imagem vai aparecer quando o output for menos fiel. Se você está desenhando para imprimir, vai querer saber como seu trabalho ficará quando sair de uma impressora CMYK; os designers da Web vão querer verificar como os desenhos gráficos aparecerão em um monitor médio, não calibrado. Isso se chama *soft proofing*. No Photoshop, você usa o comando Proof Setup no alto do menu View para escolher qual perfil de aparelho imitar. Escolha Custom se você precisar usar um perfil que não está listado, ou para ajustar a regulagem. Você pode, então, ligar e desligar o soft proofing, usando o comando Proof Colors imediatamente abaixo.

OS COLOR SETTINGS DO PHOTOSHOP Você encontrará a caixa de diálogo Color Settings no menu Edit, se estiver executando o Photoshop em um PC, ou no Photoshop Menu, em um Mac. Essa caixa de diálogo sustenta todo o seu trabalho no Photoshop, portanto não a omita, porque ficará complicado! Passe o mouse sobre cada opção dessa caixa para exibir uma descrição útil no pé da janela.

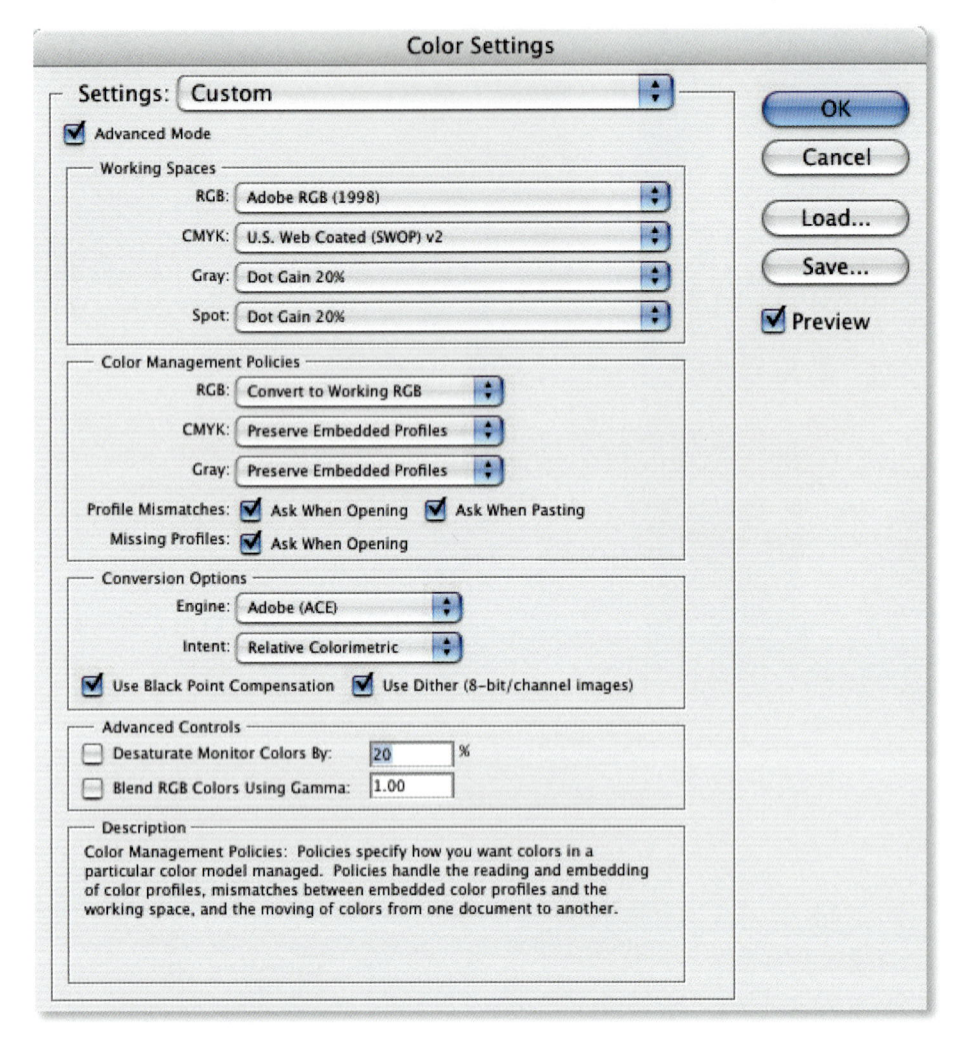

Acima: **Clique na flecha para escolher entre os setups de padrão de cor que vêm com o Photoshop. US ou Europe Prepress Defaults é um bom começo; os usuários de Mac podem preferir ColorSync Workflow para ajudar a manter o sistema todo trabalhando consistentemente. Quando você altera os ajustes, o nome muda para Custom. Marque Advanced Mode.**

ESPAÇOS DE TRABALHO

Aqui você escolhe os espaços cromáticos (*ver cap. 04.01*) que serão usados para manusear imagens RGB, CMYK e escalas de cinza. Como a maior parte de sua edição será em RGB, seu espaço cromático RGB deveria ser independente de aparelhos - criado para representar a cor em abstrato, em lugar das características de determinado hardware. O Adobe RGB (1998) é uma boa escolha. Alguns designers de Web escolhem sRGB, o espaço cromático *default* usado pelos PCs, porque representa o que a maior parte dos usuários verá, mas isso pode comprometer a qualidade da imagem.

Não escolha o perfil de seu monitor, aqui. Desde que você tenha aplicado o perfil do monitor ao seu sistema operacional, a exibição parecerá correta. O espaço cromático de seu próprio monitor não é um bom espaço de trabalho neutro.

Como você normalmente converte para CMYK na preparação para impressão comercial, o espaço de trabalho CMYK deve combinar com a impressora. Escolha um perfil-padrão - Euroscale Coated v2 ou US Web Coated (SWOP) v2 -, a menos que você tenha um outro, específico. (Web, aqui, refere-se à impressão off-set Web, não à World Wide Web.) Note que, se você usar uma impressora de mesa ou a laser colorida, os dados serão normalmente enviados a tais aparelhos em RGB, e não em CMYK.

Os ajustes de Gray afetam apenas imagens monocromáticas. Se elas não forem para imprimir, ajuste o fator de ganho dot para compensar o espalhamento da tinta, normalmente 20%; para impressoras de mesa, escolha uma regulagem gama padrão. Se você usa cores spot em impressão off-set, o ganho dot usual também é 20%, mas verifique com a gráfica, antes.

POLÍTICAS DE GERENCIAMENTO DA COR

Essa seção é importantíssima e controla o que acontece quando você abre uma imagem que foi salva sem um perfil de cor, ou com um perfil diferente daquele de seu espaço de trabalho. A maior parte das pessoas deveria escolher Convert to Working RGB, para manter todo o trabalho no mesmo espaço de cor. Se você costumeiramente recebe imagens em CMYK, porque elas já foram preparadas corretamente para imprimir, escolha Preserve Embedded Profiles for CMYK; de outro modo, escolha Convert to Working CMYK. Aplique o mesmo princípio ao ajuste de Gray. Marque as três opções Ask para que você seja sempre avisado sobre o que está acontecendo com as conversões.

OPÇÕES DE CONVERSÃO

Nem sempre é possível converter precisamente entre espaços cromáticos (como de RGB para CMYK), mas você pode usar vários métodos de compensação. O motor é o software que faz a conversão; a regulagem da conversão pode ser deixada como Adobe (ACE), mas os usuários de Mac podem preferir Apple ColorSync para combinar conversões em outro software. Você geralmente terá as cores mais satisfatórias se escolher Relative Colorimetric for the Intent e selecionar, ali, as duas opções.

CONTROLES AVANÇADOS

A menos que você saiba o que está fazendo, deixe-os desligados. Eles são controles específicos que alteram as cores de uma imagem, e que você usaria apenas se quisesse ignorar as políticas de administração. Por fim, ajustar os Advanced Controls significa que a exibição no monitor não é confiável.

GERENCIAMENTO DAS CORES

Sempre que você salvar uma imagem, o Photoshop lhe dará a opção de embutir o perfil do espaço de trabalho atual, assegurando que quando o arquivo for aberto em Photoshop, ou em qualquer outro programa que leia ICC, os dados cromáticos sejam interpretados corretamente. Marque sempre a caixinha com um tique - a menos que você tenha alguma razão para não fazê-lo. Se você estiver salvando um JPEG para uso na Web, embutir o perfil ampliará o arquivo sem muitos benefícios, pois a maior parte dos browsers vai ignorá-lo e a maioria dos monitores dos usuários não estará calibrada.

Há duas opções especiais em Mode, no menu Image: Assign Profile e Convert to Profile. Assign Profile diz ao Photoshop que a imagem atual deveria ser interpretada como se tivesse certo perfil embutido. Essa opção mudará a aparência cromática da imagem, espera-se, fazendo-a voltar para a que se pretendia obter. Convert to Profile troca o espaço de trabalho em que a imagem é mantida e não deveria mudar sua aparência (a menos, por exemplo, que você a converta de um perfil RGB para um CMYK). Isso pode ser útil quando você está entregando uma imagem a um usuário não ICC, mas sabe qual perfil poderia representar o sistema dele. Quando salvar uma imagem para a Web, por exemplo, você pode convertê-la para sRGB, depois salvá-la sem perfil, pois a maior parte dos usuários de PC usa sRGB como valor-padrão.

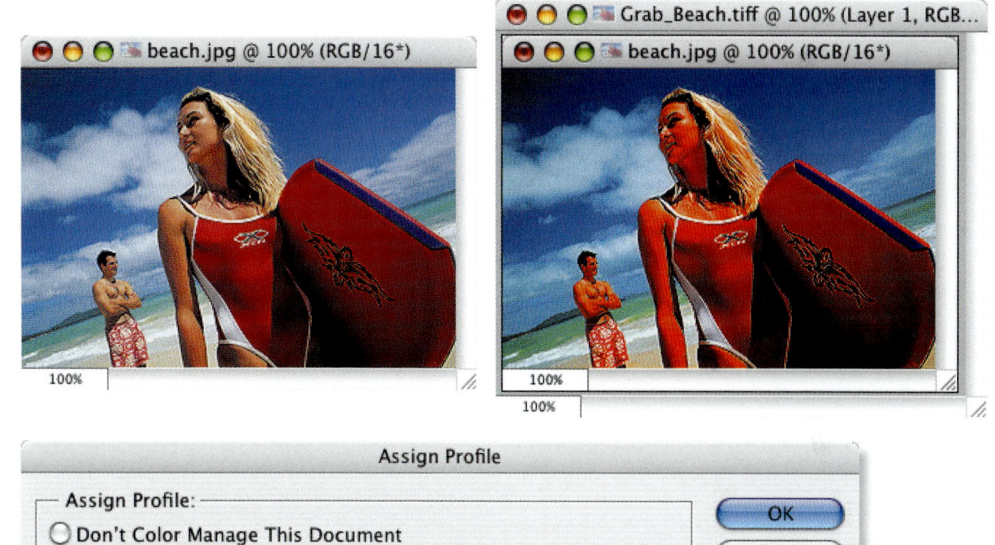

Acima: **Se você capturar o display da tela (usando a tecla Print Screen num PC ou a utilidade Grab num Mac) e depois colá-lo no Photoshop, ele pode não parecer correto. Aqui, a janela da direita contém um Screen Grab da janela da esquerda. Para corrigir a cor, destine o perfil do monitor à imagem com Screen Grab. Depois converta para seu espaço de trabalho usual.**

A PINTURA DIGITAL
Manipular pixels coloridos no computador não é só para editar imagens já existentes como fotos. Você também pode criar arte numa tela limpa, usando os equivalentes digitais de pincéis, canetas e lápis.

O princípio básico atrás da ferramenta Brush do Photoshop é de que uma pequena imagem é repetida ao longo da linha que você desenha. Aspectos como forma da ponta do pincel, tamanho, quantidade e direção em que é pressionado, distância repetida, o quanto as formas repetidas divergem do path, as variações em cor, a opacidade, etc., podem variar dentro de parâmetros definidos. Se você tem um tablet, pode estabelecer a inclinação da "ponta da caneta" para controlar o grau de variação, permitindo uma "pintura expressiva".

Embora a "mídia natural" seja uma característica que vale a pena no Photoshop, os programas dedicados a ela oferecem propriedades muito mais sofisticadas. O Corel Painter é um exemplo. Como o Photoshop, o Corel Painter é fundamentalmente um editor de bitmap, mas suas ferramentas - incluindo pincéis molhados e secos, gizes e crayons, tintas e camadas de tinta fina (washes) - são voltadas

Embaixo à esquerda: **O tablet ajuda a desenhar na tela e pintar. O mouse é difícil de manejar e usa um sistema de posicionamento relativo, pois, enquanto o cursor dá uma indicação de sua posição atual, você não pode confiar na "memória muscular" para levar sua mão a determinada posição sobre a tela virtual. A ponta da caneta do graphics tablet é como uma caneta ou pincel, e registra sua posição dentro da área do tablet. Você pode até traçar arte em um pedaço de papel colocado sobre o tablet.**

Embaixo à direita: **Esta imagem usa técnicas cromáticas para transmitir uma atmosfera. O artista trabalhou como *matte painter* e designer de iluminação para empresas, incluindo Disney e Industrial Light and Magic.** Cortesia Erik Tiemens, Watersketch.com

para o artista, mais do que para o retocador, e atraíram muitos pintores tradicionais para o reino digital.

Atualmente, a principal limitação do Painter é que impõe tarefas de processamento de dados extremamente pesadas para o computador. Isso significa que a velocidade de operação pode se tornar muito lenta durante a produção de arte complexa, frustrando o fluxo expressivo do artista ou ilustrador. Felizmente, gerações sucessivas de processadores de computador estão gradualmente ultrapassando as demandas do software.

O Creative House Expression, um programa desenvolvido por uma equipe de cientistas da informática e artistas, assumiu uma nova abordagem. Os paths são armazenados como vetores, usando tecnologia patenteada de "pinceladas vetoriais", de modo que você pode voltar a trabalhar com pinceladas individuais em sua arte, a qualquer hora. O Expression sobressai mais ainda com a vantagem de pintar no computador. Você pode editar e apagar o que pintou de uma forma que seria impossível com, digamos, as aquarelas reais.

Você pode saber mais sobre esses produtos e baixar versões de demonstração em www.corel.com/painter e www.creaturehouse.com, respectivamente.

À esquerda: **O Corel Painter é um programa que se destina especificamente a simular o trabalho com pinturas e superfícies reais. Você pode misturar cores em uma paleta (no alto à direita) e depois aplicá-las à tela (à esquerda), usando uma enorme variedade de tipos de pincéis. Você pode selecionar a textura da tela (em Mixer) e acrescentar camadas Water Color para aplicar efeitos "molhados", como pinceladas que se encontram e washes difundindo traços feitos antes. Os atributos do tablet, como inclinação e pressão, permitem variar as pinceladas.**

Abaixo: **Você não tem de imitar as ferramentas tradicionais para "pintar" no computador. Vários filtros de edição de imagem podem produzir texturas e washes instantâneos em qualquer área que você defina com uma seleção. Aqui, por exemplo, Fibers (à esquerda) e Clouds (à direita) do Photoshop, que você encontra em Render no menu Filter, foram usados para gerar padrões coloridos conforme as amostras correntes Foreground e Background.**

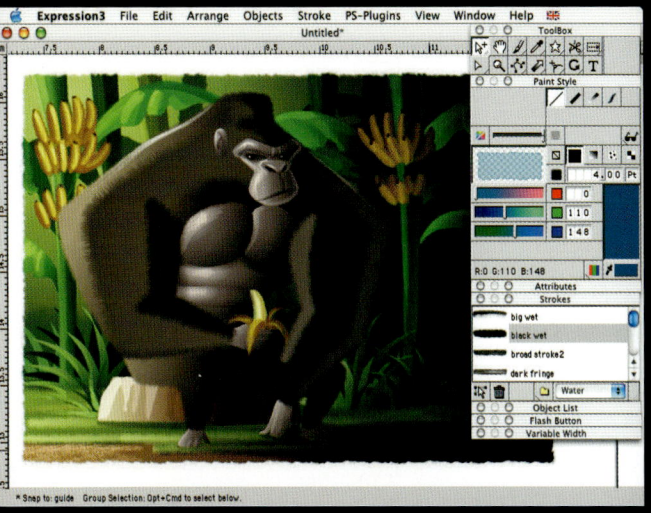

Acima: **A Creature House Expression representa pinceladas como caminhos de vetor. Embora o trabalho do pincel ainda seja construído com bitmaps, a Expression dá à arte um grau de versatilidade de edição e independência de resolução que falta em programas como o Painter.**

À direita: **A ferramenta Brush do Photoshop tem grande número de regulagens, que você pode personalizar para produzir efeitos diferentes. O conjunto de pincéis incluídos no programa vai de simples pinceladas caligráficas a complexos arranjos semi-aleatórios de gráficos preset, ao longo da trajetória que você desenhou.**

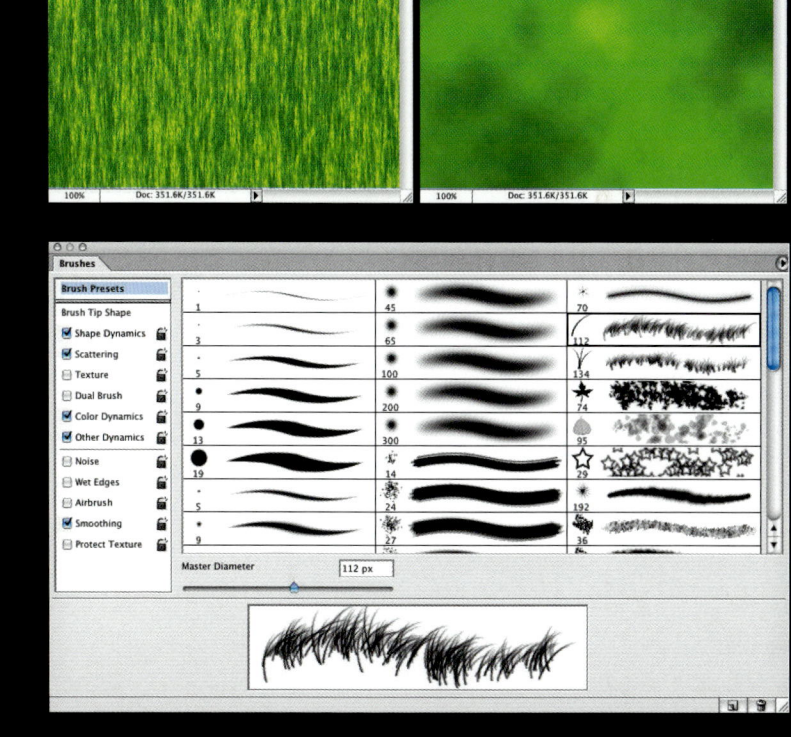

O TRAÇADO DA COR

Enquanto os programas de edição de fotos e pintura trabalham com bitmaps, os vetores são a base para o software de desenho e diagramação de páginas, como o Adobe Illustrator e o QuarkXPress, respectivamente. Um programa gráfico baseado em vetores pode ser imaginado como o equivalente digital das formas de feltro com que você brincava quando criança. Você pode cortar cada forma do jeito que quiser, e arranjar qualquer número delas sobre um fundo, sobrepondo quando necessário, para construir uma ilustração.

Uma forma de vetor, ou objeto, é definida por um path – uma linha reta ou curva formada entre vários pontos. Você pode lhe dar uma pincelada, uma linha de cor e largura especificada, e/ou um preenchimento, uma cor ou um efeito que encha a área. Para ser preenchido, o path deve ser fechado, terminando exatamente onde começou. As formas com buracos na linha externa, ou borda, são formadas por paths compostos, por exemplo, a letra o consiste de duas elipses, uma para a parte externa e outra para a interna.

Portanto, como os pixels, os paths se tornam visíveis por seus valores cromáticos. Ao contrário dos pixels, contudo, uma pincelada ou preenchimento podem ser removidos ou regulados para None, que não significa branco, preto ou qualquer coisa entre um e outro, mas simplesmente ausente. De modo semelhante, embora o software baseado em vetores apresente uma área retangular onde compor o trabalho, o resultado não precisa ser retangular. Quaisquer áreas do fundo não cobertas por objetos estão vazias, não brancas; se sua arte estiver colocada (dentro do software) por cima de outro material, quaisquer gráficos por baixo serão visíveis nessas áreas vazias.

A composição digital é um uso especial dos vetores. Os arquivos de fontes são sempre armazenados no disco rígido como dados de vetor PostScript (ou, frequentemente em PCs baseados em Windows, no formato semelhante TrueType). Conforme você digita o texto em determinada fonte, com determinado tamanho, o sistema operacional do computador rasteriza as formas de letra para o monitor. O que está armazenado no documento que você está editando, entretando, não são os pontos rasterizados, mas as palavras do texto e os detalhes da fonte, tamanho e outros sinais tipográficos. Quando você amplia o zoom de seu trabalho, o texto é rasterizado a partir do zero no novo tamanho, de modo que aparece igual ao anterior. Quando você imprime o documento, o texto é rasterizado novamente pelo RIP da impressora (ou por um software, quando a impressora é menos avançada) na resolução mais alta.

Embora os vetores gráficos não possam ser capturados a partir do mundo real, isso não significa que não possam ser fotorrealistas. Esta flor, sutilmente sombreada, foi desenhada usando-se a função Gradient Mesh do Adobe Illustrator. A mistura de objetos pode ser formada em qualquer pacote do desenho em vetores para criar sombreamento complexo.

PROGRAMAS DE DESENHO VETORIAL O desenho vetorial pode parecer, inicialmente, Arte Negra. Você constrói formatos com curvas Bézier, formas geométricas que consistem de nós e traços. Leva algum tempo para aprender a dominá-las, mas se você usá-las com lógica e método, sua arte tenderá, naturalmente, para a elegância e a uniformidade. E uma vez criada uma forma, você pode repeti-la, escalá-la para maior ou menor, ou até mesmo gerar cópias concêntricas (trajetórias off-set), com alguns cliques.

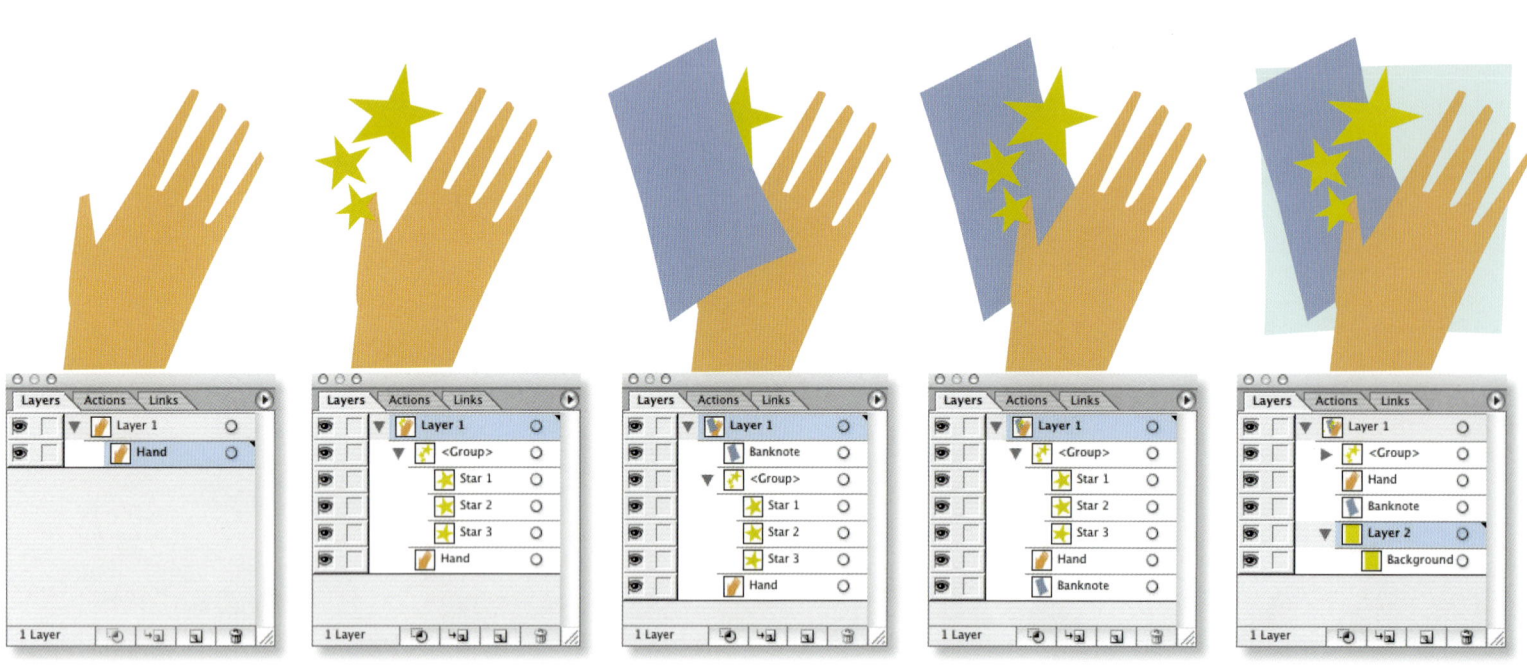

Acima: **A mão é desenhada e aparece como o primeiro objeto na ordem de sobreposição. Demos a ela um nome, Mão, para não perdê-la de vista mais tarde.**

Acima: **As três estrelas são desenhadas e batizadas. Como queremos que permaneçam juntas, nós as agrupamos, e isso se vê na lista.**

Acima: **A forma de uma cédula é desenhada e batida. Sendo o objeto mais recente, aparece por cima, cobrindo os outros elementos.**

Acima: **A cédula é enviada para trás. Isso a coloca no lugar mais baixo da pilha, atrás dos outros objetos e no último lugar da lista.**

Acima: **Uma forma é desenhada em uma nova camada. Embora esteja no alto dentro dessa camada, a forma está sob os outros elementos.**

Há muitas opções para colorir seus objetos. Além de cores sólidas, você pode aplicar preenchimentos gradiente, que graduam suavemente de uma cor para outra. Você pode acrescentar muitas outras cores, criando efeitos que vão do arco-íris psicodélico a reflexos metálicos. Quando não houver o efeito exato de sombreamento que deseja, você pode "misturar" objetos para criar transições entre campos cromáticos de qualquer formato. Alguns programas de desenho atualmente também suportam transparências: cada objeto colorido pode ter uma regulagem de opacidade e até mesmo um modo de mistura (*ver p. 197*).

Como os objetos vetorizados são separados, cada um deles pode ter seu próprio modo cromático. Isso significa que você deve tomar cuidado quando desenhar para imprimir, e assegurar-se de que cada cor que aplica é definida como um processo ou cor spot apropriado. É confuso, mas você pode usar qualquer modelo de cor que

À direita: **Os desenhos são construídos a partir de múltiplos objetos com preenchimentos diferentes. Com todos os objetos selecionados, você pode ver como eles se ajustam para construir a arte. Os objetos que adicionam detalhes a formas maiores podem ser colocados sobre elas na ordem de empilhamento, de modo que não há necessidade de que um seja cortado em torno do outro.**

preferir - RGB, CMYK, HSV, etc. - para especificar uma cor, não importa que esteja etiquetada como processo ou tinta spot. Os processos cromáticos serão todos convertidos para CMYK no output, e as cores spot serão simplesmente alocadas à chapa relevante. A tinta usada para imprimir cores spot depende do que você pede à gráfica. Se usar uma impressora de jato de tinta de mesa, todos os valores cromáticos serão traduzidos para suas tintas, para igualar a aparência que exibem tão próximo quanto possível.

Em lugar de simplesmente aplicar uma cor especificada a dado objeto, você pode torná-la uma amostra, que é armazenada no documento e poderá ser facilmente aplicada a outros objetos. Mais tarde você pode mudar todos os casos de determinada cor para um documento, editando a amostra. Os efeitos que não são em cores sólidas, incluindo preenchimentos em gradiente e pinceladas ornamentais, podem ser armazenados como estilos, que funcionam de modo semelhante.

Alguns efeitos, como sombras e brilhos leves, são muito difíceis de obter em vetores. Os programas recentes suportam tais efeitos representando-os como bitmaps. Na teoria, o usuário não precisa ter conhecimento disso, pois os elementos do bitmap, ou efeitos raster, são gerados automaticamente e integrados na arte sem emendas. Entretanto, na prática, há algumas dificuldades técnicas. Primeiro, o designer tem de decidir sobre a resolução dos bitmaps. Isso é normalmente estabelecido para um documento inteiro, dependendo de o trabalho ser destinado a exibição ou impressão. Segundo, é necessário muito poder de processamento para gerar os bitmaps, o que pode retardar o desempenho do programa de desenho. Reduzir a resolução do documento-raster pode ajudar - ela sempre pode ser aumentada

Acima: **Os preenchimentos gradiente padrão incluem radial (no alto) e linear (centro). Alguns programas oferecem tipos extra, como cone (embaixo).**

Acima: **No Adobe Illustrator um dégradé se forma com curvas Bézier, e seus pontos e traços podem ser movidos como qualquer outra curva Bézier. Aqui, os pontos mais próximos das bordas foram selecionados juntos e aumentados 120%.**

novamente pouco antes do output - mas o designer deve dar por certa a qualidade visual dos efeitos enquanto trabalha.

A resolução é ainda mais difícil com misturas. A suavidade da graduação tonal é obtida em função do número de objetos, da distância em que estão distribuídos e do grau de variação entre as cores, na mistura. Mas o número de passos é deixado à experiência do usuário, e não há facilidades automáticas para refazer misturas quando a arte é ampliada. Portanto, os designers para impressão devem ter consciência de que a arte em vetores não é tão independente da resolução como seus princípios fundamentais sugerem.

À esquerda: **Desenhar dois objetos - normalmente um dentro do outro - e colori-los de modo diferente, depois selecionar ambos e usar o comando Blend, cria uma sequência de objetos intermediários, fazendo uma transição de cor suave, com forma personalizada. Este casaco fotorrealista foi desenhado em Macromedia FreeHand usando esse método de mistura.**

APLICATIVOS DE DIAGRAMAÇÃO DE PÁGINAS

APLICATIVOS DE DIAGRAMAÇÃO DE PÁGINAS Os pacotes de diagramação de páginas são uma classe especial de programas gráficos de vetores, devotados à produção de documentos que combinam simples formatos de vetores, imagens bitmap importadas e significativas quantidades de texto. Suas características essenciais são tipográficas: os tipos podem ser compostos com controle minucioso do espaço e justificação, e o texto pode correr em múltiplas colunas e páginas. Como o arquivo resultante é normalmente uma publicação, que será enviada para impressão comercial, as características da pré-impressão também são mais avançadas e abrangentes em programas de diagramação de páginas do que em programas de desenho.

O primeiro produto nesse campo, o Aldus PageMaker, foi rapidamente desafiado pelo QuarkXPress, que, no final dos anos 1990, dominava a indústria editorial. A Adobe, que adquiriu o PageMaker em 1994, finalmente o relegou a um papel menos significativo, lançando um substituto inovador, o InDesign, para competir com o Quark. O InDesign é baseado em uma nova tecnologia de descrição de documento chamada PDF (do inglês *portable document format*), desenvolvido pela Adobe para avançar as capacidades do PostScript.

Como o PDF apresenta características cromáticas avançadas como transparências, o InDesign pode integrar texto, gráficos de vetor e imagens de modo muito mais abrangente do que os produtos anteriores. Por exemplo, você pode correr o texto com um efeito leve de sombreamento sobre uma imagem no fundo, algo impossível em QuarkXPress, pelo menos sem a ajuda de plug-ins desajeitados.

Abaixo: **O InDesign da Adobe, o mais novo dos programas de diagramação de páginas, permite que o texto e os gráficos sejam transparentes e sobrepostos. No QuarkXPress, você só pode chegar ao mesmo efeito recriando todos os objetos relevantes em um programa gráfico, como o Adobe Photoshop ou o Illustrator, para obter o efeito desejado, e depois exportando a composição como imagem e colocando-a no documento Quark. Os leiautes InDesign com esses recursos podem, contudo, sofrer problemas ocasionais no output.**

Os arquivos QuarkXPress normalmente são enviados para output no formato de arquivo do próprio programa, pois sua dominância de mercado é tal que todas as empresas de imagem e as gráficas têm condições de trabalhar com ele. Entretanto, nos últimos anos, o PDF se tornou aceito como formato universal - independente de aplicações e sistemas operacionais - para visualização, verificação, provas e output final. Sua flexibilidade nesse sentido é ao mesmo tempo uma ajuda e um estorvo. Você pode converter rapidamente documentos criados em seu programa de diagramação em arquivos PDF com a especificação exata para a impressão, incorporando gerenciamento de cor ICC - mas só se fizer a regulagem correta no software usado para criar o PDF, que pode estar dentro do próprio programa de diagramação ou em uma ferramenta externa de criação de PDF, como o Acrobat Distiller da Adobe.

Aos pacotes de diagramação de páginas faltam ferramentas competentes para edição de imagem ou desenho, de modo que as ilustrações, normalmente, são importadas de arquivos criados usando outros programas. Uma imagem "colocada" sobre a página pode

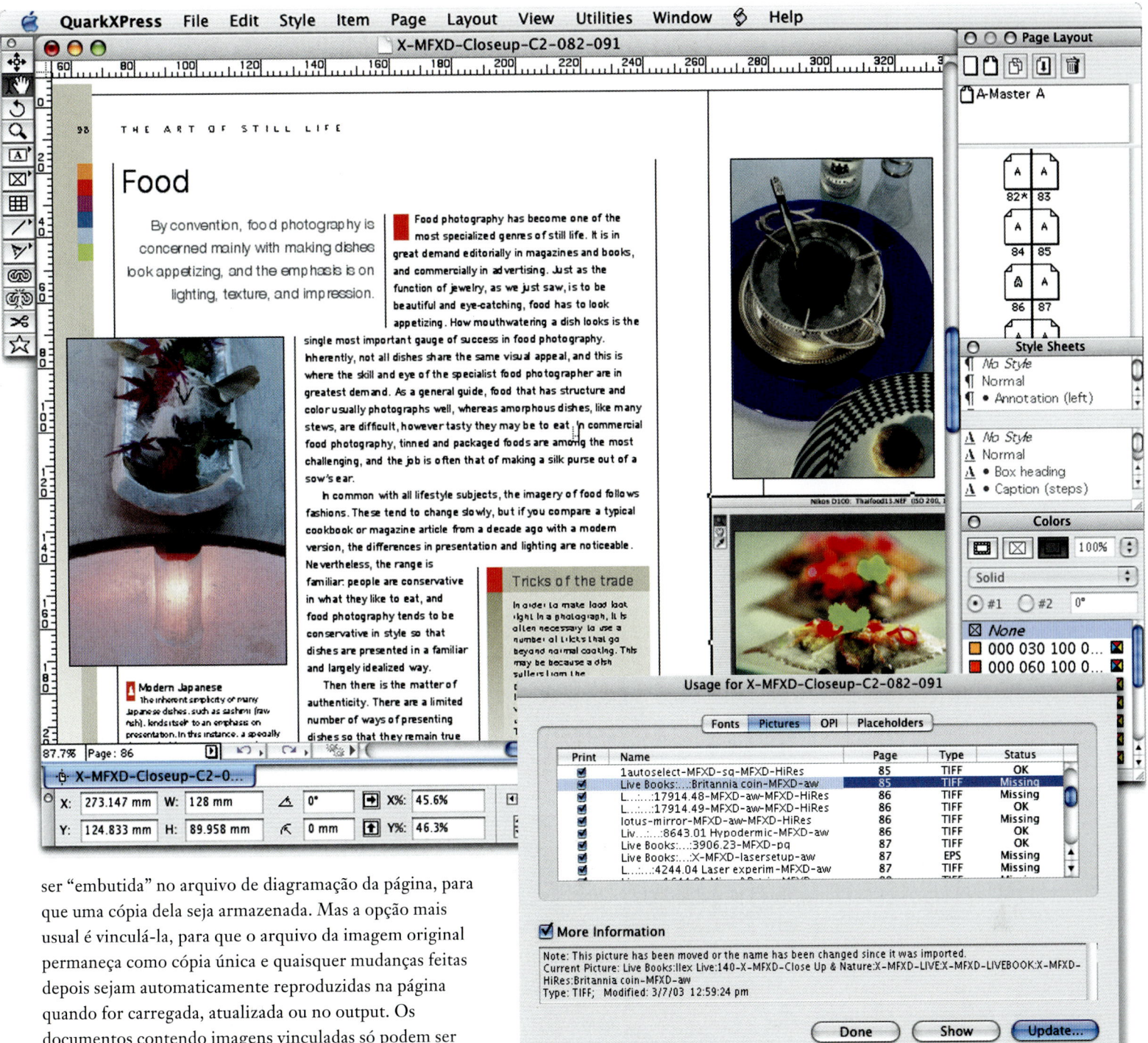

ser "embutida" no arquivo de diagramação da página, para que uma cópia dela seja armazenada. Mas a opção mais usual é vinculá-la, para que o arquivo da imagem original permaneça como cópia única e quaisquer mudanças feitas depois sejam automaticamente reproduzidas na página quando for carregada, atualizada ou no output. Os documentos contendo imagens vinculadas só podem ser impressos com sucesso se os arquivos de imagem estiverem presentes. Por isso, antes de enviar um documento para impressão comercial, junte todas as imagens ao arquivo de diagramação, processo conhecido como coletar para o output.

Como o texto também requer que o arquivo da fonte especificada esteja presente, as fontes também são, normalmente, coletadas para o output, mesmo se o envio a um terceiro tecnicamente infringe o copyright do fabricante da fonte. (Para evitar isso, as fontes podem ser

embutidas no PDF.) O software "preflight" - disponível na forma de programas autônomos, utilidades construídas em ferramentas como o Distiller, e serviços baseados na internet - automatiza a coleta para o output, avisa se faltam alguns arquivos, e pode verificar se todas as especificações de cor estão prontas para impressão.

Acima: **Como os programas de diagramação trazem todos os elementos para juntá-los na página, você precisará certificar-se de que todos eles estejam presentes quando enviar um documento à gráfica. Nessa caixa de diálogo, o Quark lista as ilustrações e fontes usadas, e o avisa se seus arquivos estiverem ausentes.**

PALETAS DE COR DIGITAL

Quando você está especificando as cores do vetor, preenchimentos e pinceladas a partir do zero, em lugar de modificar cores existentes numa imagem bitmap, dirija suas escolhas para um projeto com paleta de cores.

A maior parte dos sistemas operacionais de computadores e programas gráficos usa algum tipo de círculo cromático RGB como principal "selecionador de cor". As aplicações da Adobe, incluindo Photoshop e Illustrator, são uma exceção, apresentando matizes em uma linha vertical, e variações de saturação/brilho em um diagrama, que vai do escuro ao claro no eixo vertical e do cinza ao saturado no horizontal.

No Illustrator e no FreeHand, juntamente com outros pacotes de desenho vetorizado, um menu pop-out na paleta Swatches dá acesso a sistemas de cor que são padrão na indústria, como Focoltone, Pantone, Toyo e Trumatch. Eles podem parecer bastante desorganizados, em parte porque os swatches são arranjados em uma janela de proporções arbitrárias: tente mudar seu tamanho, até que algum tipo de padrão emerja.

Os programas também vêm com alguns conjuntos de cores próprios, que podem ser úteis. Se você prefere começar do zero, o selecionador de cor RGB lhe dá alguma ideia da relação entre matizes. Mas não há disposições para círculos cromáticos alternativos, como aqueles explorados na p. 163, nem qualquer maneira de encontrar combinações de cores, exceto a olho nu. Várias utilidades de software foram desenvolvidas para resolver essas imperfeições.

Dois exemplos importantes são o Color Consultant Pro, no Mac, e o Color Wheel Pro, no PC. Ambos oferecem uma escolha entre o círculo RGB e o círculo de um artista, com amarelo como cor primária extra. Qualquer que seja sua escolha, o software pode, então, mostrar os vários esquemas de harmonia das cores - análogos, complementares, monocromáticos e daí por diante (*ver p. 42*) - baseado em uma cor inicial de sua preferência. A paleta definida pelo esquema escolhido pode, então, ser salva para uso em outros programas.

Abaixo: **O sistema Trumatch é baseado na impressão-padrão CMYK e organiza cinquenta famílias de matizes em quarenta tintas de cada, com proporções perfeitas.**

Abaixo: **O Pantone é o sistema de especificação cromática mais conhecido no Reino Unido, na Europa e nos Estados Unidos, enquanto o Toyo tem propósito semelhante no Extremo Oriente. Cada cor é definida por uma fórmula, que diz à gráfica como misturar dez cores primárias para criar a tonalidade exata. Os valores de conversão CMYK oficiais também estão disponíveis, mas só aproximadamente a metade resultará em uma combinação perfeita da cor do ponto.**

Abaixo: **O Focoltone (do inglês *four-color tone*) também é baseado em CMYK. As 763 cores podem ser impressas por processo, ou pré--misturadas pela gráfica como cores de ponto sólidas.**

À direita: O Colour Consultant Pro, da Code Line Communications, origina-se de paletas das três versões do círculo cromático. Como no RGB e Artistic, há uma opção Artistic Full Spectrum que introduz ciano e magenta no círculo cromático RGB, sem afetar as posições relativas das cores primárias. Isso torna algumas paletas interessantes. Também são suportados esquemas análogos, complementares, complementares separados, monocromáticos, triádicos e tetrádicos, formando paletas de duas a cinco cores, com saturação e valor inteiramente ajustável (luminosidade). Você pode fazer download de uma versão para experimentar o programa, em www.code-line.com.

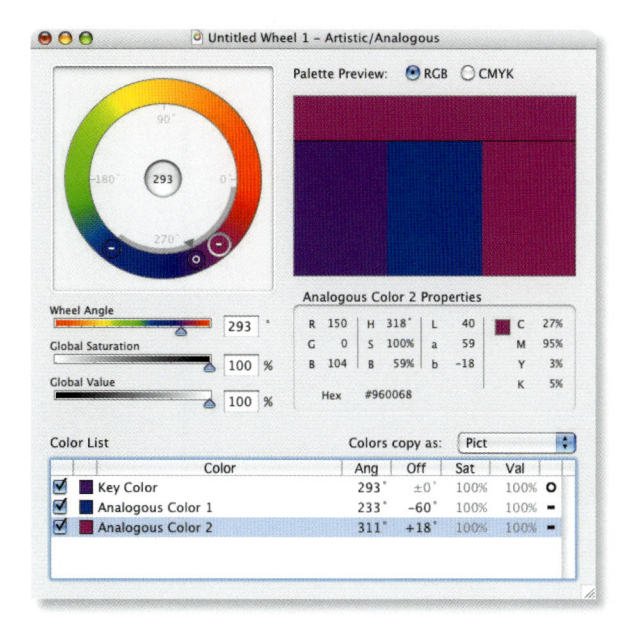
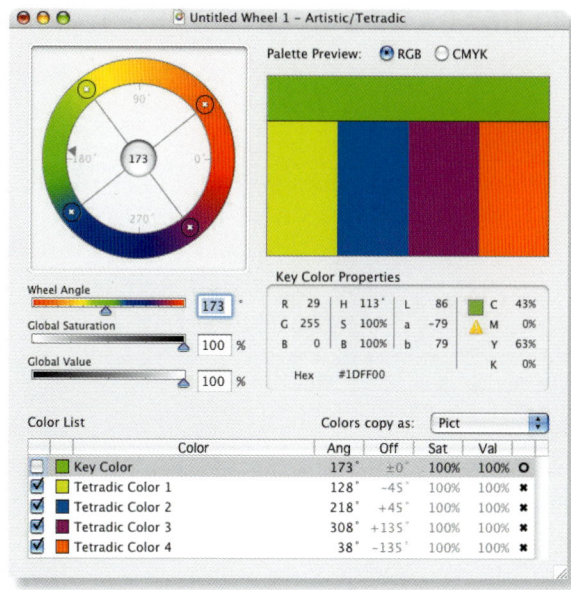

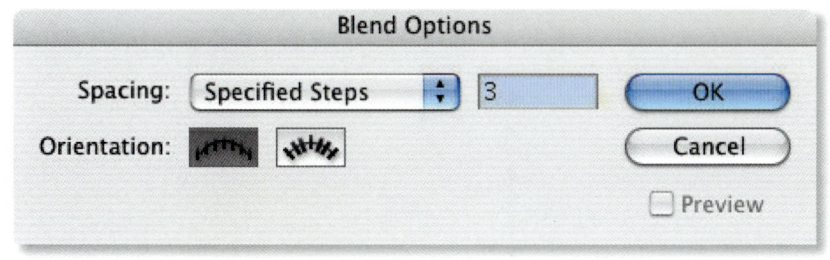

À esquerda: Com o Adobe Illustrator você pode criar suas próprias paletas cromáticas, usando o comando Blend na maior parte dos programas gráficos de vetor. Para cada linha de amostras desenhe apenas o primeiro e o último quadrado, e preencha-os com as cores que deseja, do final do espectro. Vá, então, para Blend Options, sob Blend no menu Object, e estabeleça o número de passos. Selecione os dois quadrados e use Make Blend (Alt-Command-B no Mac, Ctrl-Alt-B no PC) para gerar o número de swatches intermediários, que terão valores cromáticos espaçados precisamente entre suas duas cores originais. Os exemplos acima usam pares de matizes espaçados diferentemente em torno do círculo cromático, para produzir paletas de largura variável. O mesmo método pode ser usado para misturar quaisquer duas cores. Note que pares complementares - azul e amarelo, por exemplo - formarão intermediários cinza. Isso demonstra o princípio do pintor, no qual uma cor pode ser neutralizada acrescentando-lhe um pouco de seu complemento.

À direita: Embora seja raro (e geralmente inútil), restringir imagens fotográficas ou de tonalidade contínua à paleta Web-safe assegura uma combinação, na tela, entre cores geradas em diferentes programas. A natureza restrita da paleta (vista aqui no Adobe Color Picker) também a torna útil como ajuda no design, pois traduz suas escolhas a um leque de cores limitado, mas distribuído com lógica. Tenha em mente, entretanto, que não há garantia de que uma cor Web-safe possa ser reproduzida perfeitamente em CMYK, Pantone ou qualquer outro sistema de impressão colorido.

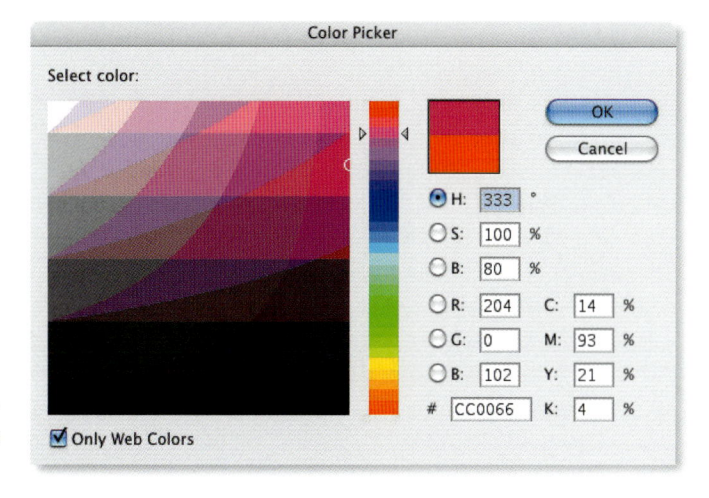

ANIMAÇÃO COM VETORES A maior parte do conteúdo animado de websites é entregue em formato Macromedia Flash. Um "filme" Flash efetivamente compreende uma série de desenhos vetorizados, repetidos como quadros, a uma velocidade preestabelecida. Graças à eficiência dos vetores, podem-se fazer animações de alta qualidade usando uma fração do número de kilobytes necessário para um videoclipe do mesmo comprimento.

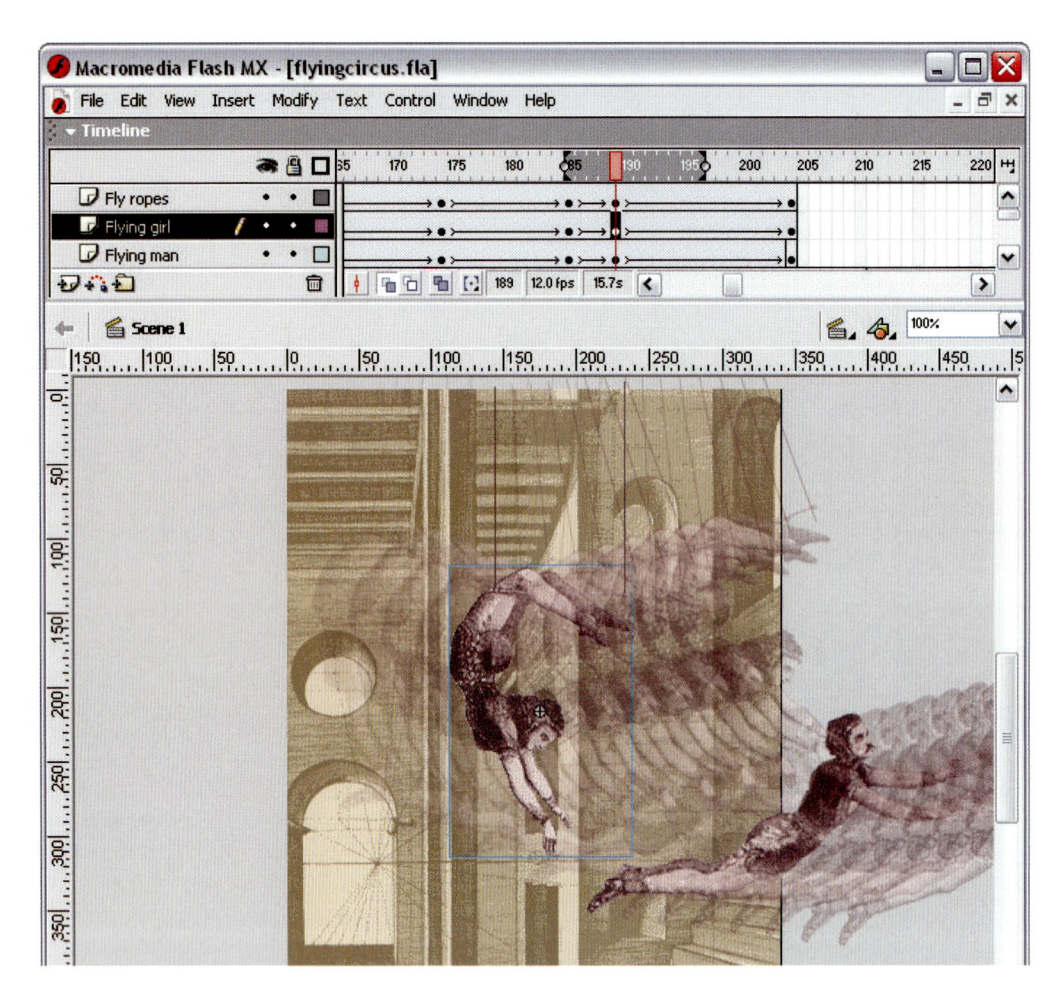

As animações em Flash podem servir como mensagem de boas-vindas ("introdução") e apresentação, ou um site inteiro pode ser construído com o Flash, dando ao designer controle completo sobre aparência e comportamento.

Em Flash, uma linha de tempo é dividida em cenas que, por sua vez, são separadas em quadros. Objetos gráficos são, então, colocados em quadros selecionados chamados quadros--chave. Um objeto pode ser editado para mudar, sutil ou dramaticamente, de um quadro-chave para outro, e o software automaticamente gera os quadros intermediários, criando um movimento suave.

Você pode até mesmo criar filmes em Flash num programa de desenho de vetores como o Macromedia FreeHand. Uma forma simples de produzir animação instantânea é criar uma série de objetos ou misturar ou usar uma das várias opções de repetição, que pode gerar múltiplas cópias de um objeto, progressivamente distorcidas ou com tamanho variável. O comando Release to Layers é então usado para decompor a série em uma sequência de quadros, que podem ser exportados como arquivo Flash.

Para completar a experiência multimídia, audioclipes podem ser incorporados a filmes e sincronizados com os quadros. Imagens bitmap e videoclipes também podem ser embutidos, se necessário. Alternativamente, ferramentas como Wildform Flix (www.wildform.com) podem "vetorizar" videoclipes - usando um processo semelhante ao autotraçado das imagens bitmap - para produzir uma versão estilizada do original em vetor. Embora não seja largamente utilizada, essa técnica pode produzir resultados interessantes e pouco usuais.

Os espectadores também precisam de um software Macromedia para interpretar e repetir os dados do filme. Esse software não está embutido em navegadores-padrão da Web, mas é oferecido como um add-on ou plug-in gratuito pela Macromedia, presente atualmente nos navegadores mais importantes. Milhões de pessoas já têm o plug-in, mas como um número considerável ainda não tem, é fornecida uma versão alternativa, "simples", de qualquer conteúdo Flash, contendo apenas texto simples e fotos, que podem ser vistas em todos os navegadores.

Além disso, alguns usuários não podem aproveitar os filmes Flash porque têm uma deficiência, de visão ou audição, por exemplo, que impede que tenham acesso a algum aspecto do conteúdo, enquanto outros podem ter de usar um navegador modificado, que não foi atualizado para suportar Flash. O Flash e outras tecnologias

Acima: **O coração do conjunto de ferramentas de animação do Flash é o "Timeline", que está no alto da tela. Ele permite que você controle exatamente o quanto as animações (indicadas pelas flechas em cada camada) duram. Neste exemplo, é tarefa simples assegurar-se de que a moça no trapézio segure o acrobata voador com perfeição, todas as vezes.**

À direita: **O conteúdo animado pode entreter os usuários (à esquerda) ou contribuir para a informação do conteúdo de um site (à direita).**

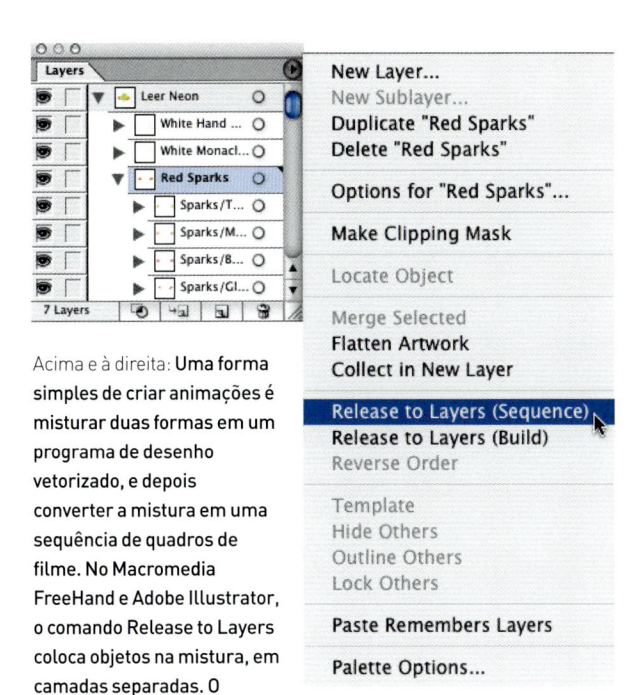

Acima e à direita: **Uma forma simples de criar animações é misturar duas formas em um programa de desenho vetorizado, e depois converter a mistura em uma sequência de quadros de filme. No Macromedia FreeHand e Adobe Illustrator, o comando Release to Layers coloca objetos na mistura, em camadas separadas. O documento pode, então, ser salvo como filme Flash, com camadas entre os quadros.**

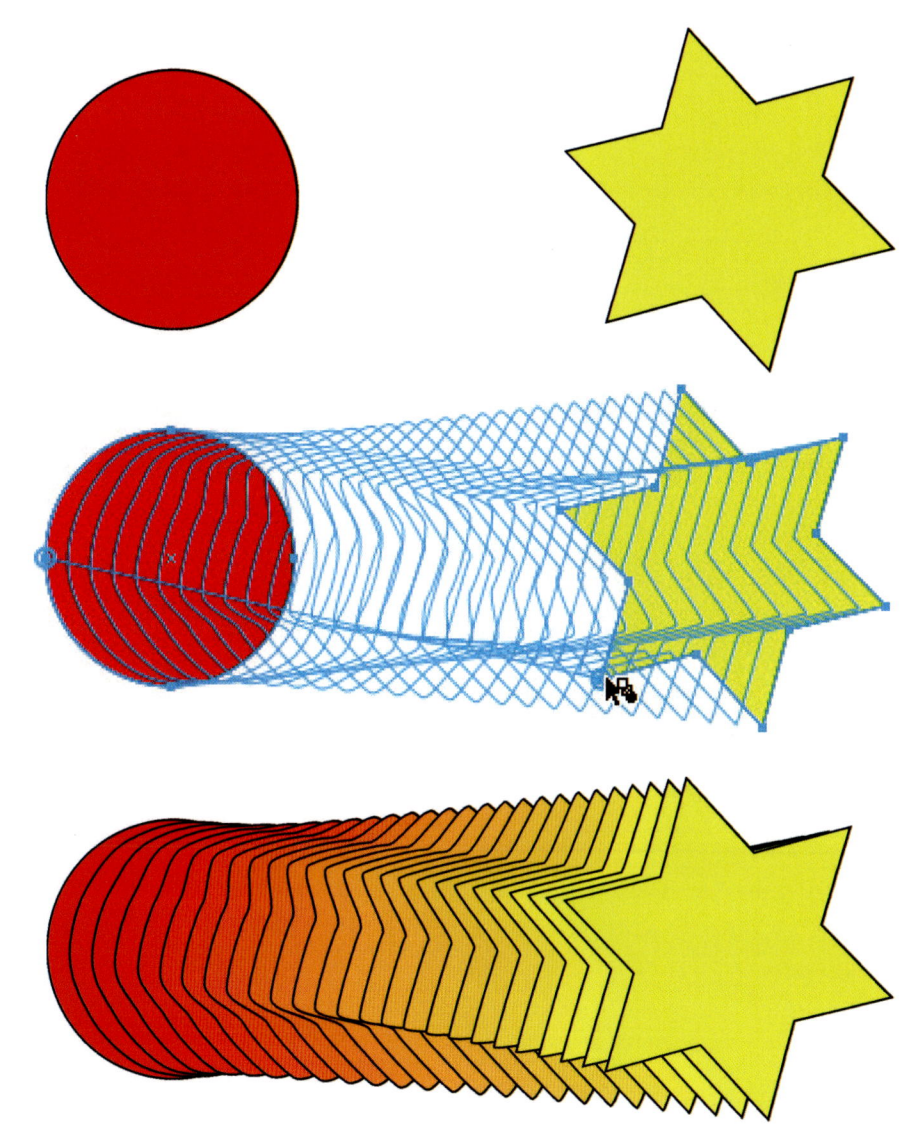

de melhoria de navegadores são considerados barreiras à acessibilidade - grande preocupação para os designers de Web, agora que os Estados Unidos, o Reino Unido, a Austrália e outros países criaram leis obrigando as empresas a atender às necessidades dos deficientes.

Entretanto, o conteúdo multimídia pode melhorar de fato a acessibilidade se for usado conscientemente. Por exemplo, uma apresentação em Flash pode ser melhor do que um texto simples para transmitir informações para os usuários com dificuldades para ler, ou que falam outra língua.

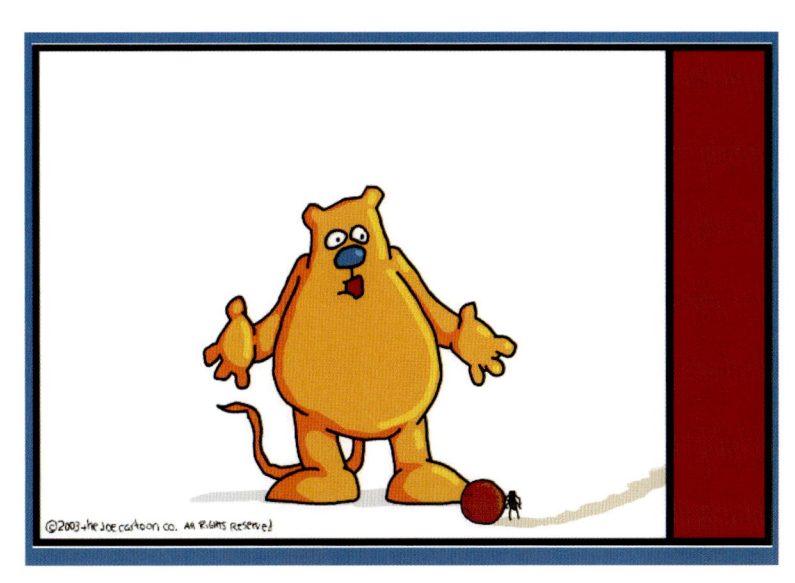

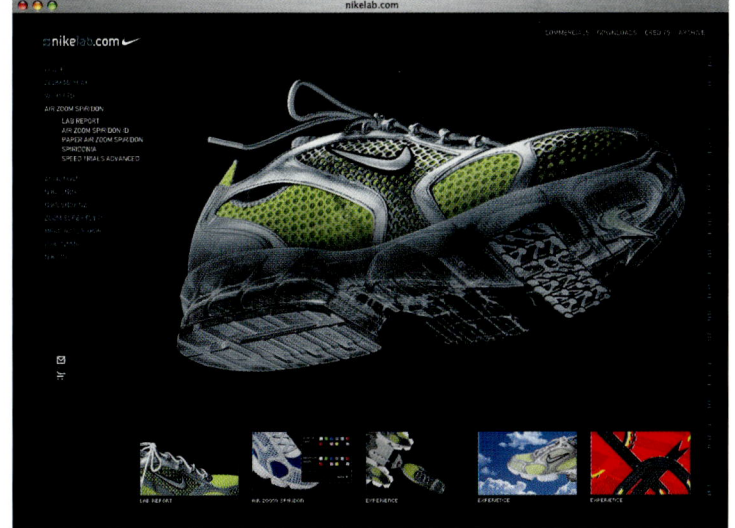

GLOSSÁRIO

bit Contração de "dígito binário", a menor unidade de informação que um computador pode usar. Um bit pode ter um ou dois valores potenciais: aceso ou apagado, positivo ou negativo, 1 ou 0. Oito bits formam um byte, a unidade necessária para armazenar um caractere do alfabeto.

cinza médio Propriedade de um espaço cromático RGB em que níveis iguais de vermelho, verde e azul sempre criarão um cinza neutro. Os espaços de trabalho sempre são cinza-médio.

círculo cromático Diagrama circular que representa o espectro das cores visíveis completo.

clipping Perda ou remoção dos dados coloridos da imagem, fora de certos limites tonais. Converter uma imagem de RGB para CMYK para impressão normalmente envolve clipping dos verdes e azuis mais saturados, pois essas cores não podem ser reproduzidas na impressão.

CMM (Color Matching Module) Considerado o "motor" de um sistema de gerenciamento da cor, o CMM usa perfis de equipamentos e espaço de trabalho para transferir dados cromáticos entre plataformas diferentes, aplicativos de software e equipamentos.

CMYK As quatro cores do processo de impressão baseadas no modelo cromático subtrativo (o preto é representado pela letra K, para *key plate*). Na reprodução cromática subtrativa as cores são criadas pela mistura de ciano, magenta e amarelo. A teoria é que, quando as três cores se combinam, produzem preto. Entretanto, isso raramente é conseguido na impressão do mundo real e, se fosse, a impressão

usaria tinta demais e levaria tempo demais para secar. Por essa razão, a tinta preta é usada para adicionar densidade às áreas mais escuras, substituindo uma porcentagem das outras tintas.

colorimetria Termo técnico para a mensuração científica da cor.

ColorSync Sistema de implementação de nível de gerenciamento cromático baseado em ICC, da Apple Computers.

constância cromática Habilidade dos olhos e do cérebro humano de perceber as cores com precisão sob diversas condições de iluminação, compensando, automaticamente, a diferença na temperatura da cor. Esse fenômeno também é chamado adaptação cromática.

contraste simultâneo Anomalia perceptual humana em que cores ou formas são afetadas pelas cores ou formas circundantes. Por exemplo, um quadrado vermelho circundado por uma margem preta grossa parecerá mais vivo do que o mesmo quadrado vermelho circundado por uma borda branca.

cor complementar As duas cores que estão opostas uma à outra no círculo cromático. As cores complementares se intensificam mutuamente quando usadas juntas, e criam uma cor neutra quando misturadas.

cores de processo Cores das tintas usadas em determinado processo de impressão, que se assume normalmente serem ciano, magenta, amarelo e preto, a menos que a especificação seja diferente. As cores de processo podem ser suplementadas por cores de pontos que estão fora da gama, que se pode conseguir usando as primárias, como cores muito

intensamente saturadas, e cores fluorescentes ou metálicas.

cores primárias Cores puras às quais, teoricamente, todas as outras cores podem ser misturadas e que, em si, não podem ser criadas por uma mistura de outras cores. Na impressão, as cores primárias são os pigmentos "subtrativos" (ciano, magenta e amarelo). As cores primárias "aditivas" são vermelho, verde e azul.

croma Intensidade ou pureza de uma cor e, portanto, seu nível de saturação. Tecnicamente se refere à mistura dos comprimentos de onda em uma fonte de luz, em que um simples comprimento de onda é o croma máximo, e uma mistura uniforme de todos os comprimentos de onda é o mínimo.

cross-rendering Transportar cores de um espaço cromático a outro, normalmente para simular o output de um equipamento em outro (por exemplo, simular uma impressora usando uma impressora de jato de tinta).

Curves Ferramenta para o controle das relações tonais nos aplicativos de edição de imagem, como o Photoshop.

dithering Técnica de simular muitas cores a partir de poucas, arranjando as cores disponíveis em padrões de pontos ou pixels. Quando visualizada em tamanho apropriado, ou a distância apropriada, a imagem dithered se parece com uma impressão de tonalidade contínua.

engessamento da cor Distorção da imagem colorida, que pode ser intencional ou indesejada. Intencional, é normalmente feita no estágio de edição, para realçar a atmosfera ou impressão da

imagem. Indesejada, o engessamento se deve a falhas ou limitações no processo de captura ou reprodução da imagem, como a iluminação usada na fotografia original ou um erro de impressão.

espaço cromático Descrição de todo o leque cromático alcançável por qualquer equipamento na cadeia de reprodução, juntamente com quaisquer desvios de tonalidade e cor. Enquanto o espectro visível contém milhões de cores, muitas delas não podem ser conseguidas em imagens digitais, e mesmo quando as gamas de cores de diferentes aparelhos se sobrepõem, é difícil que sejam exatamente iguais. Por exemplo, as cores que podem ser exibidas em um monitor não podem ser todas impressas em uma impressora em quatro cores comercial, e vice-versa - a impressora pode imprimir algumas cores que o monitor não pode exibir.

espaço de trabalho Espaço independente de qualquer dispositivo, que pode ser usado como ambiente de trabalho, previsível e controlável, para editar imagens.

esquema análogo Esquema de cor que usa duas ou mais cores, que ficariam adjacentes em um círculo cromático.

esquema complementar Esquema cromático que usa duas cores complementares.

esquema triádico Esquema de cor que usa três cores, espaçadas uniformemente em torno do círculo cromático.

gama Leque completo de cores disponíveis em determinado espaço cromático. Por exemplo, o sortimento que pode ser capturado por um aparelho de input, reproduzido por um aparelho de output ou descrito em um espaço cromático de trabalho (que pode ser maior do que qualquer equipamento do mundo real).

GIF (Graphics Interchange Format) Formato de arquivo bitmap que usa até 256 cores indexadas para minimizar o tamanho do arquivo e simular maior gama de cores. Não é uma boa escolha para reprodução realista de cores, mas grande favorito no design para a Web, pois suporta transparência e animação.

ICC (International Color Consortium) Organização responsável por definir os padrões cromáticos de aplicação cruzada para imagem e reprodução digital.

LAB Modelo cromático baseado na percepção criado pela Comission Internationale de l'Eclairage (CIE), organização científica internacional. O modelo Lab foi criado por meio de uma série de experimentos que envolviam temas com concentração variável de lâmpadas vermelhas, verdes e azuis para se igualar a amostras de cores. L é luminância (ou brilho) e A e B são eixos cromáticos que vão do vermelho para o verde, e do azul para o amarelo, respectivamente.

Levels Ferramenta para edição de imagem que mapeia como histograma os tons de uma imagem, das sombras mais escuras aos realces mais luminosos. Ajustando os deslizadores do histograma você pode remapear os tons da imagem para melhorar o uso do leque tonal disponível.

luminância Brilho de uma cor, do preto sólido ao valor mais iluminado possível. *Ver também matiz; saturação.*

matiz Atributo de uma cor definido por seu comprimento de onda dominante e, portanto, posição no espectro visível. Matiz é o que normalmente queremos dizer quando perguntamos "de que cor é?".

metamerismo Propriedade indesejada no material impresso, em que o equilíbrio do cinza parece mudar em resposta a condições de iluminação, dependendo do conteúdo espectral da iluminação. Esse efeito é responsável por itens cujas cores são iguais sob um tipo de iluminação (fluorescente, por exemplo), mas não o são sob outros (luz do dia ou incandescente).

mistura cromática aditiva Mistura de luz vermelha, verde e azul para criar luz branca (todas com a mesma concentração), ou uma dos milhões de outras cores quando misturadas seletivamente. É a base de todos os sistemas de exibição na tela e de captura da imagem digital.

mistura cromática subtrativa Modelo cromático que descreve as cores primárias da luz refletida: ciano, magenta e amarelo (CMY). A mistura cromática subtrativa é a base da cor impressa.

mistura partitiva Método de adicionar cor a uma imagem. Pequenos pontos ou tiras de cores cuidadosamente escolhidas criam a impressão de uma nova cor enquanto, efetivamente, os olhos e o cérebro as misturam. Velha técnica da arte tradicional, forma a base do dithering na mídia impressa.

perfil Descrição colorimétrica do comportamento de um aparelho de input ou output, que pode ser usado por um aplicativo para assegurar a transferência precisa de dados cromáticos. Um perfil

que descreve o espaço cromático usado durante a criação da imagem ou a edição deve, idealmente, ser embutido na imagem, de modo que, mais tarde, possa ser usado como referência para outros usuários, aplicativos de software ou aparelhos de exibição e output.

pixel Contração de *picture element.* O menor componente de uma imagem digital.

ponto branco Cor do branco "puro" em uma imagem. Na imagem RGB corresponde aos valores máximos de R, G e B, o branco mais luminoso que um monitor pode exibir ou um escâner pode ler. Em impressão ou outro output CMYK, normalmente significa o papel, ou outro substrato colorido.

ponto meio-tom Elemento básico de uma imagem impressa, em que uma tonalidade contínua original é reproduzida (*screened*) pela decomposição em padrões de pontos de vários tamanhos, espaçados uniformemente para simular os valores tonais. As imagens coloridas são reproduzidas pela superposição impressa de padrões meios-tons, em cada uma das cores primárias.

PPI (Pixels Per Inch) Medida da resolução para uma imagem digital ou exibição na tela, em termos de quantos pixels cabem em uma única polegada de tela ou espaço de imagem.

prova soft Característica em edição profissional e aplicativos gráficos, em que os efeitos de uma conversão CMYK ou RGB ou processo de impressão são simulados na tela tão precisamente quanto possível, dentro das limitações de gama da tela usada.

resolução Grau de luminosidade e definição com que uma imagem pode ser reproduzida ou exibida. A resolução é mensurada em termos de pontos ou pixels por polegada ou centímetro.

RGB (Red, Green, Blue) Cores primárias do modelo cromático aditivo e o sistema de cor muitas vezes (e preferivelmente) usado para imagens digitais até o estágio de impressão.

saturação Variação na "pureza" da cor de mesmo brilho tonal de nenhum (cinza), passando por tons pastel (baixa saturação), indo à cor pura sem cinza (alta saturação). *Ver também* croma.

separações Versões "separadas" de uma página ou imagem que foi preparada para o processo de impressão. Cada separação é usada para imprimir uma única cor do processo ou cor spot.

temperatura da cor Mensuração do comprimento de onda da composição da luz branca. Esta é definida como a temperatura (medida em graus Kelvin) que um "radiador de corpo preto" teórico, que não reflete nenhuma luz mas a emite quando aquecido, necessitaria para ser aquecido para produzir determinada cor de luz. Uma lâmpada de tungstênio típica, por exemplo, mede 3.200 K, enquanto a temperatura da luz do sol é 5.000 K.

TIFF (Tagged Image File Format) Formato de arquivo gráfico popular, que pode ser usado para quaisquer imagens bitmap e para separações de cores. O TIFF pode ser usado para preto e branco, escalas de cinza e imagens coloridas. Pode conter perfis de cor embutidos e oferece uma opção de compactação sem perdas.

ÍNDICE

CRÉDITOS
DAS FOTOGRAFIAS

AKG PHOTOS: pp. 53a © Dacs, Londres 2004, 103e Rudolph Staechelin family Foundation, 105e © Dacs, Londres 2004, 108 Staatsgalerie Stuttgart, © ARS, NY e Dacs, Londres 2004

AMV/BBDO: pp.146, Diretor de arte J.Carr/ Ilustrador Jon Rogers: 147

ARCAID: p. 80e

BFI, LONDRES: pp. 94 Cortesia da Pioneer Pictures, 96a Cortesia da Artificial Eye, 96e Cortesia da Paramount Pictures, 97ae Cortesia de de Laurentis, 97ee Cortesia da Touchstone, 99e Cortesia de Aardman

BRIDGEMAN ART LIBRARY, LONDRES: pp. 53e © Dacs, Londres 2004, 102 Galerie Nationale d'Arte Moderne, Roma © Dacs, Londres 2004,104 Stadische Galerie im Lenbachhaus © Dacs, Londres 2004, 105ae Musée d'Arte Moderne de La Ville, © Succession Picasso, Dacs, Londres 2004,105ad Christies © Dacs, Londres 2004, 106 James Goodman Gallery, 107ad David Findlay Fine Art.NYC © Andrew Wyeth, 107e Christies, © Dacs, Londres 2004, 109 National Gallery of Victoria, Melbourne © Dacs, Londres 2004, 113 a © Bridget Riley, 113e Saatchi Collection © ARS, NY e Dacs, Londres 2004

CORTESIA DA BRITISH BAKERIES: p. 136d & e
CORTESIA DE CASEY PRODUCTIONS/ELDORADO FILMS: p. 95e

CORBIS: pp. 13a Carl e Ann Purcell, 14 David Turnely, 15ed, 17ae
Gavriel Jecan, 17ad Tom Brakefield, 17ed Geoff Moon/Frank Lane Picture Agency, 23 Clyaton J. Price, 48e John van Hasselt/Sygma, 52ee Musée de Stadt Viena/Edimedia, 52ed Francis Meyer, 54 com

a permissão dos administradores da National Gallery, Londres, 64e Massimo Listri, 79 Stockmarket, 97ed Cortesia da Universal Pictures, 101 Pierre Vauther, 103a Archivo Icographico/Musée d'Orangerie, Paris © ADAGP, Paris e Dacs, Londres 2004, 110 Burstein Collection ©The Andy Warhol Foundation for the Visual Arts/ARS, NY e Dacs, Londres 2004

CORTESIA DE MUNSELL COLOR: pp. 39, 46, 47

© DISNEY ENTERPRISES, INC: p. 99a

FIREBRAND: p. 134

HEARD DESIGN: pp. 130, 135 todas, 140e, 147ed

KOBAL COLLECTION: p. 95a
Cortesia de Newline/Ralph Nelson Jr.

CORTESIA DA MGM: p. 93

JOHN OUTRAM ASSOCIATES: p. 81e

PENTAGRAM: pp. 123, 126, 129 todas, 133, 136a, 137, 138, 140a, 141

PHOTOS.COM: pp. 11, 12a, 18 todas, 19, 20, 33, 72ee, 73, 85, 118 ambas, 119 ambas

RAIMES, PEPLOW @ FOUNDATION: pp. 65ed, 137ad, 139e, 145d

CORTESIA DE REM KOOLHAS: p. 77

SAGMEISTER INC (NY): p.126a

© NIGEL SANDOR/DIGITAL VISION: p. 120

THE TATE, LONDRES: pp. 102, 110-111 © Dacs, Londres 2004

VINTAGE MAGAZINE PICTURE LIBRARY: pp. 64d, 65a, 117, 124ae, 124ad, 124e, 124d, 125ae, 125ee, 125em, 125ed, 128, 128ad, 128ed

MATTWINGFIELD STUDIO for HARVEY NICHOLLS: p. 139 (indicado para a Prata na categoria design dos prêmios D&AD de 2002)

Legendas
a: alto
e: embaixo
d: direita
ad: alto à direita
ae: alto à esquerda
ed: embaixo
ee: embaixo à esquerda
em: embaixo no meio